比较城市治理研究

陈 波 郭凤林 ◎ 编著

外语教学与研究出版社
北京

图书在版编目 (CIP) 数据

比较城市治理研究 / 陈波，郭凤林编著. -- 北京：外语教学与研究出版社，2025.4. --（区域发展与城市治理研究 / 王明进总主编）. -- ISBN 978-7-5213-6257-2

I. F299.23

中国国家版本馆 CIP 数据核字第 2025985VS9 号

比较城市治理研究
BIJIAO CHENGSHI ZHILI YANJIU

出 版 人	王　芳
责任编辑	石丽楠
责任校对	段会香
装帧设计	锋尚设计
出版发行	外语教学与研究出版社
社　　址	北京市西三环北路 19 号（100089）
网　　址	https://www.fltrp.com
印　　刷	北京盛通印刷股份有限公司
开　　本	710×1000　1/16
印　　张	23
字　　数	276 千字
版　　次	2025 年 4 月第 1 版
印　　次	2025 年 4 月第 1 次印刷
书　　号	ISBN 978-7-5213-6257-2
定　　价	88.00 元

如有图书采购需求，图书内容或印刷装订等问题，侵权、盗版书籍等线索，请拨打以下电话或关注官方服务号：
客服电话：400 898 7008
官方服务号：微信搜索并关注公众号"外研社官方服务号"
外研社购书网址：https://fltrp.tmall.com

物料号：362570001

目录

第一部分　城市治理研究理论探讨 ... 1

比较政治研究中的城市转向 ... 3

城市性与市域社会治理现代化 ... 19

第二次世界大战后中东国家城市治理研究 ... 38

第二部分　城市中的社区治理 ... 77

社会组织参与社会治理的意义与推进路径 ... 79

嵌入与联动
　　——城市社区协商的提升路径 ... 94

社区更新微基建的公平规划与合作治理
　　——以北京"清河实验"的 YG 社区为例 ... 108

第三部分　中心城市建设与城市外交 ... 127

国家主城：规划视角下中心城市"主权距离论"的提出 ... 129

比较视野下的中国城市外交
　　——基于国家中心城市的分析 ... 152

第四部分　新冠疫情与城市治理 …… 183

新加坡新冠疫情防控中"外籍客工黑洞"及其应对 …… 185

疫情下的城市外交形式、特征与效果

　　——以中意为例 …… 201

第五部分　城市治理的模式比较 …… 223

越南智慧城市建设模式与治理效果

　　——以河内和乐高科技园区为例 …… 225

智慧城市治理模式的中欧比较：以罗马尼亚为例 …… 248

适应性治理视角下的特区经济发展

　　——以汕头经济特区为例 …… 268

城市民生公共物品供给的困境与革新

　　——基于城市集聚性的反思 …… 286

第六部分　城市治理中的住房问题 …… 311

协同治理视角下的智利"安居城市"建设成效探析 …… 313

埃塞俄比亚福利住房政策瞄准偏差成因探析 …… 334

第一部分

城市治理研究理论探讨

现代物理学丛书

比较政治研究中的城市转向[①]

张 玥

【摘要】 伴随着比较政治中对次国家行为体的关注以及发展中国家城市化的快速进展,城市治理日益成为政治学研究的核心问题之一。城市治理问题与国家治理问题和全球治理问题紧密相连,以城市为单元来比较治理模式,会有许多新的发现。比如,中国广州、印度孟买、巴西圣保罗等城市的非正规住宅治理模式就存在显著差异,显示出国家和非国家层面网络的复杂交互关系。

【关 键 词】 比较研究　城市治理　非正规住宅

【作者简介】 张玥,北京大学国际关系学院本科,普林斯顿大学政治学博士;现为伊利诺伊大学芝加哥分校(University of Illinois at Chicago)政治学系长聘副教授,研究生项目主任,*Urban Affairs Review*主编。

引　言

城市在政治学研究中具有特殊地位,许多经典研究都是关于城市的[②][③][④]。然而,由于大多数研究聚焦的是美国城市,并且研究议题范围日益狭窄,城市政治的发展受到限制,并游离在主流政治学之外。不过这一情况正随着当前同时发生的两大趋势而相应改变:首先,

---

[①] 编者注:本文写作于2020年。

[②] Hunter, F. (1953). *Community Power Structure: A Study of Decision Makers.* Chapel Hill: University of North Carolina Press.

[③] Banfield, E. C. (1961). *Political Influence.* New York: Free Press of Glencoe.

[④] Dahl, R. A. (1961). *Who Governs? Democracy and Power in an American City.* New Haven: Yale University Press.

随着比较政治中对次国家行为体研究兴趣的复兴，人们对城市政治的研究投入了更多的关注①②③④⑤⑥。其次，全球范围内的城市研究学派正在形成，在比较政治和城市政治两大领域之间搭建了桥梁⑦⑧⑨⑩⑪⑫⑬。上述两大趋势表明了比较政治研究中的城市转向。

---

① Snyder, R. (2001). Scaling Down: The Subnational Comparative Method. *Studies in Comparative International Development*, 36(1), 93-110.

② Sellers, J. M. (2005). Re-placing the Nation: An Agenda for Comparative Urban Politics. *Urban Affairs Review*, 40(4), 419-445.

③ Sellers, J. (2019). From Within to Between Nations: Subnational Comparison across Borders. *Perspectives on Politics*, 17(1), 85-105.

④ Gibson, E. L. (2013). *Boundary Control: Subnational Authoritarianism in Federal Democracies*. New York: Cambridge University Press.

⑤ Eaton, K. (2017). *Territory and Ideology in Latin America: Policy Conflicts Between National and Subnational Governments*. New York: Oxford University Press.

⑥ Giraudy, A. et al. (eds.). (2019). *Inside Countries: Subnational Research in Comparative Politics*. New York: Cambridge University Press.

⑦ McCarney, P., & Stren, R. (2003). *Governance on the Ground: Innovations and Discontinuities in Cities of the Developing World*. Baltimore: Johns Hopkins University Press.

⑧ Pasotti, E. (2009). *Political Branding in Cities: The Decline of Machine Politics in Bogotá, Naples, Chicago*. New York: Cambridge University Press.

⑨ Pasotti, E. (2020). *Resisting Redevelopment: Protest in Aspiring Global Cities*. New York: Cambridge University Press.

⑩ Read, B. L. (2018). Problems and Possibilities of Comparison Across Regime Types. *Qualitative and Multi-Method Research*, 16(1), 33-38.

⑪ Zhang, Y. (2013). *The Fragmented Politics of Urban Preservation: Beijing, Chicago, and Paris*. Minnesota: University of Minnesota Press.

⑫ Donaghy, M. M. (2018). *Democratizing Urban Development: Community Organizations for Housing Across the United States and Brazil*. Philadelphia: Temple University Press.

⑬ Paller, J. W. (2019). *Democracy in Ghana: Everyday Politics in Urban Africa*. New York: Cambridge University Press.

快速的城市化是当今发展中国家面临的重大挑战之一，因此城市与城市政治值得比较政治学家投入更多的关注。长期以来，城市一直是政治与社会议题的焦点，它们的重要性以及相对自主性在去中央集权化和全球化的大潮中得到了极大提升[1]。除却研究城市和城市政治令人信服的实质性理由外，笔者认为，分析城市层面的政治为学者们提供了一个进行跨国、跨政体比较研究的创新的机会，特别是比较存在巨大差异的政治体系。这一研究方法揭示出，地方状况和多层治理同全国层面的状况一样可以形塑发展结果，从而对比较历史分析与发展研究的创新作出贡献[2][3]。正如瑞德指出的那样，跨体系比较具备促进新的、发人深省的理论建构和概念创新的潜力[4]，从而与蒂利声称的"大结构、大过程以及大比较"相呼应[5]。

在本文中，笔者将通过介绍自己即将出版的专著来描述可能的理论和概念的发展。笔者将使用书中关于中国、印度和巴西非正规住宅和城市治理中跨体制比较的例子。具而言之，笔者检视了这三个发展中大国的三个超大型城市中不同类型的非正规住宅的形成和

---

[1] Post, A. E. (2018). Cities and Politics in the Developing World. *Annual Review of Political Science*, 21, 115-133.

[2] Mahoney, J. (2015). Comparative-Historical Analysis and Development Studies: Methods, Findings, Future. *Sociology of Development*, 1(1), 77-90.

[3] Duara, P., & Perry, E. J. (2018). Beyond Regimes: An Introduction. In Duara, P., & Perry, E. J. (eds.). (2018). *Beyond Regimes: China and India Compared*. Cambridge, MA: Harvard University Asia Center, 1-27.

[4] Read, B. L. (2018). Problems and Possibilities of Comparison Across Regime Types. *Qualitative and Multi-Method Research*, 16(1), 33-38.

[5] Tilly, C. (1984). *Big Structures, Large Processes, Huge Comparisons*. New York: Russell Sage Foundation.

治理。这一比较反映了非正规性的多样化,也说明了对城市治理来说,重要的不仅仅在于有效性,也在于包容性。笔者通过对城市治理进行类型学划分——整合型、增长型、竞争型以及恩庇型——来描述上述三国乃至更多国家的城市治理模式。

一、南方国家的城市化与非正规性的政治

我们生活在城市化的时代。全世界有超过一半的人口生活在城市当中,这一比例有望在2050年达到68%。不仅如此,大多数情况下的人口和经济增长发生在南方国家的大都市中[①]。然而,南方国家城市化的一个突出的特征是城市里遍布着在政府控制和管理之外的非正规住宅。联合国人类住区规划署发布的报告指出,大约有1/4的世界城市人口,合计10亿多人,生活在南方国家大都市的"贫民窟"中[②]。非正规住宅问题因巨大的规模和对人类深远的影响而值得研究。进一步而言,这些住宅代表了一类特殊的城市空间。在这类空间中,政治和社会的张力很大,以至于它们提供了一个重要的角度让我们去审视南方国家中国家与社会关系、治理以及公民权利[③]。

诚然,贫穷与不平等并非南方国家专属,许多研究美国城市贫困

---

① United Nations. (2019). *World Urbanization Prospect: The 2018 Revision*, 12.

② UN-Habitat. (2003). *Global Report on Human Settlements 2003—The Challenge of Slums*. London: Earthscan, v.

③ Davis, D. E. (2017). Informality and State Theory: Some Concluding Remarks. *Current Sociology Monograph*, 65(2), 315-324.

问题的文献关注到城市中社区、公共住宅以及种族问题[①②③]。然而由于不同的制度和城市背景，我们并不能简单地将北美或者欧洲的这些理论应用到南方国家当中。首先，在去中央集权化的联邦制度中，美国城市政治的研究通常聚焦在地方或者区域层面。相反，在南方国家中，全国性的政治制度对城市政治起到了更为重要的作用，并且城市化和国家发展间的关系更加明显。其次，比起北方国家或发达成熟的民主国家，社会动员和政治参与在南方新兴民主国家和非民主国家中表现不同。此外，不仅南方国家和北方国家对城市的定义不同，而且南方国家之间对城市的定义也不一致。考虑到上述重大差异，提出新的理论、发展新的方法去研究南方国家的城市政治就显得格外必要。

"非正规住宅"一词最早见于英国人类学家凯斯·哈特1973年发表的关于加纳经济的研究[④]。从那以后，学者们从经济学、社会学以及城市规划学等不同的学科角度对非正规住宅加以探索。与此同时，政治学家对国家和非正规性之间的关系投入了大量关注。科利尔在他研究棚户区和秘鲁独裁者关系的著作中指出，秘鲁当局鼓励

---

① Zorbaugh, H. W. (1929). *The Gold Coast and the Slum: A Sociological Study of Chicago's Near North Side*. Chicago: University of Chicago Press.

② Hirsch, A. R. (1983). *Making the Second Ghetto: Race and Housing in Chicago, 1940-1960*. Chicago: University of Chicago Press.

③ Dewar, M., & Thomas, J. M. (eds.). (2013). *The City After Abandonment*. Philadelphia: University of Pennsylvania Press.

④ Hart, K. (1973). Informal Income Opportunities and Urban Employment in Ghana. *Modern African Studies*, 11(1), 61-89.

穷人们在首都利马形成棚户区，以此推动乡村和城市的发展[1]。查特吉使用"政治社会"一词来描述贫民窟居民如何用选票来与政客们打交道以获取土地和服务[2]。近来大量的研究对国家与非正规性之间的庇护关系，比如贫民窟中的政党网络和城市贫民中的非正规福利分配等，提供了深度分析[3][4]。正是在这种学术传统中，笔者对非正规性的研究才得以展开。

二、大规模比较：挑战以及可能

在提出研究设计之前，笔者想对发展中国家的跨国比较，特别是对不同地区、制度迥异的国家间的比较在方法上面临的挑战做出讨论。首先，最重要的挑战是找到案例间的可比性。笔者提出的可行策略是将城市作为比较研究的抓手。由于城市间的比较在规模、社会经济以及空间特征上更容易控制，因此城市间的比较比国家间的比较更具可比性。并且，与全国层面的比较相比，城市层面的比较更容易识别关键变量[5]。

---

[1] Collier, D. (1976). *Squatters and Oligarchs: Authoritarian Rule and Policy Change in Peru*. Baltimore: Johns Hopkins University Press.

[2] Chatterjee, P. (2004). *Politics of the Governed: Popular Politics in Most of the World*. New York: Columbia University Press.

[3] Holland, A. C. (2017). *Forbearance as Redistribution: The Politics of Informal Welfare in Latin America*. New York: Cambridge University Press.

[4] Auerbach, A. M. (2019). *Demanding Development: The Politics of Public Goods Provision in India's Urban Slums*. New York: Cambridge University Press.

[5] Post, A. E. (2018). Cities and Politics in the Developing World. *Annual Review of Political Science*, 21, 115-133.

然而使用城市作为分析单元会引起普遍性问题：如何将以城市为对象的研究发现应用到全国层面？对此，有两种可能的解决方案。首先，正如塞勒斯强调的那样，需要通盘考虑作为"基础设施"的全国背景，这就需要通过多层分析来将城市间的比较和它们所处国家之间的比较整合起来[1][2]。其次，需要有效地定义观点的适用范围。根据格尔茨和马洪尼的说法，研究者需要设定他们观点的界限来保证在所有的观测值中测量和因果关系都是稳健的[3]。上述洞见有助于阐释以城市为基础的分析如何对理解国家层面的政治起到帮助作用。

此外，大规模比较面临的另一大挑战是在跨国情境中搜集可靠的并且有可比性的数据。尽管这对在发展中国家开展研究的比较政治学家来说是一个普遍性问题，鉴于数据稀缺以及社会和制度在非正规环境中的复杂性，当要研究非正规性这一问题时，搜集数据就变得格外困难。对此，学者们试图提出新的研究方法去解决这一挑战，包括使用非官方文档、工作场所抽样以及民族志人口调查

---

[1] Sellers, J. M. (2005). Re-placing the Nation: An Agenda for Comparative Urban Politics. *Urban Affairs Review*, 40(4), 419-445.

[2] Sellers, J. M. (2019). From Within to Between Nations: Subnational Comparison across Borders. *Perspectives on Politics*, 17(1), 85-105.

[3] Goertz, G., & Mahoney, J. (2009). Scope in Case Study Research. In Byrne, D., & Ragin, C. C. (eds.). (2009). *The SAGE Handbook of Case-Based Methods*. London: SAGE Publications, 307-317.

等[1][2][3]。

为了更清晰地描绘南方国家城市治理的蓝图与机制，笔者比较了中国、印度和巴西三国非正规住宅的形成和治理。具而言之，笔者选择了每个国家内部的超大型城市中的一类非正规住宅作为研究对象。尽管这三个国家在历史、文化、全国性制度以及政权层面大相径庭，但是它们在近几十年来都随着经济增长经历了快速的城市化发展。因此，尽管上述三国在国家层面存在差异，但相同的经历使得它们的城市成为理想的比较对象。不仅如此，上述三国国家干预的进程和结果都大相径庭，而这些差异恰好反映了中印巴三国不同的发展路径和治理模式。

三、城市治理体制的类型学

研究国家能力的文献为理解国家和非正规性之间的关系提供了

---

[1] Auerbach, A. M. (2018). Informal Archives: Historical Narratives and the Preservation of Paper in India's Urban Slums. *Studies in Comparative International Development*, 53(2), 343-364.

[2] Auerbach, A. M. et al. (2018). Using Crow-Sourced Data to Study Public Services: Lessons from Urban India. *Studies in Comparative International Development*, 53(2), 324-342.

[3] Thachil, T. (2018). Improving Surveys Through Ethnography: Insights from India's Urban Periphery. *Studies in Comparative International Development*, 53(2), 281-299.

坚实的理论基础[1][2][3]。具而言之，海勒在对印度、南非以及巴西的城市研究中，将研究视角从全国转移到地方[4]。他指出，经济增长和社会包容是检验国家能力的两大关键维度。在这些富有见解的研究基础之上，笔者通过对城市治理体制进行类型学的划分来解释国家对非正规住宅干预的不同进程和结果。笔者将城市治理体制定义为国家和非国家层面网络的交互关系，它具有两大维度：有效性和包容性。其中有效性指的是城市治理工程在多大程度上能被成功地推进，包容性则是城市治理的社会基础，或者说是城市治理进程中对社会利益的包容程度。这两大维度受到三类变量的形塑，它们分别是政府间关系、政党制度以及非国家层面的网络。前两个变量影响城市治理的有效性，第三个变量则影响城市治理的包容性。

图1展现了四类城市治理体制。其中，整合型体制在有效性和包容性两个维度上都具有较高的水平，属于理想型体制。换言之，在不同的社会和政治利益之上进行整合并展开合作，最有可能推动有效、包容以及可持续的发展。增长型体制在有效性维度上水平较高，但是包容性却处于较低水平，通常依赖于地方当局和企业利益形成的联盟。尽管增长型体制可能会推动大规模治理工程的实施，

---

[1] Boone, C. (2012). Territorial Politics and the Reach of the State: Unevenness by Design. *Revista de Ciencia Política*, 32(3), 623-641.

[2] Slater, D., & Kim, D. (2015). Standoffish States: Nonliterate Leviathans in Southeast Asia. *Trans-Regional and National Studies of Southeast Asia*, 3(1), 25-44.

[3] Centeno, M. et al. (eds.). (2017). States in the Developing World. New York: Cambridge University Press.

[4] Heller, P. (2017). Development in the City: Growth and Inclusion in India, Brazil, and South Africa. In Centeno, M. et al. (eds.). (2017). *States in the Developing World*. New York: Cambridge University Press, 309-338.

但经常导致经济增长与社会发展间的不平衡。竞争型体制是在不同的参与方之中存在竞争的一种体制，其特征是有效性程度较低，但是具有较高水平的包容性。这一模式建立在对广泛的社会利益包容的基础上，但是不同社会利益之间的竞争可能会阻碍政策的实施。笔者对恩庇型体制的定义则围绕国家的寻租行为展开，这种体制在有效性和包容性两个维度上的水平都较低，可能出现缓慢且排他式的发展。

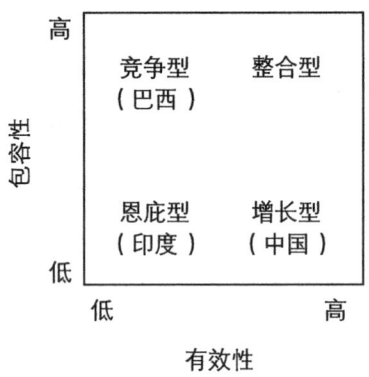

图1　城市治理体制的类型学

在上述四种可能的体制类型中，增长型、恩庇型以及竞争型分别对应了中国、印度以及巴西三国的城市治理体制。本文将解释这些城市治理体制如何在这三类国家中运作。

四、非正规空间中的国家干预：三城记

为了解释中国、印度和巴西的城市治理体制如何运作，笔者分别选择了这三个国家中的超大型城市广州、孟买和圣保罗中的非正规住宅作为研究对象。其中每一种类型的居住形态都代表了一种重

要的非正规住宅实践，在此基础上，笔者分别检视了上述居民区中国家的干预行为。根据定义，超大型城市是居住人口数超过1,000万的地区。当今世界有30个超大型城市，其中三分之二位于发展中国家。它们不仅是发展中国家吸引城市发展的磁石，也是广大城市群体面临挑战的缩影[①]。广州、孟买和圣保罗这三大城市都是正在兴起的全球性城市，并且也是所在国重要的经济、金融以及贸易城市。它们吸引了许多移民，但同时也造就了一定程度的不平等。

（一）广州：城中村

广州是中国改革开放的前沿阵地，当地生活着1,450万居民，其中38%的居民居住在城中村，以农村移民为主。这是一种因地方政府选择性征地而产生的非正规住宅。在大量征用农业用地用于开发后，地方政府留下了村民的宅基地，这样有助于减少土地征用的成本。村民们在属于他们集体所有的宅基地上建立了带很多套间的小楼房并向外来务工人员出租，后者是因缺乏本地户口而无资格购买当地经济适用房的庞大群体。村民们这种用于出租的住房的建设和经营不受任何政府部门的监督。每一个城中村都有一套复杂的自治机构，包括村委会、村党组织、村股份公司以及宗族网络等多方，因而造就了多方管理的交叠。与此同时，这些机构还负责村庄基础设施的建设和公共服务的提供。

在中央的支持下，广州于2009年开始城中村的改造工作。这是中央政府转变经济发展方式、推动产业结构调整工作的一部分，旨在

---

① United Nations. (2014). *World Urbanization Prospect: The 2014 Revision, Highlights*, 13-14.

通过建立高科技和高附加值的产业来取代传统的劳动密集型产业。为此，广州市政府专门设立了城市更新局（Guangzhou Urban Renewal Bureau）来负责监督改造工作，具体项目的实施则由房地产开发商主导。大型房地产公司，特别是国有企业，因更强的资质和与政府更紧密的联系而在改造的过程中占有更多的优势。

尽管村民委员会代表了村民选择开发商，但是开发商仍然需要进村挨家挨户地去谈补偿事宜。常见的改造模式是拆掉整个村庄并在其土地上进行重建。作为补偿，开发商向村民提供免费的回迁房，完工后每个家庭都能获得单元楼中的多套住宅，村集体物业也得到进一步建设。而原村庄中剩下的土地被开发商用来建造商品房和商业设施以便为这些工程融资。开发商建造的住房密度通常很高，往往需要地方政府对原有区划进行调整。

地方政府和开发商联合的经济增长联盟极大地改变了中国城市。昔日宛如贫民窟的城中村已经为豪华公寓、连锁酒店和高档零售场所所取代。但是改造工程的社会基础较为有限，无法提供充足的参与渠道。尽管改造工程给村民和村集体带来了巨大的收入，但是民工租客被排除在村庄改造之外，他们对住房的需求从未得到重视。尽管当局将城市化视为推动发展的重大战略，但主要关切的是土地问题，而非城市化进程中的人。因此，城市和乡村的割裂在城中村改造工程中被复制出来。

（二）孟买：棚户区

孟买是印度的经济中心，有1,240万人居住于此，其中42%的人口居住在棚户区当中，也就是通常所说的贫民窟。很多人非法侵占公共或私人土地，在上面搭建棚户，没有合法的产权。这些社区缺乏基本的基础设施和服务，十分拥挤，卫生条件也较差。棚户区的扩散与20世纪60年代以来孟买当局为租金管制和控制土地推行的一系列政策密切相关。这些政策使得私营部门失去了建设租赁住房和经济适用房的兴趣。与此同时，棚户区中居民数量众多，成为政党们的"票仓"。为了能获得棚户区居民的选票，每逢选举季，政客们就帮助他们注册为选民，向他们提供服务，因此使得棚户区的存在固化下来。

孟买的棚户区改造始于1995年，领导权不在市政府手中，而是由邦一级的机构贫民窟改造局（Slum Redevelopment Authority）负责，该机构直接由马哈拉施特拉（Maharashtra）邦首席部长领导。改造的方式是拆除棚户区并为2000年1月1日之前定居于此的居民提供免费的住宅。其中，政党推动了改造的进程。孟买当地的长期执政党希夫·塞纳（Shiv Sena）向棚户区的居民做出竞选承诺——向当地居民提供免费的住宅，以便能收获他们的选票[1]。

依照这一改造模式，棚户区居民的回迁房都是原址重建，这是因为政党不想失去他们的"票仓"。棚户区居民回迁住宅的标准面积很小，不管家里几口人，都只有269平方英尺（约25平方米）。许多回迁房从设计到建造都很糟糕，成为"立体贫民窟"。贫民窟剩余的土地则被开发商们用来建造商品房，孟买一些最著名的房地产工程就是通过这种方式在原来贫民窟的土地上建造的。居住在这些

---

[1] Mukhija, V. (2003). *Squatters as Developers? Slum Redevelopment in Mumbai*. New York: Routledge.

价值数百万美元的豪宅中的富豪与生活在破旧公寓中的贫民窟居民比邻而居，而这种贫富两重天之间的距离仅仅有一墙之隔。

在恩庇型的城市治理体制下，孟买棚户区的改造工作变得格外缓慢，许多工程都延宕多年。尽管改造工作赋予了原棚户区居民合法产权，但并没有减少他们对政党的依赖性。究其原因在于，贫民窟在改造后，他们需要依赖政党干部来提供建筑物维护和供应服务，因此就没有触动原来的恩庇关系。不仅如此，作为消除非正规住宅的举措，贫民窟改造工程导致了住宅市场的两极分化，因而固化了印度空间和社会层面的不平等。

（三）圣保罗：住房运动

圣保罗的经济体量在巴西GDP中占据了很大比重，这座城市住有1,220万人，相当多的人居住在自建的非正规住宅中，即所谓的贫民窟（favelas，特指巴西的贫民窟），或条件恶劣的群组公寓（cortiços，葡萄牙语"蜂巢"）。与此同时，在圣保罗历史悠久的城市中心区，集中了70%的工作，而房屋空置率却高达30%。从20世纪90年代早期起，圣保罗出现了激进的住房运动。这一时期在城市工作的工薪阶层家庭买不起自住房，就组织起来占领市中心的空置房。从1997年到2012年间，总共有120栋建筑被住房运动占领。截至2018年5月，市中心仍有70座建筑被占领着，并且住着4,000多户家庭。

与其他类型的非正规住房实践不同，圣保罗的住房运动通过法律和制度化的手段与国家谈判。正因为80年代兴起的城市改革运动，巴西拥有全世界最激进的立法体系。其1988年施行的宪法承认"居住权"并且强调城市和城市财产需要满足社会功能。在笔者与住房运动的领袖的会见和访谈当中,他们充分援引了相关法律法规,强调居住权是宪制性权利,缺乏住所的社会现象侵害了公民权利。同时,运动的领袖是市政住房委员会的一部分,该议会于2002年在宪法授权下成立。他们将市政住房委员会作为影响决策的平台,使得住房运动的参与者免遭法院和警察的驱逐[①]。

尽管事实上的住房运动是对财产权的破坏,但这一运动的合法性又受到不同层级大小官员的承认。在劳工党籍市长费尔南多·哈达德(Fernando Haddad)的领导下,圣保罗市议会通过了对空置住房征收累进财产税的政策。同时,市政府还将市中心的一些空置房屋征用并转换为社会住房,并批准了更多社会住房的建设工程。然而,党派政治延缓了征收累进税这一政策的实施,从而导致了住房运动和国家当局之间的僵局。

圣保罗的住房运动代表了城市治理体制中的竞争型模式。在这种模式中,不同的行动者和不同的利益相互竞争,政策过程受到竞争的形塑,最终国家制度内外的不同参与者需要进行谈判和相互妥协。与此同时,住房运动展示了打着"城市的权利"的旗号,以声索权利为基础的社会运动方式。以声索权利为基础的社会运动开辟了集体动员的新空间,为弱势群体争取生存空间提供了新的话语和工具。

---

① Donaghy, M. M. (2018). *Democratizing Urban Development: Community Organizations for Housing Across the United States and Brazil*. Philadelphia: Temple University Press.

结 论

中国、印度和巴西不同的城市治理体制，在形塑国家对非正规住宅干预的进程和结果中起着重要的作用。这一比较对理解南方国家的政府、治理和城市化具有多重意义。首先，对非正规住宅来说，因为它是高度异质的，我们需要超越对"贫民窟"的简单定义从而更好地理解非正规性内部的政治。不同形式的非正规住宅是不同的国家-社会关系的空间呈现。其次，我们需要从有效性和包容性两个方面去理解国家能力和城市治理。除非治理工程建立在更广泛的社会利益之上，那么将非正规住宅正规化的举措将导致更多的非正规现象的出现，并且也将加剧不平等。第三，城市化并非线性进程，因为"城市"的定义本身就是有争议的，它取决于国家的发展议程这一宏观背景。

古语云：所有的政治都是地方性政治。不仅如此，从地方层面入手进行分析有助于我们获得对于更高层政治的洞见。由于城市之间的比较比国家之间的比较更为可行，城市层面的分析方便了我们进行跨国和跨政体的比较，因而有助于理论的发展与创新。朝前看，学界需要注意比较城市政治研究中的两大议题。首先，通过小处着眼，大处着手，以城市为基础的分析能帮助我们更好地理解国家和全球层面的现象并解决大问题。其次，政治学家需要与其他学科的城市研究学者进行更多的互动，以便参与到更广泛的关于城市议题的讨论中来，并提高对城市和城市政治的动态认识。

城市性与市域社会治理现代化[①]

吴晓林

【摘要】 准确把握城市性，是推进市域社会治理现代化的基础。既有研究从不同角度对"城市性"做出界定，但大多较为片面，且游走于城市的本原特性与外生特性之间。实际上，城市集"正面性"与"负面性"于一体，兼具空间、经济、社会和组织四个维度，具有"两极四维"特性。主流的层级治理、分权治理和合作治理等城市治理实践，只是回应了城市的部分特性。理想类型的市域社会治理模式，就是在城市界线以内，依据城市地域特性、立法与行政的相对独立性、权责完备性，发挥城市的正面性，抑制城市的负面性，整体推进社会治理的过程。要做好市域社会治理，一是抑负扬正，以人民性统领城市性，使人民性贯穿"以空间管理为起点、以经济管理为基础、以社会治理为重点、以组织管理为保障"的全过程；二是化整为零，以结构化破解碎片化，整合市域社会治理领导机构，建构市域社会治理的"权责体系"；三是赋权增能，增强市域和基层行动主体权能，城市政府要做社会建构的使动者、促动者，培育现代公民和社会，推动共建共治共享。

【关键词】 城市性 城市治理 市域社会治理 社会参与

【作者简介】 吴晓林，南开大学周恩来政府管理学院教授，南开大学中国政府与政策联合研究中心研究员。

【基金项目】 本文系国家自然科学基金面上项目"中国城市封闭社区的空间生产、社会效应与治理机制研究"（项目号：71774175）、国家社科基金重点项目"基于供需平衡的复合式城乡基层治理体系研究"（项目号：20AZD087）的阶段性成果，并受中央高校基本科研业务费专项资金资助。

[①] 编者注：本文写作于2020年。

一、问题的提出

城市是伟大而又令人生畏的人造物，集机遇和风险为一体，表现出复杂的特性。不明城市性（Urbanity）者，不足以谈城市治理，准确把握城市性，是推进市域社会治理现代化的基础。"城"最初产生于人类对安全、神圣生活的追求，首要的外化基础是人口的集聚，继而由于人类活动的加入，城市产生了诸多特性。那么，城市特性究竟为何？研究者对此众说纷纭，大致有如下六种具有代表性的观点：

一是强调城市的"非农村性"。研究者不界定城市性，而是将城市性视为"乡村性"的反面[1]。如，有学者指出，城市性与"村社性"的区别在于，两者在器物层面上的追求不同[2]。但是，这方面的讨论还缺乏更具体的分析。

二是强调城市的"空间特征"。城市是一种高密度的居住区，是一个充满生机的多功能混合体。在德国，有一个新的提法是"通过密度实现城市性"，城市的居住形式被人们理解为高密度、高层、重叠的形态[3]。在雅各布斯看来，城市的活力来源于空间的多样性，城市空间应该满足人们不同种类的需求[4]。还有人将城市性定义为

---

[1] 参见程必定：《区域的"城市性"与中国新型城市化道路》，载《浙江社会科学》，2012年第1期。

[2] 参见景晓芬、马红霞：《城市化进程中的乡村社区形态转变——从"村社性"到"城市性"的轨迹》，载《理论月刊》，2010年第2期。

[3] 参见[德]赫尔穆特·博特：《今天的城市性》，刘涟涟、蒋薇摘译，载《国际城市规划》，2010年第4期。

[4] 参见[加]简·雅各布斯：《美国大城市的死与生》，金衡山译，译林出版社2006年版，第23—27页。

一种综合的审美和消费空间[1]，认为城市价值源于由消费（酒吧、餐厅、艺术空间等）和审美设施（建筑、公园、海滨等）共同创造的一种氛围。由此，特定社区成为极具吸引力的居住场所。

三是强调城市的"生活方式"。沃思认为，城市性就是一种独特的生活方式[2]，城市化不仅仅是人口向城市的转移，其最终归宿是城市生活方式的习得。有些城市人口增多了，但现代化没有跟上，仍处于"前工业社会"阶段[3]，则城市性依然不足，其呈现的也显然不是城市的生活方式。按照相关界定，"城市性"包括交通便利，靠近购物中心和餐馆，多种功能、用途混合的住房选择，以及不同收入、年龄和种族的居民[4]，"城市性"就是一种多样化的生活状态。

四是强调城市的"文化心理"。这是超越了物质形态的区分方式，从文化特质方面提炼城市特性，城市性被用作城市文化的同义词[5]。有学者指出，"个人的城市性"归根到底是一种基于对城市文明的习得所形成的市民化的生活方式和思想观念[6]。在芝加哥学派的一些代表人物看来，城市性所体现的是"自身特有的城市心理，与乡村

---

[1] Ahlfeldt, G. M. (2014). Urbanity. *CESifo Working Paper Series*.

[2] Wirth, L. (1938). Urbanism as a Way of Life. *American Journal of Sociology*, 128(1).

[3] Ibrahim, S. E. (1975). Over-urbanization and Under-urbanism: The Case of the Arab World. *International Journal of Middle East Studies*, 6(1).

[4] Nelson, A. C. (2009). The New Urbanity: The Rise of a New America. *The Annals of the American Academy of Political and Social Science*, 626(1).

[5] Zijderveld, A. (2009). *A Theory of Urbanity: The Economic and Civic Culture of Cities*. Routledge, 11.

[6] 参见孟祥远、邓智平：《个人的城市性与城市的发展》，载《城市问题》，2009年第9期。

心理迥然不同"[1]。城市性就意味着以城市空间为基础的资源分配方式和生产方式对人的价值观念等方面的综合影响[2]。

五是强调城市的"社会特性"。社会的多样性、个性化、异质性[3]、非人格性和高度流动性[4]是城市的典型特征，与其相伴而生的是陌生人之间的匿名性、包容性的社会联系[5]，甚至，与此相关的越轨行为、疏离状态都是城市的特性。

六是强调城市的"组织特性"。有城市就会有各种组织。城市性被认为是一种城市的组织方式[6]，个人分属于不同的组织，交往所面对的是专门化的、没有重叠性的组织中的人[7]。与传统的农村相比，城市中正式的社会组织取代非正式组织对社会日常生活起组织作用[8]。在城市中，具有不同逻辑和合理性的多级组织对政策执行过程提出了挑战[9]。

---

[1] [美]帕克、伯吉斯等：《城市社会学——芝加哥学派城市研究文集》，宋俊岭等译，华夏出版社1987年版，第269页。

[2] 参见崔岩：《对城市化进程中的"城市性"的实证研究》，载《江苏社会科学》，2013年第3期。

[3] Wirth, L. (1938). Urbanism as a Way of Life. *American Journal of Sociology*, 128(1).

[4] Clinard, M. B. (1960). A Cross-Cultural Replication of the Relation of Urbanism to Criminal Behavior. *American Sociological Review*, 25(2).

[5] Tittle, C., & Stafford, M. (1992). Urban Theory, Urbanism, and Suburban Residence. *Social Forces*, 70(3).

[6] Dear, M., & Flusty, S. (1998). Postmodern Urbanism. *Annals of the Association of American Geographers*, 88(1).

[7] Wirth, L. (1938). Urbanism as a Way of Life. *American Journal of Sociology*, 44(1).

[8] 参见江立华：《城市性与农民工的城市适应》，载《社会科学研究》，2003年第5期。

[9] Levelt, M., & Janssen-Jansen, L. (2013). The Amsterdam Metropolitan Area Challenge: Opportunities for Inclusive Coproduction in City-Region Governance. *Environment and Planning C: Government and Policy*, 31(3).

综合来看，人们对"城市性"的界定多维而零散，受学科视野所限，大多比较片面，只突出一点而不及其余。而且，既有的认识除了在空间、社会维度上触及城市所表现出的"矛盾统一"性以外，大多对城市的本原特性与外生特性未作明确区分，容易引发认识上的混淆。因此，本文将从城市本原出发，从多维角度呈现城市特性，并在此基础上探索推进市域社会治理的路径。

二、"两极四维"：对"城市性"的深描

万物均有两极，都是矛盾的统一体，城市亦不例外。城市集"正面性"与"负面性"于一体，同时兼具空间、经济、社会和组织四个维度，因此，本文认为，"城市性"表现为城市的"两极四维"特性（见表1）。

表1 "两极四维"的城市性

维度	正面性	负面性
空间	规模、密度、多样性	破碎、分裂
经济	集聚、扩散	极化、垄断
社会	异质、流动、契约性	失范、失调、风险
组织	民主性、多元性	控制性、高压性

（一）在规模效应与碎片化之间——城市的空间特性

从正面性来看，城市的首要特征是人口的空间集聚，空间是经济、社会和政治安排的地理基础，规模、密度和多样性是城市空间的基本特征。地理、交通、生态、气候等物理要素是构成城市空间

的基础，也是市域社会治理的基础。城市最初是人类追寻安全的生活空间，进而升级为追寻超越基本生活需求的空间，随着城市社会的发展，隐私的生活空间、开放的公共空间、多样性的消费空间、封闭社区空间、开放街区、中心城区、城市副中心、城市郊区等等不同种类的空间日益分化、错落相配，体现出城市空间的集中性和多样性。

因为人、物和社会活动在有限的空间集聚，城市性又意味着空间、社会、经济和组织机构的密度[1]，因而，密度成为衡量空间聚集程度的指标。在通常情况下，城市密度越大，城市性也越强[2]。有研究显示，城市的中心城区密度越大，就越具有发展的活力[3]。因为人口、资本、信息、物流在城市空间的集中，往往使城市区域拥有"最能够培育和维持繁荣的理想规模"[4]，也因为人口的集聚，城市空间还具备安全保护、经济发展的规模效应。同时，伴随交通技术和网络信息技术的快速发展，人口、信息、资本的流动越来越超越传统的地理边界，不断扩张着城市的空间。

从负面性来看，城市又存在着空间破碎、空间分裂等问题。最初的城市用城墙隔开内外空间，将"敌人"挡在城外。城墙的作用降低乃至被拆除以后，随着人类行为自主性的增强，城市内部空间

---

[1] Balducci, A. et al. (eds.). (2017). *Post-Metropolitan Territories: Looking for a New Urbanity*. Taylor & Francis.

[2] 参见卓健：《速度·城市性·城市规划》，载《城市规划》，2004年第1期。

[3] MVRDV. (2005). *KM3: Excursions on Capacities*. Actar, 21-22.

[4] McCann, E. J. (2007). Inequality and Politics in the Creative City-Region: Questions of Livability and State Strategy. *International Journal of Urban and Regional Research*, 31(1).

和社会变得越来越支离破碎和混乱，被很多现实的和象征性的"墙"所区隔[1]。例如，城市中贫富阶层的空间区隔具化为高档商品房社区与低矮棚户区之间的一"墙"之隔，而迅速扩展的封闭社区、城市综合体、高档写字楼、汽车通道，不但打断了城市公共空间的连续性，更加剧了不同阶层之间的社会空间隔离。一些学者看到，贫困在空间上越来越集中，贫困地区与繁荣经济的受益者脱节[2]，在很大程度上正是资本导向下"分段开发"的趋利规划和设计，使得城市充满了"断裂空间"。

（二）在资本集聚与贫富极化之间——城市的经济特性

进入工业社会之后，城市愈发展现出资本经济的特性。从正面性来看，城市经济同时表现出集聚性与扩散性的基本特征。资本具备天然的灵敏嗅觉，它以商品的形式刺激、满足和调动人类欲望，形成集聚化的商品经济，使城市充满活力。由此，资本集中流向城市高密度人群，大张旗鼓地以"消费经济"的形式俘获大量民众，获取规模经济效益。而城市经济的规模性和竞争性，又很容易引起产业扩散，形成产业集群效应，从而间接增加城市的消费选择，降低消费价格，维持城市发展的活力。

从负面性来看，城市经济又具有极化与垄断的特性。土地、

---

[1] Marcuse, P. (1995). Not Chaos but Walls: Postmodernism and the Partitioned City. In May, J., Watson, S., & Gibson, K. (eds.). (1996). Postmodern Cities and Spaces. *The Geographical Journal*, 162(2).

[2] Glennerster, H. et al. (1999). Poverty, Social Exclusion and Neighbourhood: Studying the Area Bases of Social Exclusion. *LSE STICERD Research Paper*.

劳动力、资本和信息是现代城市的生产要素，其中，土地最为基础。高密度的人口使城市充满了对稀缺资源的竞争，尤其是对土地及其附着物的激烈竞争。在一定程度上，城市性可以通过一个标准的竞价租金框架来进行估价[①]。人们为在城市居住而买单，并且遵循着优胜劣汰的残酷法则。

地价、房价上涨是城市资源稀缺与"垄断地租"结合的集中反映。正如芒福德所言，在城市中，土地、工业、金融等形成一个联盟，打破了之前分散的状态，以谋取最大数量的经济剥削[②]。说到底，资本以"追求剩余价值"和"垄断地租"为首要目标。由此，城市资本在不断扩张的同时，也创造出自身的对立物，发展出破坏性力量，城市内部的空间区隔和阶层对立都是资本逐利的极化产物。人们发现，越是在大城市，人们的生活成本就越高，尤其是外来人口和处于社会底层的人不仅要忍受长距离的出勤方式，而且不得不以较高的租金竞逐条件较差的住房。

（三）在异质性与风险性之间——城市的社会特性

城市因人口的异质性而充满活力，也因各种"非自然形态"因素的结合而充满风险。从正面性观之，城市社会的异质性、流动性、契约性打破了传统的"亲缘社会"形态。进入工业社会之后，城市社会愈发表现出异质性、流动性，与传统农业社会以"首属关系"、亲缘关系为主的社会联系相比，"次级社会关系在更广阔的城市

---

① Ahlfeldt, G. M. (2013). Urbanity. *CESifo Working Paper Series*.
② [美]刘易斯·芒福德：《城市发展史：起源、演变和前景》，倪文彦、宋俊岭译，中国建筑工业出版社2005年版，第543页。

中得到发展"①。城市容纳了不同阶层、民族、种族的人群，因而表现出包容性和差异性。同时，为了适应城市生活、应对挑战，城市中的人际关系和交往也更多表现出非人格性和契约性特征。由此，城市也被视为现代社会的摇篮。

从负面性来看，城市社会具有失范性、失调性，易于发展为"风险社会"。城市社会的异质性、流动性凸显出"陌生人社会"的特性：一方面，原来朴素的"共同体"难以为继，人们之间的理性交往方式主导了社会生活，"人与人之间相互交往时大量存在的感情因素被冷静的量的计算所代替，为人处世上有很强的功利意识和理性的思维方式"②，因而也容易形成对社会事务的冷漠态度。另一方面，在高度陌生的社会中，个体失去了生活在原来共同体中的本性，其在大城市的生活也更易于失范③。

在现代城市的空间布局、工业发展和技术革新中处处隐藏着风险。正是在盲目自信的扩张和技术导向的规划中，城市被设计为各种建筑、资源和人口的"空间装置"，忽略应对风险、限制风险的准备，导致城市灾难、病毒传播、安全事件不断出现。也因为城市人口的较大规模和高流动性，风险一旦发生便往往难以控制。从社会层面来看，快速城市化在将基层社会卷入的同时，也将原来分散于社会的各种矛盾风险集中于城市，使城市面临资源保障、生计保障、卫生环境、文化冲突、阶层冲突等多重风险，成为潜在的风险

---

① Abu-Lughod, J. (1966). The City Is Dead—Long Live the City: Some Thoughts on Urbanity. *American Behavioral Scientist*, 10(1).
② 江立华：《城市性与农民工的城市适应》，载《社会科学研究》，2003年第5期。
③ Wirth, L. (1938). Urbanism as a Way of Life. *American Journal of Sociology*, 128(1).

积聚中心。有证据表明,大城市的犯罪率居高不下,与城市失业率紧密相关[①],城市的一些犯罪和越轨行为与人口流动紧密相关[②]。

(四)在多样性与控制性之间——城市的组织特性

以什么样的形式组织城市生活,是人类一直探索的一个重要问题。从正面性来看,城市组织具有民主性、多元性特征。在古希腊时期,人们就在城邦生活中追求"民主共和"。从中世纪末期开始,城市生活日益世俗化,城市性意味着一种公民文化,这成为城市民主政治发展的能量和灵感之源[③]。在现代城市,多样性的"民间社会"的存在,使公众协商和各种民主倡议得以推进,也使城市更具凝聚力。城市空间的多样性以及多元经济的发展,造就了不同形态的组织形式,多元化组织在城市中共同生存、相互竞争、相互合作,使城市发展更为有效、高效与协调。

从负面性来看,城市组织具有控制性、高压性。最初的城市大多为军事城堡,城市首领对军人、领地内的居民实施绝对的控制,形成事实上的军事化管理;进入工业化社会以后,城市工厂主要依靠各种规则控制廉价劳动力;在信息化时代,对于城市资本来说,关键是掌握控制各种信息。同时,现代大规模企业组织的官僚主义也向其他组织广泛扩展,在追求效率的旗号下,通过有形无形的方式,

---

① 参见章元等:《城乡收入差距、民工失业与中国犯罪率的上升》,载《经济研究》,2011年第2期。

② 参见吴晓林:《城市吸毒群体的社会风险与防范——基于N省789名强制戒毒人员的调查分析》,载《河南社会科学》,2019年第1期。

③ Zijderveld, A. (2009). *A Theory of Urbanity: The Economic and Civic Culture of Cities*. Routledge, 2.

使有悖于民主精神的各种控制日益得到加强。这样，一些组织在集中占有信息、资源的过程中，也获取了在某个领域、某个行业中的绝对主导权，这种组织权力如果不加限制，就会转化成强大的控制能力，最终导致城市生活处于一种专制性和高压性之下。例如，城市规划是少数精英主导的领域，如若遮蔽民众的参与，则不仅违背民主精神，还会进一步强化城市组织的控制性。

三、主流的城市治理实践及其对城市性的回应

当代，城市治理主要有三种主流的实践模式，其背后连接着不同的城市性预期，分别呼应了城市"两极四维"特性的某些方面。正因为对城市性缺乏全面的理解，这些城市治理模式都存在相应的不足。

（一）三种主流的城市治理模式
1. 科层理性支配下的"层级治理"。

在单一制国家，中央政府往往将城市视为自上而下传递国家意图的环节，并且通过创建、评比、检查、问责等各种活动，指引城市发展，呈现为"国家主导"的强治理模式。城市政府作为层级治理中的一环，接受自上而下的指令，城市治理创新在上级政府允许和设定的范围内进行，政府以外的组织或社会力量对城市治理的参与较为有限。在有限的分权体制内，财政收益往往成为城市政府占支配地位的目标，因此城市政府通常表现为"发展型政府"[1]，城市

---

[1] 郁建兴、高翔：《地方发展型政府的行为逻辑及制度基础》，载《中国社会科学》，2012年第5期。

治理的自主性探索相对于经济发展来说往往居于次要地位。

在联邦制国家，为了提升城市整体竞争力，一度兴起城市合并、市县合并、组建大都市的实践，城市政府通过合并成为具有超级权威的大都市政府。大都市政府按照自上而下的科层制模式统一发出政令，促进城市发展、解决城市问题。但是，这种方式并不符合西方的政治传统，其治理效果也因合并的背景、条件等方面的影响而有所不同。

2. 多中心主义下的"分权治理"。

在城市发展进程中，有的城市具有深厚的社会自治传统，在整个国家治理体系中拥有相对较大的自主权。此外，在全球化竞争中，为了调动城市发展的积极性，一些国家和地区在过去几十年里进行了"分权化"改革，"大多数分权改革的初始目的在于重构政府财权和事权层级，最终形成逐层负责的结构"[1]，由此，城市成为整个国家治理的重要组成部分，拥有特定的治理权。

例如，在美国，"众多州通过宪法或立法授予地方政府，尤其是市镇法人以功能自治（function autonomy），地方政府可以行使任何宪法或法律没有禁止的职能"[2]，大多数特区只负责一项公共服务（例如水、电）。在英国，中央和城市政府的财权、事权划分清晰，中央主要负责社会保障、外交、国防、国民健康、高等教育等财政支出，地方政府主要负责中小学教育、社区建设与基础设施、基层

---

[1] 解洪涛：《分权与治理：新政治经济学的理论综述》，载《公共行政评论》，2015年第6期。

[2] 孙群郎、邓先竞：《美国地方政府的自治改革运动》，载《美国研究》，2016年第4期。

安全、消防、环境保护等等，也即城市治理更多由城市自身来承担。在日本，中央和地方实行分权，城市政府为宪法规定的"地方公共团体"，实施地方自治，"所涉及的自治领域主要有警察、消防和公共卫生、社会福利、社会保障，还包括道路、河川、港湾以及地方公营企业等"，有征收地方税和发行地方债券的权力[①]。

3. 新自由主义视角下的"合作治理"。

强调市场力量是新自由主义最典型的特征，推动社会参与则是对市场失灵的"侧翼补充"[②]。新自由主义坚持多元化和自由主义原则，试图击退国家对经济领域以及非经济领域任何形式的控制与干预[③]。20世纪70年代以来，一场新公共管理运动席卷发达国家并向其他国家扩展，其理论支撑就是新自由主义，基本做法就是在公共管理过程中引入市场化机制。由此，"公私合作"成为城市治理的一种典型模式。

从20世纪80年代开始，随着凯恩斯主义的退场，发达国家削减对城市政府的财政支出，以调动社会参与、向社会放权的名义，来掩饰和降低经济危机与财政压力的影响。在这种背景下，公营事业私有化、PPP（公私合作伙伴关系）、公共服务外包等成为城市治理的政策工具。企业成为创业城市、新区建设、城市更新、重大基础设施建设的主角；市场在封闭社区中以"消费者俱乐部"的名义，替代

[①] 孙世春：《日本地方政府行政体制的建立及其管理机制》，载《日本研究》，1993年第4期。

[②] 吴晓林、侯雨佳：《新自由主义城市治理理论的批判性反思》，载《中国行政管理》，2017年第9期。

[③] 参见萧惠中：《新自由主义下原住民族土地的发展地景：一个新伙伴关系的初探》，载《文化研究月报》，2012年第132期。

政府为居民提供有偿服务；社区在"权力下放"和"建设大社会"的名义下被政府"委以重任"，各种各样的社会组织、志愿者成为社区治理的主角。

（二）三种城市治理模式对城市性的回应及其不足

总体来看，三种主要的城市治理模式并非严格"互斥"，"层级治理"和"分权治理"模式主要是从纵向府际关系来区分的，城市在具体治理过程中或多或少会使用到"合作治理"模式。可以说，三种城市治理模式是针对城市不同层面的特性来建构和实施的，因而也都不可避免地存在局限和不足（见表2）。

表2 三类城市治理实践的特点

类型	原则	城市特性	优点	缺点
层级治理	剩余原则，上级政府的执行人	空间规模性 社会失调性 组织控制性	高效统一	成本高、灵活性和回应性不足
分权治理	权责一致和自治	空间多样性 社会异质性	权责清晰、灵活性强	整合度不够、难获外部支持
合作治理	小政府、大社会	空间多样性 社会异质性 组织多元性	治理成本低、社会积极性高	风险预估不够、权威性不够、社会建构不足

其一，科层制导向的"层级治理"，关注城市空间的规模性和社会失调性，侧重于通过组织化的控制来应对城市挑战。它将城市视为执行上级意志的附属，治理主导权从属于"条条"，城市政府遵循"剩余原则"成为上级政府的执行人。这种治理实践的优点在于上下一致，利于统一、高效地执行上级指令，服务于总体发展；

其缺点在于治理成本高、科层链条过长，城市治理过程容易出现权责冲突和部门主义导向，在遇到大的危机和风险时，城市政府由于受权不足难以快速有效地做出反应。

其二，多中心主义下的"分权治理"，关注城市空间的多样性和社会异质性，侧重于通过权责分类来应对城市挑战。需要说明的是，这种权力的纵向划分以法律制度为依据，并不以挑战整体利益为前提，它将各个治理主体的责任进行分类切分，遵循"权责一致和自治"原则，展现出"分类确权"的特点。这种治理实践的优点在于权责清晰，有利于回应基层社会需求；缺点在于权力分散，整合度不强，特别是在遇到紧急事件或重大社会变化时，难以获取外部支援。

其三，新自由主义视角下的"合作治理"，关注城市空间的多样性和社会、组织的多样性，侧重于通过组织合作来应对城市治理的挑战。它将治理责任向市场和社会分散，遵循"小政府、大社会"原则，展现出"公私合作"的特点。这种治理实践的优点是有利于调动市场和社会的积极性，降低治理成本，多元主体通过合作解决公共事务；但这种模式适合于社会常态下的治理，其缺点在于对公私合作的风险预估不足，缺乏对社会治理的建构性安排，容易使贫富分化和权力极化进一步加剧，而且，在应对城市风险时缺乏权威性、合法性，动员力会大打折扣。

四、迈向结构化的、整体性的"市域社会治理"

综上言之，既有的研究大多是将城市和市域作为一个特定的场景，适用治理的各种原则，而非聚焦于城市本身的特质，对城市特性的结构性、整体性的把握又都有所欠缺，因此很难得出具有针对性的治理方案。"市域社会治理"的提出，实际上展现了一种新的城市治理的构想。理想类型的市域社会治理，就是在"城市界线以内"，充分发挥城市地域特性、立法与行政的相对独立性、权责完备性，发挥城市正面特性、抑制城市负面特性，整体推进社会治理的过程。我们必须在全面把握城市性的基础上，推进"市域社会治理"现代化，增强对城市性的整体性、结构性的回应。

（一）抑负扬正：以人民性统领城市的"两极四维"特性

城市集合了特定的空间、经济、社会和组织要素，归根到底是特定空间内经济结构和上层建筑互嵌的关系集合。城市权力形成于"人—空间—政治"的深度关联，建构在资本主义城市空间与人类日常生活的辩证关系中[1]。就目前来看，各类城市治理的实践，首要地服务于经济发展，空间商品化导向突出，社会被"表层自由"[2]俘获，组织在多元发展与权威控制之间游离。城市治理表面上是追求经济发展，社会生活的深层冲突却会在这一过程中"变得根深蒂固，难以化解"[3]。

任何一种城市政府都要在"两极四维"之间寻找平衡，这种选择

---

[1] 参见赫曦滢：《马克思主义空间理论语境中的当代城市权利研究》，载《广西师范大学学报（哲学社会科学版）》，2018年第2期。

[2] 吴晓林：《走向共同体：马克思主义政治发展观的"条件论"》，载《政治学研究》，2019年第4期。

[3] [加]杰布·布鲁格曼：《城变：城市如何改变世界》，董云峰译，中国人民大学出版社2011年版，第171—172页。

既是历史的，也是自觉的。城市治理的效果，取决于能否以人民性来衡量各种发展策略，取决于能否将城市的创造力与各类治理方案结合起来，最终服务于人的全面发展。由此，市域社会治理要以人民性为统领，抑制城市的负面性、激发城市的正面性，贯穿"空间规划、经济发展、社会发展和政治建设"的四个维度：

其一，城市治理要以空间管理为起点，空间要为人服务而非被资本俘虏，要推进空间功能的有机组合，构造符合人本需求的空间美学，营造适合人的发展的空间尺度；其二，城市治理要以经济管理为基础，保持城市发展的活力，推动经济要素的充分流动和良性竞争，与此同时，划定非商品化的公共领域，满足城市人口就业乐业的需求，优化经济结构，抑制垄断地租；其三，城市治理要以社会治理为重点，充分把握"市域社会治理"的地域特性、权责完备性，保持城市对人口的吸引力，满足城市人口就业、安居、安全、环境、交往和自治的需求，提高公共服务和公共产品的供给水平，优化社会结构，以纠正市场失灵、促进社会公平、防止社会极化，保持社会有序发展；其四，城市治理以组织管理为保障，既要以组织化应对社会的非组织化、奠定社会发展的组织基础，又要在培育现代社会组织精神、组织能力的基础上，推动社会组织参与城市治理，形成共建共治共享的治理格局。

（二）化整为零：以结构化破解治理碎片化

以空间为基础的生产关系对城市的影响是方方面面的，但是，中国城市治理和市域社会治理却仍然习惯于"部门主义"和"精英主导"，处于"碎片化"状态。如，从牵头单位来看，目前至少包括九类城市治理实践：一是由政法委牵头主抓的平安城市建设，二是由党委组织部牵头的融合党建与社会治理的行动，三是由党委宣传部门（文明办）牵头的文明城市创建活动，四是由爱国卫生运动委员会（卫健委）牵头的卫生城市建设，五是由民政部门牵头的社区治理，六是由住建部门牵头的智慧城市建设和小区治理，七是由住建部门推动的园林城市（节水城市）建设，八是由城市管理综合执法部门牵头的城市综合管理，九是由食品安全办牵头的食品安全示范城市创建，等等。具体到一个城市，与市域社会治理相关的部门超过40个之多，涉及政法委、组织部、宣传部、统战部、国土、规划、市场监督、住建、房管、民政、城管、教育、农业农村、信访、人社、工业信息、卫健委、应急、公安、生态环境、司法、人防、物价、群团单位等等，各个部门既缺乏理念上的统一，又存在"出政绩"的冲动，常常职责交叉、重复工作，甚至出现政策打架的情形，导致基层不堪重负。

要避免城市利益部门化，避免城市发展在"无益的工作"中内耗，就要致力于推动城市的整体发展，最大限度地实现共同利益。具体来说，其一，发挥市域社会治理"城市大脑"的作用，根据市域特性进行顶层设计，整合市域社会治理领导机构，确立市域社会治理的宏观战略和路线，整体性、系统化、有步骤地推进市域社会治理现代化；其二，建构市域社会治理的"权责体系"，分类确定各个层级、各类主体的权责，处理好条块、区街社区关系，严格执行"权责清单"，为基层减负，使基层工作能够真正聚焦于社会治理。

（三）赋权增能：以共同体汇聚个体积极性

城市建设的一个个单独项目不应仅被界定为有形建设，还需将其与共同利益追求等无形建设相链接。人民的城市权利（力）到底有多大，取决于赋予其什么内容。城市的治理当然要尊重个体利益、激发个体积极性，但是必须以不危及共同利益、他人利益为前提，更理性的状态是通过对个体的有机连接，形成维护共同利益的积极行动。为此，其一，应在保障公民权利的基础上，集中行使城市的权力，既保持市域社会治理的整体性、统一性，又必须使之在法定的范围内运行；其二，需要审视和明确"城市间、市域以及社区邻里"三个空间层次的权力（利），确定好常态和危机状态下各主体的权责、协同关系，赋予市域治理相对自主的权力，赋权基层行动者，将城市社会治理的重心落到社区尺度，从而灵活回应社会变化和基层需求，使公众的个体利益与共同利益相贯通、相链接；其三，城市政府要做社会建构的使动者、促动者，最大程度集合城市发展的有利因素，避免陷于短期治理或无休止的修补之中，从长远角度培育现代公民和社会，推动社会参与，使公众作为城市权利人参与到城市空间规划、城市经济发展、社会发展和政治发展的过程中来。

第二次世界大战后中东国家城市治理研究[①]

车效梅　郑　敏

【摘要】 面对日益增长的城市问题，传统的以政府为中心的管理模式已不适应现代城市发展要求，多元共治、协商合作的城市治理呼之欲出。城市治理内涵与发展、公平和民主紧密相关，从城市管理向治理的转变，不仅是中东城市在全球化背景下的必然选择，而且是中东城市问题解决的必由之路。20世纪末，中东对城市治理进行初步尝试，但是仍要探索适宜的城市治理模式。如今，城市治理已经深入市政建设、城市规划和产业结构调整等方面，民众在城市事务中也发挥了越来越大的作用。但是，这些措施能否缓解城市问题，降低中东城市发展压力，促成社会的和谐稳定发展，依旧是中东城市治理的重担。

【关 键 词】 中东　城市化　城市治理

【作者简介】 车效梅，浙江外国语学院东方语言文化学院教授；郑敏，宁夏大学阿拉伯学院讲师。

中东是城市化速度最快的地区之一，但是随着大城市和特大城市爆炸式地发展，城市经历快速的结构性调整和社会变革，城市问题成为社会稳定和发展的巨大威胁。远及1979年伊朗伊斯兰革命，近至2010年爆发的阿拉伯变局，城市一次次成为矛盾和冲突的前沿阵地，甚至引发地区局势动荡，牵动整个世界的敏感神经。当今城市研究的重要性，在于城市已经成为全球化矛盾的焦点，成为关乎国家安全与社会稳定的中心，而"增长的城市问题"要求"一个新的

[①] 编者注：本文写作于2019年，2024年有更新。

和更好的管理机构"[1],以城市政府为中心的传统的城市管理模式已不适应现代城市发展要求,多元共治、协商合作的城市治理呼之欲出。

一、城市治理的研究概述

让-皮埃尔·戈丹的《何谓治理》[2]一书从宏观方面对治理进行理论研究,分析了"治理"理念的由来,并阐述作者自己的观点:"治理促进机构、企业和协会之间的谈判式合作的多样化……治理是一种与新的软权力配合使用的新政治鸡尾酒。"[3]詹姆斯·罗西瑙认为在多极化趋势下,全球治理十分必要且紧迫,对城市治理与社会稳定的关系、市政改革及民主化要求等有启发意义。[4]俞可平主编的《善治与治理》[5]收录了国外关于治理研究的13篇研究成果,从治理概念、治理与市场、治理与国家福利、治理与非政府组织、地方治理等方面阐释了治理问题。格里·斯托克在《作为理论的治理:五个论点》中提出了治理研究的五个论点,从理论上阐释了治理的特点,即治理主体的多元化,责任性与权力依赖关系,治理形式的协商

---

[1] Danielson, M., & Keles, R. (1985). *The Politics of Rapid Urbanization: Government and Growth in Modern Turkey*. Holmes & Meier.

[2] [法]让-皮埃尔·戈丹:《何谓治理》,钟震宇译,社会科学文献出版社2010年版。

[3] 同上,第97页。

[4] [美]詹姆斯·罗西瑙:《没有政府的治理》,张胜军、刘小林译,江西人民出版社2001年版。

[5] 俞可平:《善治与治理》,社会科学文献出版社2000年版。

性等。①此外，戴维·奥斯本和特德·盖布勒建议用"企业家精神"来克服"官僚主义"，提出政府分权、引入竞争、讲求效率、有作为等政府职能深化的基本要求。②关于城市治理的模式，约翰·皮埃尔在论文《城市治理模式》③中归纳了四种城市治理模式，即管理型、社团型、福利型和增长型治理模式，并归纳出各自的特点；厄马尔·埃兰德提出了"伙伴制"治理模式④；奥斯特罗姆夫妇提出了"多中心"治理模式⑤。孙荣、徐红和邹珊珊通过对城市治理理念、治理模式的阐释，分析中国城市治理现状和问题，在城市"多中心"治理模式的框架下阐述中国城市治理实践。⑥

以中东城市治理为研究主题的学术成果较少。梅婷·哈帕的《大伊斯坦布尔行政管理中的本地治理》⑦和妮利达·佛卡罗的《海湾城市和国家历史：1800年以后的麦纳麦》⑧是对中东国家城市治理的具体考察。国内学者车效梅著《全球化与中东城市发展研究》是

---

① [英]格里·斯托克：《作为理论的治理：五个论点》，华夏风译，载《国际社会科学杂志（中文版）》，2019年第3期。
② [美]戴维·奥斯本、特德·盖布勒：《改革政府——企业精神如何改革着公营部门》，东方编译所编译，上海译文出版社1996年版，第325—331页。
③ Pierre, J. (1999). Models of Urban Governance. *Urban Affairs Review*, 34(3), 372-396.
④ [英]厄马尔·埃兰德：《伙伴制与城市治理》，项龙译，载《国际社会科学杂志（中文版）》，2003年第4期，第21—33页。
⑤ [美]埃莉诺·奥斯特罗姆：《制度激励与可持续发展》，陈幽泓等译，上海三联书店2000年版，第203—204页。
⑥ 孙荣、徐红、邹珊珊：《城市治理：中国的理解与实践》，上海复旦大学出版社2007年版。
⑦ Heper, M. (1989). *Local Government in Turkey-Governing Greater Istanbul*. Routledge.
⑧ Fuccaro, N. (2009). *Histories of City and State in the Persian Gulf: Manama since 1800*. Cambridge University Press.

一部对中东城市研究较为全面的著作，作者指出，坚持城市可持续发展，加强政府宏观管理，完善城市体系，发挥大城市作用是解决中东城市问题的必由之路。[1]车效梅与侯志俊作《"三〇三〇"法案与伊斯坦布尔市政改革解读》[2]、车效梅和牛铭作《论阿布扎比能源开发与生态环保建设》[3]、车效梅作《德黑兰都市困境探析》[4]等文章则以具体一城为考察对象，详细分析了伊斯坦布尔、阿布扎比和德黑兰的城市治理过程，指出其成果与缺陷，对中东的城市治理研究有极大的借鉴价值。

二、城市治理与中东城市的选择

"治理"（英文：governance，法文：gouvernance）一词最早出现在13世纪的法国，其含义与"统治、政府"以及"指引、引导"（gouverne）并无大的区别。至17—18世纪，在王权与议会权力的较量中，民众权力和市民社会理念产生，"治理"增加了"协商""协调"的含义。[5]20世纪80年代，"治理"的概念被引入公共政策分析领域，如企业管理和大学管理模式。80年代末期，治理理念向城市

---

[1] 车效梅：《全球化与中东城市发展研究》，人民出版社2013年版。
[2] 车效梅、侯志俊：《"三〇三〇法案"与伊斯坦布尔市政改革解读》，载《西亚非洲》，2010年第3期，第49—54页。
[3] 车效梅、牛铭：《论阿布扎比能源开发与生态环保建设》，载《阿拉伯世界研究》，2009年第6期，第44—45页。
[4] 车效梅：《德黑兰都市困境探析》，载《世界历史》，2007年第4期，第101—111页。
[5] [法]让-皮埃尔·戈丹：《何谓治理》，钟震宇译，社会科学文献出版社2010年版，第4页。

管理领域延伸，逐渐形成城市治理的概念。1995年，全球治理委员会发表研究报告，在《我们的全球伙伴关系》中对"治理"定义："治理是各种公共的或私人的个人和机构管理其共同事务的诸多方式的总和。它是使相互冲突的或不同的利益得以调和并采取联合行动的持续的过程。"[1]治理的目的是通过引导、控制和规范公民的各种活动，弥补市场和政府在资源配置中的不足，以最大限度地增进公共利益[2]，实现帕累托最优。

（一）城市治理内涵

传统的城市管理模式强调政府在城市事务中的支配、控制和主导作用。但是随着社会的发展，城市承担的公共服务越多，面临的利益诉求和政治压力也越大。实现城市管理向治理的转变，是城市发展的必然趋势。城市治理是城市管理现代化的重要体现，是治理理念的延伸，强调各利益主体的协商、博弈，以期实现治理主体的多元化，形式的合作化，过程的协商化，从而形成一种促进城市发展的新机制。因此，城市治理具有参与性、公平性、负责性和透明性的特征。[3]

城市是人类活动的主要场所，是人类文明进步的标志。塞缪尔·亨廷顿曾言，发展中国家从传统社会向现代社会的转型过程中，"中央集权、民族融合、社会动员、经济发展、政治参与、社会

---

[1] 俞可平：《善治与治理》，社会科学文献出版社2000年版，第3页。
[2] 同上，第5页。
[3] 王颖：《城市社会学》，上海三联书店2005年版，第273页。

福利等,不是依次而至,而是同时发生"[1]。由于时间维度的高度压缩,中央政府的城市偏向政策,以及复杂、多变的地区安全环境,中东城市发展面临巨大的现实困境。

(二)城市治理与发展、公平、民主

城市持续健康发展需要城市治理。首先,21世纪"可持续发展"是发展的关键[2]。城市是引领一个国家经济发展的龙头和区域经济增长极点。适时调整产业结构,实现政府宏观指导与市场调节相结合,缓解乃至消除贫富差距,实现产业结构的优化升级,避免经济发展出现周期性起落等,是实现城市经济稳定的重要途径,也是城市治理的重要方向。城市治理需要打破现有的结构性障碍,减轻城市经济对石油工业的过度依赖,调整能源结构,加快农业科技化进程;转变城市交通运输业、水电业、通信业发展滞后的局面,引入市场竞争机制,鼓励企业参与城市基础设施建设;加快第三产业的发展,特别是增加高投资、高附加值的金融、房地产、旅游等产业的投入。其次,城市创新发展呼唤城市治理。"人"的发展是城市发展持久的助力。就人才培养而言,城市治理加大对教育的投入,改善文盲率过高的现状,鼓励女性接受教育;同时注重培育和引进创新人才,推动校企联合,鼓励科学家从事经济活动,尤其是通过企业促使科学技术向生产力的转移,促进城市的创造型发展。

---

[1] [美]塞缪尔·亨廷顿:《变化社会中的政治秩序》,王冠华译,三联书店1989年版,第43页。

[2] [法]让-皮埃尔·戈丹:《何谓治理》,钟震宇译,社会科学文献出版社2010年版,第47页。

第三，城市生态可持续发展离不开城市治理。按照环境经济学的观点，环境状况与经济发展紧密相关，城市环境被视为一种"可以提供各种服务的财产"[1]，是考量城市发展质量的重要维度之一。在日益激烈的国际竞争中，生态环境成为城市治理中值得高度关注的战略性资源。《纽约时报》记者弗里德曼曾将良好的城市环境称为"世界的未来文化上和经济上的模板"[2]。如何实现城市化、工业化与生态环境和谐发展，是城市治理的重大课题。

城市化发展应具备公平特征以及全民富裕特征，只关注社会财富总量并不能真正反映城市化水平。首先，城市贫困是威胁社会稳定的"毒瘤"，是极为敏感和棘手的城市问题，若处理不当便易引发次生社会风险和冲突事件。[3]城市治理解决城市贫困问题，实质是实现社会财富的再分配，必须多管齐下。提高最低工资标准、完善城市社会保障制度、提高就业率是比较可行的方案；此外，还必须采取城乡结合的缓解模式，改善农村现状，使社会保障制度惠及农村；缓解贫困心理，消除"边缘人"的自我隔绝和"被隔绝"心态；提高贫困人口"反贫困"能力，从工作能力、社会交往素质和科学文化素养等方面入手，提升其社会竞争力。其次，改善城市住房和公共设施是城市治理的重要内容。中东城市人口爆炸性的增长，必然对城市建筑、设施造成空前的压力；非正规住房、贫民窟大规模

---

[1] 张帆：《环境自然资源经济学》，上海人民出版社1998年版，第10页。

[2] 杨冀：《迪拜——中东最公开的秘密》，载《世界博览》，2005年第3期，第16—19页。

[3] Grierson, D. (2007). Health Problem Associated with the Built Environment in Areas of Rapid Urbanization and Poverty. *The International Journal of Interdisciplinary Social Science*, 2(3), 391-396.

蔓延，极易引发社会恶性事件，甚至危害市民的生命、财产安全。城市治理发动城市企业、科研机构等参与到城市规划中，统筹考量公共用地和住宅建筑；并提高政府工作效率，及时解决高危住房问题，逐步推进正规住房建设，遏制贫民窟的蔓延趋势，加大对非正规住房的改造，强化社会治安。第三，面对新形势、新挑战，中东城市传统新旧体制转换出现断层。在利益的驱动下，加之缺乏强效的法律执行力度和有效的社会监督，城市公权力沦为谋取私人利益的工具。城市边缘群体由于缺乏正规的参政渠道，转而趋向以不合法手段谋取自己的政治利益和经济利益，进一步助长了不正之风。城市治理强调社会参与，不仅要实现社会力量与政府的合作，而且加大各社会主体对政府的监督力度，促进政府行为的透明化和正规化；加强法律制度建设，营造城市公正、法治、健康、有序的发展状态。

城市治理与民主密不可分。"政治民主化绝不单纯是人们的一种美好的主观愿望，而是人类社会进入城市化发展阶段的一种必然的客观趋势。"[1]城市治理与城市管理最大的区别在于参与主体的多元化，"政府在城市治理中是重要的参与者，此外还有城市各成员和团体，都有可能成为治理的权力中心；参与者之间会形成自主自治的组织网络，且相互之间不是隔绝的，而是存在着权力依赖关系"[2]。所以治理是各利益主体协商的过程，它因组织网络的出现

---

[1] 高珮义：《城市化发展学原理》，中国财政经济出版社2009年版，第138页。
[2] [英]格里·斯托克：《作为理论的治理：五个论点》，华夏风译，载《国际社会科学杂志（中文版）》，2019年第3期。

呈现出新特征，实现的基础不是控制，而是协调和互动。[①]要获得良好的协调和持续的互动，充分的民主是城市治理必不可少的条件之一。"水可载舟，亦可覆舟"，人是城市存在的根本，城市治理要求城市政府重视民众诉求。城市阶级结构嬗变，逐渐壮大的新中产阶级要求更多的发言权；数量庞大的产业工人、农村移民等下层阶级参政意识也日益增强。此外，城市政府也绝不能忽视对城市移民和城市贫民政治需求的关注与回应。对初代移民而言，生存的压力使得他们政治观念淡薄、模糊；但二代移民由于吸收了"城市生活产生的各种目标和抱负"，他们的政治需求十分强烈，更主动地参与组织活动，并且更易受到政治活动的影响。[②]城市治理需要广泛了解城市移民和城市贫民的政治诉求，并着力弥合民众政治参与中"需求的形成"与"需求的满足"之间的差距，缓解由此产生的"社会挫折感"。同时建立多元化的政治沟通渠道，以及公正、平等、自由、和谐的政治参与平台，提升民众参与政治的积极性，提高政府回应的及时性和有效性，保持国家与社会的良性运行与和谐发展。

（三）城市治理与中东城市的选择

由城市管理向城市治理的转变，首先是中东城市融入全球化的需要。在经济方面，提升和强化本地产业在全球产业链中的地位，是中东城市必须面对的挑战之一。中东各国的历史和国情不同，城市竞争力也不尽相同。中东大国埃及、土耳其、伊朗等综合国力相对

[①] 俞可平：《全球化：全球治理》，社会科学文献出版社2003年版，第6页。
[②] 车效梅、李晶：《城市化进程中的开罗边缘群体》，载《历史研究》，2015年第5期，第120—135页。

较强，开罗、伊斯坦布尔、德黑兰等都有突出的区位优势、市场以及人力资源优势，具有一定的国际竞争力。但是从全球产业分工体系看，中东各国仍处于世界产业链条的末端，从政府到企业普遍缺乏技术创新的需求，技术升级与产业转型困难，经济发展陷入恶性循环。在文化方面，城市文化与外来文化既有融合也有冲突。文化的核心是价值理念，文化冲突的实质是不同价值观念和价值取向在接触过程中产生的对抗和竞争状态。如今，中东城市文化受多元价值观冲击，城市内部各群体的文化差异日益明显，文化冲突是社会稳定的隐患之一。从城市的地位看，城市已成为全球化网络的重要节点。既然如此，城市的治乱直接关系到某一地区甚至全球的安全局势，大城市的作用尤甚。所以在解决诸如保护环境、消除贫困、遏制国际恐怖主义、消灭跨国犯罪等人类共同面临的问题上，城市绝无独善其身的可能。

通过城市治理解决城市问题，也是城市的现实需要。第二次世界大战之后，中东国家城市化进程进入快车道，但同时意味着中东城市发展的时间维度和空间维度大大压缩，面临急剧的社会变迁和社会秩序重构。大量城市问题随之而现，如政治上民主化迟滞、社会阶层结构不合理、城乡经济二元化、社会心理和伦理道德困惑、社会秩序紊乱等。"冲突能量的聚集与日俱增，形势犹如一只火药桶。只需一点儿火星——一点儿希望的星星之火或者一点儿动荡不安的星星之火，随之就会轰隆爆炸。"[①]

[①] [英]拉尔夫·达仁道夫：《现代社会冲突》，林荣远译，中国社会科学出版社2000年版，第8页。

2010年至今的阿拉伯变局就是中东社会长期积累的综合矛盾的总爆发，而这场影响广泛的运动恰恰就起自城市冲突事件。突尼斯小城失业青年西迪·布济德在政府大楼前自焚，引发大规模示威活动，继而动乱外溢，波及整个中东。其中，城市既是示威的发源地亦是所谓的"革命舞台"，如突尼斯的城堡广场、巴尔杜广场、布尔吉巴大街，埃及的解放广场等均是风暴的中心。但是推翻强权政治后的中东人民并未获得民主、自由，恰恰相反，他们必须面对愈发动荡的中东局势。更为严重的是，由于中东"政治强人"相继倒台，原本隐藏在高压政策下的宗教冲突、种族冲突等愈发严重，"伊斯兰国"极端势力一度甚嚣尘上。阿拉伯剧变后，中东城市首当其冲，如今战火重燃，成为各方势力的角斗场。正如沙特阿拉伯资深外交家兼评论家贾马勒·哈什格吉所说，"'阿拉伯之春'的狂热浪漫期已经结束，转而面对残酷悲凉的现实世界"[①]。

三、中东城市管理到城市治理

中东城市发展的特殊性在于，现代市政制度的出现并非工业化的自然结果，而是外力入侵的产物。19世纪末至20世纪初，现代市政制度在中东城市初具雏形。虽然资本主义的入侵打断了中东城市自主发展的进程，但是先进的科学技术、思想文化和城市管理方式等，促使中东城市由传统向现代转变。

---

① 于颖：《阿拉伯学者谈对"阿拉伯之春"的看法》，载《当代世界》，2013年第3期，第48—50页。

（一）市政制度的建立与近代城市管理改革

中东城市市政制度建设之初的特点十分鲜明。首先，城市现代化的关注点是改善交通，且很不全面。如开罗和德黑兰的城市改造对象是新城，伊斯坦布尔的城市规划也限于火灾后的建设。改革忽视了城市景观与环境设计、水电设施、城市环卫设施和近远郊乡镇规划等，而这些都是城市规划的重要内容。其次，城市管理的主体是城市政府，市民和民间团体的作用很小。1869年伊斯坦布尔建立了13个地方市政府，市政府的成员由选举产生。[①]但由于缺乏民主观念、市民政治素质普遍较低、政治参与渠道不畅，市政选举仅仅是形式上的变革，城市权力依然掌握在政府官员和极少数精英阶层手中，市民参与城市管理少之又少。民族社团在城市经济活动中的作用有所增加，是现代政府与普通市民的中间人，但是也未能撼动城市管理结构和权力分配。所以，在市政制度建立之初就存在诸多缺陷。

（二）现代城市管理的发展

在现代化改革浪潮的推动之下，中东城市发展迅速。城市社会阶级结构变化，广大民众要求参与政治、城市管理和社会事务的呼声也越来越强烈。在这一背景下，中东城市管理有了进一步发展。

在城市规划方面，最显著的发展是现代西方城市规划理念对中东城市的影响更加直接和系统。特拉维夫起初只是雅法城外的一处

[①] Rosenthal, S. T. (2009). Foreigners and Municipal Reform in Turkey. *International Journal Middle East Studies*, 11(2), 125-133.

犹太人聚居区，直至1909年开始建造新城，全部采用德国简洁、朴实又不失动感的包豪斯建筑风格。1925年，英格兰生物学家格迪思主持了对特拉维夫北部的建设规划，以"田园城市"为主导思想，将居民生活与城市绿化结合，并明确提出绿化优先。[1]这一理念在当时没有完全实施，但是在特拉维夫以后的城市建设规划中贯彻下来。

在城市建设方面，基础设施也进一步完善。德黑兰建成长达218公里的城市交通网。[2]1900年开罗建设4条有轨电车线，随后增建了从吉萨到金字塔的第5条线路。[3]伊本·沙特为了促进朝圣事业发展，提倡汽车运输。20世纪30年代，汽车被广泛运用于各港口、城镇和居民区的客货运输，并形成颇具规模的交通运输网络。[4]

中东城市管理体制有一定发展。德黑兰的市政改革是依据议会通过的法案而徐徐展开的。1907年的《巴拉迪耶哈法案》的主要目的是"保护城市利益和答复市民的要求"[5]，市政的责任也更广泛，包括制定城市规划、城市资产管理、食物和水的分配、保护城市历史遗产遗迹、发展市场等[6]。"安朱曼"是1906年底在大不里士由民众选举产生的组织，其责任是监督国会代表，随后逐渐发展为大不里

---

[1] 车效梅：《全球化与中东城市发展研究》，人民出版社2013年版，第162页。

[2] Issawi, C. The Iranian Economy 1925-1975: Fifty Years of Economic Development. In Lenczowski, G. (1978). *Iran Under the Pahlavis*. Stanford University, 45.

[3] Elsheshtawy, Y. (ed.). (2008). *The Evolving Arab City: Tradition, Modernity and Urban Development*. Routledge, 123.

[4] Ibid.

[5] 车效梅：《全球化与中东城市发展研究》，人民出版社2013年版，第159页。

[6] 车效梅：《全球化与中东城市发展研究》，人民出版社2013年版，第159页。

士地方议会,是民众参与城市管理的重要实践。①

中东城市建设和市政建设有重要发展,但是缺陷依旧十分明显:虽然引入了城市管理制度,但是其权力结构、民众参与和城市自治等很不成熟,且中央政府依然牢固地控制着地方政府。所以市政机构的独立性较弱,市民参与度低,政府处理城市问题的灵敏性和应对能力都较差。中东城市管理需要展开深入的体制化改革。

(三) 全球化背景下城市治理的初次尝试

"第二次世界大战后,世界范围内出现新的现代化运动,这是一次真正的全球性变革,也是现代化进程中的第三次大浪潮。"②全球化的冲击和城市社会的大变革促使政府重新调整城市管理模式,开启从城市管理向城市治理转变的序幕。

1984年土耳其通过"三〇三〇法案",对伊斯坦布尔进行市政改革。本次改革在管理上奉行地方分权的理念,赋予城市自主权力,并提倡公民参与制定城市公共政策。此次改革首先是对城市进行总体规划,加大对城市基础设施建设和运输、通信体系建设等的投入。其次是改造固体废弃物处理系统、城市排水系统、供水供暖设施,并提出监管市场、保护环境等等。具有建设性意义的措施是城市政府机构的改革。大城市市长由选举产生,大城市议会则由地方市长和地方议会1/5的议员共同组成,民众有权参与地方市长的选举。法案还赋予大城市议会审查地方市政预算的权力,促进城市预

---

① 赵伟明:《近代伊朗》,上海外语教育出版社2000年版,第196页。
② 彭树智、王铁铮、黄民兴:《中东史》,人民出版社2010年版,第392页。

算的合理化。该法案在调动市政府工作积极性、协调城市规划发展、激励市民参与城市管理等方面有积极意义,特别是设立民主决策制度和双层市政府制度、中央与地方分权等措施,迈出了民主化的重要一步。但是该法案最大的问题是责权界限不明。有地方市长指出"哪里是大市政府职责的终点,哪里是地方市政府职责的起点,关于两者职责范围间的界限,并无明确标准"[①]。而且,城市治理的参与主体过于单一,协商机制尚不成熟。

第二次世界大战后,德黑兰发展成果丰硕,但是也患上了"城市病"。1968年,德黑兰总体规划付诸实施,第一步是实现五年规划,目标是满足城市扩张的需要,由政府提供230平方公里的土地,并负责提供城市服务和基础设施建设。第二步则是25年规划,是德黑兰城市治理的尝试。该计划预计在未来25年内将城市继续向外扩张630平方公里,将整个城市划分为大区、区和街区,以便于管理。该计划对环境污染、基础设施短缺、市中心人口密度过大和城市失业率居高不下、城市移民不断增多等都有关注。由于时间和资金短缺,以及伊斯兰革命等因素,25年计划没有完全落实,至1993年,德黑兰的城市治理尝试效果不佳。德黑兰改革是城市管理模式转变的重要探索,但是城市规划与周边地区、城市现状脱节,城市管理乏力,改革也没有延伸到城市社会结构和经济结构内部,没有触及治理的民主性和多元性本质。所以处理好国家宏观调控和城市自主发展的关系,并吸纳市民广泛参与,将是德黑兰市政改革的方向。[②]

[①] 车效梅、侯志俊:《"三〇三〇法案"与伊斯坦布尔市政改革解读》,载《西亚非洲》,2010年第3期,第49—54页。

[②] 车效梅:《德黑兰都市困境探析》,载《世界历史》,2007年第4期,第101—111页。

阿布扎比在20世纪70年代之前发展渔业和采珠业。探明石油储量并成功开采之后，阿布扎比迅速发展。在城市治理方面，阿布扎比有其独特之处，即平衡能源开发与生态环境保护的关系，促成经济、生态的和谐发展。通过建立市政绿化机构，制定严格的法律、法规，环境保护有了制度和法律保障。阿布扎比还设立专门的研究机构，致力于防沙治沙技术、生物保护研究、污水处理工程和滴灌技术等。通过对城市绿化、沙漠和海洋的治理，城市资源开发与生态环境保护形成了良性互动。阿布扎比的实践是中东城市生态环境治理的成功案例。[①]

20世纪下半叶，中东城市治理已经做出了有益的尝试，并对城市治理进行了初步探索，但是严峻的城市问题依旧与城市高速发展相伴而生，甚至在动荡的中东局势下有愈演愈烈之势。对城市治理理论进行更加深入的解读和分析，才能真正发挥其指导价值和实践意义。

（四）城市治理模式选择

关于城市治理的模式，学者们给出了不同的解答。约翰·皮埃尔的《治理模式》将城市治理模式归纳为四种，分别是管理模式（Managerial Model）、社团模式（Corporatist Model）、增长模式（Pro-growth Model）和福利模式（Welfare Model）。

管理模式以"让管理者管理"为口号，摒弃政治精英的介入，

[①] 车效梅、牛铭：《论阿布扎比能源开发与生态环保建设》，载《阿拉伯世界研究》，2009年第6期，第44—45页。

通过消费者的选择促进城市公共服务的生产和分配。这一模式颇受争议。[1]虽然将市场机制引入城市管理中，给予消费者在城市管理中的首要地位，但是城市政府的作用并不明确，在政府与企业之间存在矛盾时无法进行调节，而且消费者的市场选择具有不确定性，也极易受到外部环境的影响，会对政府的决策及政策的连续性产生阻碍作用。

社团模式关注城市公共资源的分配，包容、协调不同参与团体的利益，以此扩大城市决策中的民众参与。这一模式的构想符合治理理念的基本原则，但缺陷也十分明显：其一是社团模式被限定在公共资源的分配过程中，对于增加公共税收则没有更多建树；其二是在不同利益集团的博弈过程中，政府无法正常发挥调节作用，而且极易造成不同利益集团之间的不平等甚至激化矛盾。因此，皮埃尔认为这一模式适用于"小型的、工业高度发展、民主政治业已形成的西欧国家"。[2]

增长模式以促进城市总体经济增长为主要关注点。城市的决策层是政府官员和商界精英，在已经制度化的公共部门和私营部门的合作框架下，以平衡双方的利益分配为目标，共同合作促进城市经济的可持续发展。[3]这是一种十分广泛的城市治理模式，而且结果也易于衡量和观察，但城市决策乃至利益分配以政府和商业精英为主体，民众的普遍参与不足，而且城市公权力可能沦为精英阶层谋取短期利益的工具。

---

[1] Pierre, J. (1999). Models of Urban Governance. *Urban Affairs Review*, 34 (3), 377.

[2] Ibid., 380.

[3] Pierre, J. (1999). Models of Urban Governance. *Urban Affairs Review*, 34 (3), 383.

福利模式最大的特点是城市事务由政府包办，所以城市政府官员是最主要的参与者，其他城市利益团体和广大民众的参与极少。[1]但是该模式使得城市政府对国家系统的依赖性极高，必须有较为发达的经济基础作保障，所以主要适用于福利国家，广大发展中国家没有足够条件推行这一城市治理模式。

此外，戴维·奥斯本和特德·盖布勒建议用"企业家精神"来克服"官僚主义"，提出政府分权、引入竞争、讲求效率、有作为等政府职能深化的基本要求，对公营部门、私营部门和第三部门的优势和弱点都加以详细区分[2]。

厄马尔·埃兰德的"城市伙伴制"（Public-Private Partnership Model）治理模式，是以地方政府为城市治理的基本单位，并借助国际合作和伙伴制，将城市治理的权力赋予所有当事人，"第21号日程的伙伴制计划包括了9种'参股人'（妇女、儿童和青年人、本地人、非政府组织、地方当局、工会、企业和产业、科学和技术界、农民）"。[3]在该模式下，城市政府与私人部门之间是一种伙伴关系；非政府组织和非营利组织逐渐成为城市中不可或缺的重要组成部分；社区建设受到关注，强调发挥社区的基础作用。[4]但是仍需要注意伙伴制作为一种治理方式，其作用不会超越政府，因为伙伴制只会

---

[1] Pierre, J. (1999). Models of Urban Governance. *Urban Affairs Review*, 34 (3), 387.

[2] [美]戴维·奥斯本、特德·盖布勒：《改革政府——企业精神如何改革着公营部门》，东方编译所编译，上海译文出版社1996年版，第325—331页。

[3] [英]厄马尔·埃兰德：《伙伴制与城市治理》，项龙译，载《国际社会科学杂志（中文版）》，2003年第4期，第31页。

[4] [英]厄马尔·埃兰德：《伙伴制与城市治理》，项龙译，载《国际社会科学杂志（中文版）》，2003年第4期，第26页。

对特定的参与者和相应的利益团体负责,而非全体公民;其二,现行的伙伴制更多关注精英阶层的利益而排除弱势群体的参与,这是一种近乎封闭式的伙伴关系,有违治理的透明性和民主性原则。①

另外一种治理模式是由奥斯特罗姆夫妇提出的多中心治理模式(Polycentrity Model)。"把有局限的但独立的规则制定和规则执行权分给无数的管辖单位。所有的公共当局具有有限但独立的官方地位,没有任何个人和群体作为最终的和全能的权力凌驾于法律之上。"②这一设计重点解决城市治理参与主体的问题,并且融入了公共权力的透明化和权力制衡。但是多中心治理模式也并非完美,要求一个完整、健全的权力分配结构,需要平等的合作机制和协商机制,否则在权力分配上容易导致权力叠加或治理盲区,在治理过程中出现权责不明,甚至各中心之间的矛盾。

事实上,我们对城市治理模式要有清晰的认识。首先,城市治理强调发展、公平和民主,并重视这些因素在城市良性对话机制中的作用,是相辅相成、互为促进的关系。所以城市治理是城市发展到一定阶段的产物,城市治理模式则是具体实施中的机制、框架或组织结构。其次,以上提及的城市治理模式或是尚未形成完整体系的城市治理方案等,都是特定历史环境与城市状况共同作用的产物。因为城市治理本就是学者们对城市发展的再思考,所以各城市治理模式的具体实施,也有诸多特定的条件,如城市经济发展水

---

① [英]厄马尔·埃兰德:《伙伴制与城市治理》,项龙译,载《国际社会科学杂志(中文版)》,2003年第4期,第32页。
② [美]埃莉诺·奥斯特罗姆等:《制度激励和可持续发展》,陈幽泓等译,上海三联书店2000年版,第203页。

平、民主化程度、民间团体、公私关系、城市基础设施建设和历史文化传统等。第三，城市治理模式也不是一成不变的。由于城市的状况不同，城市内部各要素会出现不同的发展态势。城市治理是一个过程，所以具体的治理模式也会有所调适，甚至在不同的治理模式之间转换，以更好地适应城市现状和发展目标。

中东城市因其特殊的政治经济环境、历史文化传统和宗教社会状况，在城市治理过程中更应慎之又慎。治理模式有各自适用的条件，中东城市治理绝不能生搬硬套，否则只会适得其反。民主、公平、法治是城市治理的发展方向，但是面对如此复杂的国内矛盾和国际局势，中东城市治理初期应坚持渐进、稳健的原则，既要坚决杜绝"威权政治"逆流，又要坚持政府的主导作用，在城市发展中平衡政府与市场、社会的关系。随后在治理过程中逐步实现分权和赋权，在发展中促进公平和民主，提高城市社会自主治理水平，实现善治。

四、中东城市治理措施

在全球化和信息化浪潮中，中东城市发展的机遇和挑战并存，困境与希望同在。"未来城市发展的活力，在于它们是否有足够的创新能力和灵活性，在这变化多端的环境中生存。"[1]城市绝不可故步自封，必须在主观自觉和世界发展潮流的推动下经历更新和重塑。

---

[1] 周振华：《崛起中的全球城市——理论框架及中国模式研究》，人民出版社2008年版，第273页。

中东城市已经在市政建设、经济持续健康发展和城市规划等方面采取措施，以期实现城市的健康、有序发展。

（一）城市治理与市政建设

治理强调分权与赋权，"政府可以动用新的工具和技术来控制和指引，这是政府应有的能力和责任"。[①]通过有效的市政改革推进城市政治的民主化进程，通过科学、完善的城市规划实现城市各利益团体间的协调合作。

美国学者戴维·奥斯本和特德·盖布勒认为政府职能的深化应遵循十个原则，"掌舵"、竞争、效率、预防、分权、市场导向、变革等是关键点。中东城市政府需要高度的透明性，强烈的责任感和权力限制，具体而言就是优化行政素质，提升行政能力建设，提高市政官员的行政素质，维护城市良性发展。

合理加大财政权，提供城市自主治理的物质基础。在中东国家，中央政府对地方财政的管理高度集中，多数地方政府没有权力制定地方税费，而且地方建设活动的经费由中央政府决定或直接拨付[②]，这一政策便于中央政府进行全国的资源调配。但是在经济全球化浪潮中，城市的作用愈加凸显，甚至成为在世界范围内进行商业合作或项目洽谈的主角，而"真正为政府提供动力，使政府能真正

---

① [英]格里·斯托克：《作为理论的治理：五个论点》，华夏风译，载《国际社会科学杂志（中文版）》，2019年第3期。

② UN-Habitat. (2012). *The State of Arab Cities 2012: Challenges of Urban Transition*. United Nations Human Settlements Programme, 2.

'动起来'的是物质能量，即政府的财政资源"①。所以中央政府应适时、适量放松对地方政府的财政自主权限制。以城市公共财政为依托，城市可以相对自主、灵活地解决城市问题，实现城市规划目标。埃及正在策划实施财政分权，允许地方政府保留一些较高的税收项，如企业所得税，这样利于优化地方财政预算。亚历山大和基纳省正在试验增加收费项目，以资助规划发展项目。②但是更为合理且有长期效益的方法是激励私营部门发展，促进经济活动多样化。城市政府可以吸收地方资本，如在基础卫生教育等服务行业中，充分动员民间资本融入地方政府的活动中。而且在中东城市中存在大量非正规经济。在过去，非正规经济被普遍视为城市经济生活的不健康因素，被错误的政策和法规压制。③但是，中东城市大部分人口——特别是穷人——都是依靠非正规经济或者小生意谋生，若简单地压制、取缔，对城市发展极为不利，甚至会演化为城市冲突。所以，城市治理也需要将非正规经济团体引入协商机制中，给予平等的话语权，并在合作中通过帮扶、引导或吸收，促进非正规经济的健康发展。

增强市政的民主理念，各方通力促进城市发展。城市治理具有多主体的特点，地方政府、城市公众和其他利益团体通过依赖与制衡的关系构成治理网络。政府给予其他治理主体足够的尊重和有益

---

① 刘天旭：《财政压力、政府行为与社会秩序》，知识产权出版社2010年版，第42页。
② UN-Habitat. (2012). *The State of Arab Cities 2012: Challenges of Urban Transition.* United Nations Human Settlements Programme, 70.
③ [瑞典]戈兰·坦纳菲尔德、佩尔·卢詹克：《发展城市，减少贫困》，刘超、陈亮译，科学出版社2008年版，第15页。

引导，发扬公民权利和基层民主，整合城市政府与企业、市民、民间团体之间的良性互动关系，才能调动城市各利益团体参与城市事务的主动性，实现城市公共利益最大化。埃及2003年人类发展报告呼吁各行业强化公共部门和私营部门之间的合作关系，并重视和倾听来自基层的声音，2004年的报告中又主张权力下放，2008年的报告明确以"公民社会的作用"为副标题，足见埃及政府对政治民主问题的重视。[1]叙利亚也进行市政改革，在第十个五年规划中明确要求市政府的权力下放，且在省会城市和大城市的市政改革过程中获得了欧盟的帮助，如阿勒颇、大马士革、代尔祖尔、霍姆斯、拉塔基亚和塔尔图斯等，提高了市政的城市规划和执行能力。[2]2006年，阿联酋为增强政府反应的灵敏性，举行了40选20的联邦国民议会第一次选举，每个酋长国都有确定数量的席位。[3]沙特阿拉伯政府也一直在尝试将城市发展的自主权移交城市。2005年沙特举行179个市政选举，约20%的公民获得投票资格；2011年9月的第二次选举中，国王阿卜杜拉宣布赋予女性选举权和参加地方市政选举的权利[4]，2013年的协商会议上，出现了30名女议员[5]。在某些大城市，如利雅得、麦加和麦地那，财政机构与中央的内政部是分开的，并

---

[1] UN-Habitat. (2012). *The State of Arab Cities 2012: Challenges of Urban Transition.* United Nations Human Settlements Programme, 23.

[2] Ibid., 56.

[3] Ibid., 163.

[4] Ibid., 161.

[5] 环球网，2013，沙特议会首现女议员 开会仍旧用屏风与男议员隔离，https://world.huanqiu.com/article/9CaKrnJzr0M（访问日期：2024年11月9日）。

且可以有城市自己的财政预算，技术委员会可以参与城市的规划发展，教育和卫生服务等。

（二）城市治理与科学城市规划

科学城市规划，确保城市健康发展。城市规划是对一定时期内城市的经济和社会发展、土地利用、空间布局以及各项建设的综合部署、具体安排和实施管理。[1]"在今天，如果没有精心的规划，整个物质文明的复杂结构就会紊乱；食品供应将停止，必不可少的水、能源供应中断，传染病瞬即蔓延。"[2]中东城市整体规划纷纷出台。1977年，黎巴嫩成立发展和重建理事会（CDR），为国家制定重要发展规划和财政项目，而如今担负起贝鲁特等城市的规划任务，在2005年第一次制定全国性的规划方案，协调公共工程和交通事务。2010年叙利亚政府呼吁成立新的区域规划委员会，并要求各省完成各自的城市规划方案。叙利亚的市政管理现代化计划（MAM）关注可持续发展，促进非正规住房区正规化，改进城市财务管理[3]。而且该计划重视保护大马士革历史遗迹和巴尔米拉文化遗产[4]，并通过对客流量、环境承载力、城市供水、污水处理和公共

---

[1] 卢新海、张军：《现代城市规划与管理》，复旦大学出版社2006年版，第67页。
[2] [美]彼得·霍尔：《城市和区域规划》，邹德慈、金经元译，中国建筑工业出版社1985年版，第2页。
[3] UN-Habitat. (2012). *The State of Arab Cities 2012: Challenges of Urban Transition.* United Nations Human Settlements Programme, 68-70.
[4] 2015年"伊斯兰国"组织占领巴尔米拉之后，对该地的文物古迹大肆破坏，并通过走私文物大肆敛财。新华网，2016，"伊斯兰国"边毁边走私文物敛财2亿，http://news.xinhuanet.com/world/2016-04/11/c_128884220.htm（访问日期：2024年11月9日）。

交通等的综合分析，为拉塔基亚制定了以旅游业为核心的城市可持续发展方案。[1]当然，城市规划的出台并不意味着城市问题得到了解决，因为现代城市规划不只是前期的分析和计划的书面材料，而是一个完整的城市活动，"顺序是目标—连续信息—各种有关未来的比较方案的预测和模拟—评价—选择—连续的监督"[2]，只有城市在规划出台之后，积极投入实施，并在连续的监督中不断评价、选择，才能使城市规划进入良性循环，实现最终的发展目标。

城市住房问题在中东城市十分普遍，不仅是住房短缺，还包括一系列基础设施和学校、诊所、宗教建筑、运动场地和娱乐设施等等。所以居住问题具有多维度的特性[3]，其解决方案也需要经济、政策与技术等多管齐下。21世纪初，埃及非正规住房发展基金（ISDF）成立，从住房安全的角度并根据联合国关于贫民窟的定义，对埃及所有城市中的贫民窟进行分类，向当地政府提供资金和技术支持。[4]2009年，为支持非正规定居点升级计划，埃及成立了专门

---

[1] UN-Habitat. (2012). *The State of Arab Cities 2012: Challenges of Urban Transition.* United Nations Human Settlements Programme, 70.

[2] [美]彼得·霍尔：《城市和区域规划》，邹德慈、金经元译，中国建筑工业出版社1985年版，第9页。

[3] [瑞典]戈兰·坦纳菲尔德、佩尔·卢詹克：《发展城市，减少贫困》，刘超、陈亮译，科学出版社2008年版，第55页。

[4] AUC Slum Development Working Group. (2014). *Egypt's Strategy for Dealing with Slums.* The American University in Cairo, 10. 埃及将非正规住房的安全等级分为四等，第一等级是威胁人身安全的住房，如在滑动地质构造、洪泛区或铁路两侧的房屋。第二等级是不适宜居住的住房，如没有使用正规建筑材料、房屋结构不稳定或处于垃圾倾倒场等地的住房。第三等级是威胁健康、达不到居住卫生条件的住房，如无法获得干净饮用水、受工业污染影响或暴露在高压电缆之下的居住地。第四等级是所有权不稳定的居住地，如国有土地或宗教基金土地上的居住地。

部门，6个政府部门、3个民间社团的代表和3个专家共同形成董事会。该部门不仅向政府提供8,760万美元的拨款以及额外的3,500万美元的预算拨款，还获得美国国际开发署（USAID）1,750万美元的援助。它第一次绘制了埃及全国非正规定居点分布图，并详细分类，初步对容纳85万居民的非正规住房区进行整治。[1]由于经济困难和城市社会管理弊端，贫民窟面临犯罪、暴力、卖淫和性疾病传播等高风险，是城市病的极端表现。2013—2015年埃及对26个贫民窟的改造工程耗资15亿埃镑，并在阿联酋的援助下进行第二阶段的改造工程。[2]沙特阿拉伯在第九届发展规划（2010—2014年）中，给市政和住房服务部门拨款约270亿美元，计划建立60个新直辖市和40个新城，为私人和公共住房项目提供2.66亿平方米的土地，预计建成100万套住房（大约占房屋预期需要的80%）。[3]吉达市政府也制定无贫民窟计划，重建市中心地带，预计使非正规住房的居民总数减少至30万，至2029年，吉达的战略规划要求建设950,500套住房及685,000套经济适用房。[4]

由于中东产油国有大量外籍劳工，这一群体的居住条件也是城市治理的重要课题。科威特政府在2009年通过了《新劳动法》，赋予私企工人更多的权利，严厉惩罚虐待行为，规范国际劳工招

---

[1] UN-Habitat. (2012). *The State of Arab Cities 2012: Challenges of Urban Transition*. United Nations Human Settlements Programme, 53.

[2] 环球网，2015，2015/2016财年埃及将拨款10亿埃镑用于贫民窟改造，https://china.huanqiu.com/article/9CaKrnJO7iE（访问日期：2024年11月9日）。

[3] UN-Habitat. (2012). *The State of Arab Cities 2012: Challenges of Urban Transition*. United Nations Human Settlements Programme, 146.

[4] Ibid., 147.

聘，号召企业在苏比亚（Sabiya）、穆塔勒（Al Mutaleh）、杰赫拉（Jahra）、阿瑞夫吉安（Ereifjan）和凯瑞恩（Khairain）等城市投资建设符合国际标准、能容纳6万名劳工的住房。①

然而，以上城市的住房改造计划虽已拟定，但是由于地方城市规划能力的缺乏，普遍的公众参与不足以及中东局势动荡等原因，中东国家与城市发展战略在实施过程中大打折扣。城市规划应是一个参与的过程，住房规划尤其如此。政府若要实现具有可持续性和可扩展性的住房改造方案，充分发挥城市治理的功能是必不可少的。②

城市基础设施是城市赖以生存和发展的物质平台，更能代表城市居民的直接需求。狭义的城市基础设施包括供排水、能源、交通、邮电、通信、环境、防灾等设施。"城市交通系统是城市四大子系统之一"，承担着城市内部、城际之间的交通中转、集散等功能。③自20世纪70年代起，中东国家的交通有比较大的发展，如扩大海上港口，兴建机场，完善城市道路网络，包括桥梁、城市公路和城际高速公路等。但是城市交通问题随过度城市化而日益严峻，最突出的表现是交通拥堵。一般的解决方法是拓宽现有道路，合理道路布局，优化城市交通网。此外，切实有效的方法是发展城市公共交通和城市地铁。城市公共交通的优势之一是"产生投入—产出转

---

① UN-Habitat. (2012). *The State of Arab Cities 2012: Challenges of Urban Transition*. United Nations Human Settlements Programme, 149.

② AUC Slum Development Working Group. (2014). *Egypt's Strategy for Dealing with Slums*. The American University in Cairo, 22.

③ 徐循初：《城市道路与交通规划》（上册），中国建筑工业出版社2007年版，第38页。

移效应",即通过对客流和车流密度高度压缩,使城市道路利用率成倍提高,而且车流量减少会带来节约能源、减少环境污染、缓解交通拥堵和减少交通事故等环境及社会效益。而且"城市公共交通具有社会化、半福利性的经济属性",[1]是一项重要的公共政策,甚至影响数代人的发展。地铁的发展优势也很明显。在城市中心区修建地铁既可以缓解交通拥堵状况,还能实现土地资源利用效益的最大化,带动城市向地下拓展,这对建筑密集、寸土寸金的大都市而言无疑是最好的选择。[2]开罗于1987年开始修建地铁,2012年之前已有两条地铁线运营,平均每天载客量高达2万人次,约占全国铁路载客量的17%。[3]2012年第三条铁路线投入运营,并继续向西北方向延伸,连接开罗国际机场和开罗大学,预计于2019年之前完工,全长约50公里。突尼斯城市交通总体规划出台,1999年批准加强现有的轻轨地铁,并建设新的区域铁路网络,全部计划完成将花费几十年的时间。[4]此外,提升道路照明条件和路口、拐角的道路监控设备等都是保障行车、行人安全的措施。城市交通规划与实施是一个长期工程,收益预期较长,只有在保证政策连续性的前提下,中东各国的交通规划才能落在实处,真正造福人民。

发展二线城市、卫星城,形成合理的城市布局。区域经济增

---

[1] 裘瑜、吴霖生:《城市公共交通运营管理实务》,上海交通大学出版社2008年版,第5页。

[2] 徐循初:《城市道路与交通规划》(上册),中国建筑工业出版社2007年版,第283页。

[3] UN-Habitat. (2012). *The State of Arab Cities 2012: Challenges of Urban Transition*. United Nations Human Settlements Programme, 60.

[4] Ibid., 106.

长极理论认为，某一地理空间内的经济发展并不是均衡的，而是依强度的不同对区域经济有不同影响，在空间上呈点状分布。增长极最终通过极化和扩散的效应而形成。[①]所以充分发挥二线城市和卫星城的作用，有助于改变城市体系的首位结构，建设"缺失"的中等规模城市，促进中东地区建设完整、合理的区域城市体系，提升区域之间分工与合作的范围和层次，实现共同增长。沙特政府将城市经济发展重心转移到了二线城市，对阿西尔（Asir）、哈伊勒（Hail）、胡富夫、麦地那、塔布克和塔伊夫的基础设施进行优化改造，并投资建设新城。约旦政府决定振兴萨尔特（Salt）、马德巴（Ma'daba）、杰拉什（Jerash）和卡拉克（Karak）等城市，并将安曼新增人口向这些城市转移。[②]黎巴嫩起草的《国家管理规划方案》建议将城市规划的投资重点由贝鲁特转移到的黎波里、扎赫勒-赤陶拉（Zahle-Chtaura）、赛达（Saida）、纳巴泰（Nabatieh）和提尔（Tyre）等城市，给予更多政策倾斜，[③]以带动一个更均衡和更综合性的城市体系增长模式。2015年，为了缓解开罗的人口和交通压力，埃及政府计划将在5—7年的时间内，在开罗以东的苏伊士、苏赫奈泉（Sokhna）之间选址建设新首都，预计占地700平方

---

① "区域经济发展增长极理论"由法国经济学家普劳克斯（F. Perroiix）于1950年提出，后经赫希曼、鲍德维、汉斯等发展。许学强、周一星、宁越敏：《城市地理学》，高等教育出版社1997年版，第180页。

② UN-Habitat. (2012). *The State of Arab Cities 2012: Challenges of Urban Transition.* United Nations Human Settlements Programme, 2.

③ Ibid., 36.

公里①，可容纳约650万人口。②2016年，埃及政府已与中国达成四个建设项目共27亿美元的合作合同。③沙特阿拉伯投资总局（Saudi Arabian General Investment Authority）也出台了新城建设规划，预计在2020年前建立6座新城，分别是麦地那知识经济城（Knowledge Economic City）、阿卜杜拉·本·穆赛义德王子经济城（Prince Abdulaziz bin Mosaed Economic City）、阿卜杜拉国王经济城（King Abdullah Economic City）、吉赞经济城（Jizan Economic City）、塔布克经济城（Tabuk Economic City）和拉兹·佐尔资源城（Ras al-Zour Resource City）④，预计满足430万人的住房需要，130万人的就业需求和1,500亿美元的国家经济收入⑤。在确定合理的开发规模之后，卫星城和二线城市的建设需要完善的法律保障和政策指引，在公共建设先行的基础上平衡机构设置、土地政策、环境保护、资金筹措、住宅标准等多方面问题。城际交通是连接区域城市体系的主要通道，包括高速公路、一般公路和快速轨道交通线，一般卫星城

---

① 环球网，2015，埃及将在五至七年内建成新的行政首都，https://world.huanqiu.com/article/9CaKrnJIO7x（访问日期：2024年11月9日）。

② 新华网，2021，埃及新行政首都展现现代化雄心，http://www.news.cn/world/2021-12/06/c_1128136386.htm（访问日期：2024年11月9日）。

③ 环球时报，2016，中国获得埃及行政首都建设大单，http://finance.sina.com.cn/roll/2016-01-22/doc-ifxnuvxh5121079.shtml（访问日期：2024年11月9日）。

④ 中东经济信息网（Middle East Business Intelligence），2007，沙特的经济城市 未来的典范，https://www.meed.com/saudis-economic-cities-models-for-the-future/（访问日期：2024年11月9日）。

⑤ 汪波：《气候变化政治对海湾国家的影响》，载《阿拉伯世界研究》，2012年第3期，第108—120页。

与中心城市的空间距离为20—40公里，不宜超过100公里。[1]

（三）城市治理与经济可持续发展

优化产业结构，保障城市经济持续发展。所谓产业结构，是指各个产业部门之间量的比例及其相互结合、相互依存的关系。[2]产业结构升级体现在重工业化，高加工度化和高技术化。[3]中东城市经济的普遍特点是石油工业在产业结构中占有绝对比重，农业、交通运输、水电业、通信业等的发展滞后，第三产业特别是高投资、高附加值的金融、房地产、旅游等产业的支撑有限，具有潜在的风险。

随着石油资源经济价值和战略价值的提升，中东依靠大量石油收入实现了经济腾飞。但是面对世界原油价格持续走低，主要产油国的经济发展均受到不同程度的影响，非产油国经济也因此大受打击，各国纷纷采取措施，促进本国产业结构的优化升级。沙特发展以出口为导向的制造业，如铝（全球产量的12%）、钢铁（全球产量的6%）、化肥（全球产量的16%）、机械和电子产品等，提高对高科技、资本密集型行业的重视，如医药业。利雅得是沙特的金融、政治和商业中心，成功打造了城市金融业、工业以及两个大型工业园区。[4]阿联酋为了减少对石油的依赖，在铝矿、旅游、航空、加工再出口贸易和电信等领域投入了巨资，非石油部门占国内生产总值的比

---

[1] 王圣学：《大城市卫星城研究》，社会科学文献出版社2008年版，第41—42页。

[2] 赵民、陶小马：《城市发展和城市规划的经济学原理》，高等教育出版社2001年版，第210页。

[3] 同上，第213页。

[4] UN-Habitat. (2012). *The State of Arab Cities 2012: Challenges of Urban Transition.* United Nations Human Settlements Programme, 138.

重在逐年上升，1975年为46%，2000年上升至90%，2005年又增至95%。其中，份额涨幅最大的是贸易、建筑和房地产行业，从2000年至2005年，分别增长了6.7%，4.1%和2.3%。[1]

减少对化石能源的依赖，大力发展新能源。石油资源等属于不可再生资源，化石燃料对生态环境的副作用也十分明显。出于降低石油依赖和环境保护的考虑，抢占国际新能源技术和产业的制高点，开发利用新能源势在必行。[2]巴林启动利用可再生能源的项目，如可供麦纳麦世界贸易中心13%电力的风力涡轮机，太阳能路灯照明项目以及商业规模太阳能项目。[3]约旦也于2015年与日本签署太阳能项目协议，投资额达1.6亿美元。[4]阿布扎比出台的2030年经济展望，旨在发展知识型经济，重点发展领域是能源、化工、航空、装备、药品、交通和通信。[5]2008年，"马斯达城"项目启动，马斯达城完全依赖可再生能源运转，零废物、零碳排放，预计容纳5万人，30%的土地用以住房建设、20%是经济"特区"、24%为交通

---

[1] UN-Habitat. (2012). *The State of Arab Cities 2012: Challenges of Urban Transition.* United Nations Human Settlements Programme, 133.

[2] 柳思思:《气候变化与国家新能源的发展——以阿拉伯国家为例》，时事出版社2015年版，第75页。

[3] UN-Habitat. (2012). *The State of Arab Cities 2012: Challenges of Urban Transition.* United Nations Human Settlements Programme, 136.

[4] 新华网，2015，约旦和日本签署太阳能项目协议，http://news.xinhuanet.com/world/2015-01/19/c_1114036762.htm（访问日期：2024年11月9日）。

[5] UN-Habitat. (2012). *The State of Arab Cities 2012: Challenges of Urban Transition.* United Nations Human Settlements Programme, 136.

和基础设施、10%为新能源的实验和展示区。[①]埃及是北非发展可再生能源潜力最高的国家，拥有光伏发电技术，其风力发电项目也获得了德国、丹麦、西班牙和日本的支持。埃及政府支持私企的新能源开发项目，通过签署20—25年的长期购电协议，降低投资者的金融风险；对可再生能源免征进口税；营利性发电公司可获得埃及电力监管机构颁发的发电许可证；完善可再生能源回购费率，由政府出面建立可再生能源基金，抵消能源成本和市场之间的价格差异。[②] 2009年7月，埃及与德国合作的"沙漠技术"（Desertec）项目启动，拟在撒哈拉沙漠中建成一座最大的太阳能发电站，预计成本4,000亿欧元。投产后不仅可以满足西亚和北非地区的部分需求，而且能为整个欧洲大陆提供15%的电能。[③] 2014年1月10日，埃及军方下属公司又与中国企业合作共同开发太阳能市场。[④]除开发风能和太阳能之外，沙特还将目光投向核能利用，分别与中国、法国、俄罗斯、韩国和阿根廷等国家签署了核能合作协议，通过引进技术和成熟经验，计划投资1,000亿美元建造16座核反应堆，到2020年建成第一座

[①] 央视网，2008，马斯达城：不用一滴油的城市，http://www.cctv.com/program/dysj/20081212/106091.shtml（访问日期：2024年11月9日）。

[②] Handoussa, H. (2010). *Situation Analysis: Key Development Challenges Facing Egypt*. United Nations, 105.

[③] 德国之声网（DW），2009，太阳能，https://www.dw.com/en/european-firms-launch-huge-african-solar-power-project/a-4475188（访问日期：2024年11月9日）。

[④] 国际新能源网，2014，晶福源和埃及军方合作生产太阳能离网光伏逆变器，https://newenergy.in-en.com/html/newenergy-2115782.shtml（访问日期：2024年11月9日）。

核电站，并于2032年实现170亿瓦的核能发电能力。[①]

开发旅游资源，促进旅游业发展。旅游业是重要的经济增长点，被称作"朝阳产业"。中东是宗教旅游和观光旅游的理想地，旅游业发展潜力很大。阿联酋的文化旅游已经成为国家经济发展的重要组成部分。2007年，旅游业对迪拜酋长国生产总值的直接贡献为18%，间接贡献达到29%。阿布扎比的2030年远景规划之一是投资与旅游有关的酒店、度假村和商务休闲活动，计划将萨迪亚特岛打造成为旅游的文化和休闲区。卡塔尔政府投资170亿美元发掘伊斯兰艺术的文化价值，完善多哈国家博物馆、阿拉伯现代艺术博物馆和国家图书馆。[②]沙特自2012年已投入了大量资金，恢复和保护吉达的历史建筑，建设连接埃尔巴拉德（Al Balad）的旅游走廊，同职业技能培训的教育机构之间也进行长期合作，培训、提升旅游业相关人员的工作能力。[③]旅游业是埃及主要的收入和外汇来源，2010年，旅游直接为GDP增长贡献约11.3%，间接为国家提供了21.4%的外汇份额和44.1%的非贸易出口份额。而且旅游业的发展为埃及打开了巨大的就业市场，酒店工作吸纳120万人，相关的服务工作提供150万就业岗位，旅游直接就业和间接就业的人口占就业总人口的

[①] 澎湃新闻网，2016，习近平与沙特国王见证中沙四代核电合作谅解备忘录签约，https://www.thepaper.cn/newsDetail_forward_1422965（访问日期：2024年11月9日）。

[②] UN-Habitat. (2012). *The State of Arab Cities 2012: Challenges of Urban Transition*. United Nations Human Settlements Programme, 143.

[③] UN-Habitat. (2011). *State of the Cities Background Report: Saudi Arabia*. United Nations Human Settlements Programme.

12.6%。①为了开发生态旅游，埃及宣布到2017年将15%的土地作为保护区，由环境事务部（MSEA）和埃及环境事务协会（EEAA）负责保护区的协调、实施、监控和跟进的主要工作。②但是，面对中东的动荡局势，地区安全形势成为旅游业发展的最大障碍。所以一国要发展旅游业首先要恢复和平局面，维护社会稳定发展，进而支持和扩大城市的文化活动，完善相关法律法规，严格把关硬件设施的质量，创建良好的投资环境。

重视科技发展，培养高端人才。"现代科学已经成为一项集体性的活动，不仅离不开政府的巨额投资和支持，而且也需要大学的支持"③。高技术化工业对经济发展的带动作用不容小觑，新兴产业将科学研究、技术开发和生产结合在一起④，工业园区可自成一体并产生集聚效应。实现教育、科研机构和企业之间的密切合作，是促进科技发展的有效途径。高校和企业之间的交流形式多样，比较普遍的是高校与公司签订研究协议，或企业在大学设立博士后研究项目，加强纯学术研究和应用性研究之间的联系。⑤埃及出台一系列政策鼓励技术发展，如在亚历山大附近开发高科技园区，预计可容纳

---

① Handoussa, H. (2010). *Situation Analysis: Key Development Challenges Facing Egypt*. United Nations, 33.

② Ibid., 100.

③ [美]德里克·博克：《走出象牙塔——现代大学的社会责任》，徐小洲、陈军译，浙江教育出版社2001年版，第27页。

④ 赵民、陶小马：《城市发展和城市规划的经济学原理》，高等教育出版社2001年版，第214页。

⑤ [美]德里克·博克：《走出象牙塔——现代大学的社会责任》，徐小洲、陈军译，浙江教育出版社2001年版，第173—174页。

500家企业和100,000名科技人员。[①] 阿曼首都马斯喀特（Muscat）正在建设集信息、通信和技术为一体的"马斯喀特知识绿洲"，并提供优厚条件吸引知识型产业的私人投资。[②] 多哈也依靠世界顶尖大学建设高新技术园区，支持技术开发，为科研提供设备，力推实际应用型研究项目。卡塔尔促进学校与博物馆的合作，共同开发多哈独特的历史文化艺术。[③] 对外技术合作也有较大的发展。为抗击沙漠化及其带来的不利影响，阿盟成立的"阿拉伯干旱地区和干地研究中心"（ACSAD）是各成员国交流沙漠化治理经验和信息的主要平台之一，并且在约旦、叙利亚、突尼斯、利比亚、摩洛哥、埃及、也门、阿曼、阿尔及利亚等国开展废水处理和废物利用、检测有毒污染物和微生物，在叙利亚、苏丹、也门、卡塔尔和摩洛哥评估废水污染问题，推广生物沼气利用技术和高品质的有机肥生产技术。[④] 此外，还有中国与阿拉伯国家防沙治沙技术方面的合作。在中阿合作论坛合作框架下，中国与阿拉伯国家就防沙治沙技术开展合作。2024年2月，宁夏科技厅组织举办了中国—阿曼防沙治沙经验分享视频会。[⑤] 同年9月，宁夏回族自治区开设阿拉伯国家防沙治沙

[①] UN-Habitat. (2012). *The State of Arab Cities 2012: Challenges of Urban Transition*. United Nations Human Settlements Programme, 5.

[②] Ibid., 136.

[③] Ibid., 138.

[④] 周行：《阿拉伯荒漠化防治成效积极》，见马小霖主编《阿拉伯发展报告（2013—2014）》，社会科学文献出版社2014年版，第254页。

[⑤] 中华人民共和国科学技术部官网，2024，中国—阿曼防沙治沙经验分享视频会召开，https://www.most.gov.cn/dfkj/nx/zxdt/202402/t20240207_189723.html（访问日期：2024年11月9日）。

技术培训班，邀请来自伊拉克、巴林、约旦、埃及、突尼斯、巴勒斯坦等六个国家的20名学员参加培训。[①]中国—阿拉伯国家合作论坛自2004年成立以来，已经发展成为涵盖众多领域、建有10余项机制的集体合作平台。[②]2024年5月30日，中阿合作论坛召开第十届部长级会议，通过《中国—阿拉伯国家合作论坛2024年至2026年行动执行计划》，承诺双方在政治、经济、能源、环境保护、防治荒漠化、农业、旅游、人力资源开发、知识产权、文化与文明、教育与科研、民间交往等多个领域内实现更广泛、深入的合作。[③]

结　语

城市治理为中东城市实现社会稳定、破除城市危局提供了可行之路，但是中东城市治理体系尚不成熟。尤其需要注意的是，城市治理作为一个过程，政府退后，将私营部门、社会团体和个人推向前台，这是城市事务责任的转移。所以在城市各利益团体的合作过程中，存在界限和责任方的模糊。城市的同一事务会有不同的团体参与其中，但是该事务的负责主体并不明确；一旦出现失误，城市

[①] 宁夏回族自治区林业和草原局官网，2024，宁夏防沙治沙技术引来阿拉伯6国学员"取经"，http://nxlyt.isenlin.cn/coohome/coserver.aspx?uid=F4B3D80B9A1A426BAF6FB4B98B2F0466&aid=BE118E6B72184402ADFA95BDAC73DB0F&clid=9&t=29（访问日期：2024年11月9日）。

[②] 中阿合作论坛网，2023，关于论坛，http://www.chinaarabcf.org/gylt/200903/t20090306_6566932.htm（访问日期：2024年11月9日）。

[③] 中阿合作论坛网，2024，中国—阿拉伯国家合作论坛2024年至2026年行动执行计划，http://www.chinaarabcf.org/lthyjwx/bzjhywj/dshijbzjhy/202406/t20240606_11381295.htm（访问日期：2024年11月9日）。

政府很轻易地就将社会和个人定为主要的责任人,甚至在承担城市事务责任时,相互推诿甚至倾轧。所以,在治理过程中一定要明确,社会各利益团体拥有参与城市治理的权利,与之相伴的是对城市稳定与城市未来应负有的责任。而且,中东城市又有一个重要特征是城市化进程迅速,但是城市的社会整合却十分缓慢,城市治理中各方团体的加入势必对社会整体造成解构的影响。城市政党制度不完善,"强人政治"余波未平,部落政治仍有极大的社会影响力,中东社会中存在牢固的宗教势力和错综复杂的教派冲突,过度城市化导致的城市"边缘群体"及其"边缘心态"等,都将是治理过程中的不确定因素。所以,城市治理需要各个团体完全平等、协商一致、平和有序地参与到城市治理中,城市政府应勇于且敢于承担责任,防止在城市治理过程中出现社会分裂危机。如若不然,"城市治理"非但不能达到维护社会稳定、促进城市发展的目的,反而会导致继阿拉伯变局之后的又一次中东大动荡。

第二部分

城市中的社区治理

社会组织参与社会治理的意义与推进路径[①]

王明进　索　丹

【摘要】 自从1993年民政部颁发《关于加快发展社区服务业的意见》以来，社区服务走出了政府包办式供给模式，开始了市场化、社会化的进程，社会组织也逐渐得到发展，在社会治理中的作用越来越大。在全面深化改革的大背景下，社会组织在国家治理当中的重要主体地位得到了确立，人们对社会组织的发展更加关注，各层级社会组织孵化器数量大增，社会组织更是以空前的规模和速度得以发展。党的十九大又再次强调社会组织在社会治理中的作用，党的十九届四中全会提出了共建共享共治的原则，建设社会治理的共同体。社会组织参与社会治理是国家治理的重要内容，也是社会治理现代化、实现建设小康社会这一宏伟目标的基本要求。社会组织的快速发展，是全面深化改革的需要，是国家治理创新在社会治理体制创新方面的要求。本文考察了社会组织参与社会治理的意义，重点了解社会组织目前参与社会治理的现状，社会组织在参与社会治理过程中面临的问题和挑战，并力图提出解决问题的对策，以图为创新社会治理作出贡献。

【关 键 词】 社会组织　社会治理　治理现代化

【作者简介】 王明进，北京外国语大学国际关系学院教授；索丹，北京市海淀区香山街道政务服务中心副主任。

一、深刻认识社会组织参与社会服务对社会治理的意义

党的十八大报告对加强和创新社会管理提出了战略目标，其中特别强调了社会组织的职责，要求"强化企事业单位、人民团体在

---

① 编者注：本文写作于2019年。

社会管理和服务中的职责，引导社会组织健康有序发展，充分发挥群众参与社会管理的基础作用。"[1]党的十八届三中全会作出的《中共中央关于全面深化改革若干重大问题的决定》明确了激发社会组织活力在创新社会治理体制中的总目标，要求"激发社会组织活力，正确处理政府和社会关系，加快政社分开，推进社会组织明确责权、依法自治、发挥作用"。[2]党的十九大报告指出："加强社区治理体系建设，推动社会治理重心向基层下移，发挥社会组织作用，实现政府治理和社会调节、居民自治良性互动。"[3]结合全面深化改革的大的社会背景，我们一定要从国家治理和社会治理的理念出发，从创新社会治理体制的高度，深刻认识社会组织参与社区服务的价值和意义。

（一）国家治理理念的创新要求社会组织作为社会治理的主体来参与社区服务。

十八届三中全会通过的《决定》在历史上第一次把"国家治理"这一概念纳入了党的纲领性文件，这是党在探索治国理政的道路上又一次重大的理论突破。在国家治理的理念下，《决定》提出了社会治理的概念，替代了人们一直在使用的社会管理的概念。这是在社会

---

[1] 胡锦涛:《坚定不移沿着中国特色社会主义道路前进 为全面建成小康社会而奋斗——在中国共产党第十八次全国代表大会上的报告》，人民出版社2012年版，第38页。

[2] 《中共中央关于全面深化改革若干重大问题的决定》，人民出版社2013年版，第50页。

[3] 习近平:《决胜全面建成小康社会 夺取新时代中国特色社会主义伟大胜利——在中国共产党第十九次全国代表大会上的报告》，人民出版社2017年版，第49页。

建设领域的一种理念的创新。社会治理不同于社会管理的地方在于，社会管理强调政府一方是行为体，是自上而下的管理，社会其他各方都是被管理的对象；而社会治理则意味着多元治理主体的并存，治理不再是政府的独角戏，而是政府的"他治"、市场主体的"自治"、社会组织的"互治"的结合。就这一理论突破对社会组织的意义而言，意味着从管理的对象，成为治理的主体，是治理的重要参与者。社会治理理念的创新要求我们深化对社会组织角色地位的认识，以多元共治理念促进国家权力结构、治理结构的调整，激发国家权力体系、社会组织体系和市场结构体系的活力，这是党的群众联系在社会生活领域的具体体现，是践行党的宗旨的要求，是坚持人民主体地位、更好发挥人民群众主人翁精神、从根本上保证人民当家作主的时代选择。

（二）多样性社会组织的发展为满足多样性的社区服务需求，实现社会治理体制的创新提供了可能。

基层社会组织参与创新社会治理，其意义主要在于两个方面：一方面，多样性发展的社会组织能够满足社区居民多样性的社会服务需求；另一方面，从国家治理角度来思考，能够创新社会治理，有效地促进社会和谐，维护社会稳定和安定团结。首先，随着社会转型和政府职能转变，传统的单位制社区服务管理模式已经不能满足社会进步的需要，社会管理主体多元化成为一种趋势，而多样性的社会组织的发展，则为满足多样性的社区服务需求提供了可能。一种社会组织的形成往往是由于存在某种社会需求，也就是说，是社会需求的存在导致了社会组织的产生，这就决定了社会组织的多样性发展。当前，社会组织的多样性快速发展的局面已经形成，成为社会治理的重要载体。其次，在成熟的社区治理体系下，社会组织是社区组织体系的重要细胞，在满足社区居民多样化的生活需求的同时，能够调动居民社区参与的积极性和主动性，在化解社区矛盾、增进社区认同等方面，发挥着不可替代的作用。[1]"作为居民参与社区治理的有效途径，社区社会组织有利于形成社会管理多中心的治理局面；作为一种社会力量，社区社会组织具有权力制约的功能，有利于形成基层社会民主的生动局面；作为政府与民众之间的桥梁，社区社会组织具有利益表达和意志聚合的功能，可以提高社会整合度，加强全社会的协同合作。"[2]总而言之，社会组织的充分发展，为满足多样性的社区服务需求和创新社会治理提供了无限的可能。

（三）社会组织参与社会治理是现代国家治理的普遍经验

从当今世界现代国家治理的普遍经验来看，社区建设和一个国家的城市化、城市的现代化密切相关。英国进入现代国家治理的进程最早，其现代意义上的社区建设工作早在1601年颁布《济贫法》时就已经开始了，美国从20世纪30年代到70年代初经历过城市社区建设运动，日本则由于50年代后随着城市化进程的加快、大量农村人口从乡村流向城市而展开了城市社区建设。社区建设的重要内容就是社会组织参与社区服务体系的制度建设。随着西方国家治理

---

[1] 康之国：《完善社区社会组织参与社区服务机制研究——以天津市H区为例》，载《天津行政学院学报》，2011年第6期。
[2] 孙燕：《大力发展社区社会组织，有效提升社区服务水平》，载《中国社会组织》，2011年第3期。

体制的完善，社区工作逐渐成为以整个社区和社区居民为服务对象，推动社区工作平衡发展的一项专门工作，出现了一些非社区居民参与的专业型社会组织和社区居民参与型的社会组织。在非居民参与型的社会组织中，社区工作已经实现了专业化和职业化，社会工作者必须像律师、医生一样经过专门的职业训练，获得相应的专业执业资格；而社区服务体系得以建立并维持运行的主要力量则是社区居民自发建立的各类社会组织。德国各级行政部门数量不多，但各种各类的非政府组织、社团组织、非营利机构、志愿者组织则比比皆是，成为政府与社会各种利益群体沟通联系的桥梁和纽带。西方发达国家通过发展社会组织，构建了完善的社会服务体系，解决了国家现代化过程中政府无力解决或者作为有限的很多社会问题，建立了符合本国国情、各具特色的社区服务体系，满足了社区多样性的物质和文化需要，促进了社会稳定。社区组织参与社会治理是现代国家治理经验的总结。

社会组织在现代城市治理中具有非常重要的地位，被认为是"市域社会治理现代化的'助推器'"[1]。社会组织有助于推动城市社区治理决策的科学化，有助于完善社区公共服务，有助于化解社会矛盾，有助于实现公民自治。推动社会组织参与城市社区治理，能够把政府从繁杂的事务中解放出来，克服政府部门治理资源缺乏的困境，提升城市治理的专业化水平，这是提升国家治理能力，促进国家治理体系现代化的重要内容。

---

[1] 陈成文、陈建平：《论社会组织参与市域社会治理的制度建设》，载《湖湘论坛》，2020年第1期。

二、当前社会组织参与社会治理存在的问题

改革开放后,我国城市化进程迅速发展,特别是进入21世纪后,随着社会主义新农村建设的开展,农村人口加快向城市转移,城市化和城镇化进程对城市社区建设提出了更高的要求。但我国对城市社区服务体系建设的系统探索开始的时间并不长,我国有关社区服务体系建设的文件《"十一五"社区服务体系发展规划》发布时,社区服务体系的建设刚刚起步,各类社会组织的发展并不十分完善,其在参与社会治理的过程中也存在诸多问题,国家在社会治理体制上的探索也还在进行之中,这些都是在创新社会治理体制上必须认真对待的问题。

(一)社会组织的"少、弱、散"的状况并没有出现根本性改变。

就全国总体情况来看,社会组织的数量仍然偏少,规模小,资源动员能力不强。例如,北京市海淀区是中关村国家自主创新示范区核心区所在地,在社会、文化、经济等诸方面都是全国前列的先进城区,全区约320万常住人口。但根据北京市社会组织公共服务平台上的数据,全区仅有不到3,000个社会组织,平均每万人拥有的社会组织数不到8个。现在,发展中国家平均水平为10个,而发达国家更多,例如美国为52个,法国为110个,日本为97个。[1]根据海淀区

---

[1] 何华兵、万玲:《社区服务体系中社会组织运行机制研究》,载《广州社会主义学院学报》,2013年第1期。

民政局和北京华夏经济社会发展研究中心2014年6月发布的调研报告，海淀区社会组织的发育和承接社会服务的能力还很不够，这表现在，在社区社会组织的负责人中，女性且政治身份为群众的占大多数，学历以高中和大专为主，大多数负责人缺乏社会工作专业知识及职业资格证书，专业性基础薄弱；大多数社会组织由政府部门或社区部门发起，办公场所由政府或者业务主管部门提供，超过三成组织没有办公场所，普遍缺乏办公经费，从企业、基金会和高校等其他途径获得的经费非常少；社区社会组织的服务能力偏低，大部分社区社会组织缺乏项目设计与项目管理的知识，仅有不到半数的社会组织明确表示可以提供专业的服务；六成以上的社区社会组织提供的服务集中在文体艺娱等方面，属于民间草根兴趣团体。[1] 大部分社会组织忽视自身能力建设，依赖政府和个别"能人""热心人"维持组织的运转。海淀区作为我国社会经济文化发展的先进地区尚且如此，其他地区的情况肯定也不容乐观。

（二）政府与社会组织的关系尚未完全理顺，一定程度上导致政府越位和缺位现象同时存在。

社会组织与政府在治理结构中应当是互动、互补和相互依存的合作关系。[2] 但由于我国的社会组织是在从计划经济向市场经济、"单位人"向"社会人"转变的大背景下产生的，形成于"强政府

---

[1] 北京市海淀区民政局、北京华夏经济社会发展研究中心：《北京市海淀区"社区服务社会化"居民需求调研报告》，2014年6月18日发布。
[2] 曹爱军、方晓彤：《社会治理与社会组织成长制度构建》，载《甘肃社会科学》，2019年第2期。

弱社会"的基本架构之下，平等独立的契约关系还没有完全建立起来。从产生背景看，我国社会组织最早由政府或者国有企业的职能部门转化而来，或者是在政府的主导下成立的，只是到晚近才开始涌现草根社会组织，但这类组织相对弱小。这就决定了相当一部分社会组织与政府关系密切，主要资源依赖政府的财政拨款和补贴，自主空间不足，"无论是章程的制定、高层人事权、日常决策权，还是内部运行机制、激励机制、监督机制等，都严重依赖政府，成为准政治性、半官方的组织。"[1]这种情况直接导致社会组织在提供社区服务时缺乏独立性、自愿性和民间性，受到政府的主导和控制，社会组织事实上主要靠行政推动来展开志愿活动。这种政社关系结构下，政府在推进社区服务的时候习惯于运用行政命令和行政指标，甚至把社会组织本应承担的职能包揽过去，直接组织和承办社区各类活动。政府的这种越位行为虽然可以快速推进社区服务的开展，但往往使社区服务成本增加，居民的需求得到低效满足，使社区服务缺乏效率，且有害于居民自发参与意识的培养，对社区社会组织的发展构成长期的影响。政社不分还容易导致政府在社区服务政策的制定、社会组织的培育扶持、社区资源的整合等方面存在缺位现象。政社不分的根源在于对政府、市场和社会在社区服务和治理中的角色分不清楚，因此在制定社区服务政策时分类不明，力度不够；在对社会组织进行资助时随意性较强，应该受到资助的社区服务得不到资助；在社区服务中统筹协调力度不够，有限的资源难以

---

[1] 孙燕:《大力发展社区社会组织，有效提升社区服务水平》，载《中国社会组织》，2011年第3期。

得到合理配置,造成服务资源的闲置浪费和社区居民需求得不到满足的矛盾现象存在。

(三)法规政策的滞后限制了社会组织参与社区服务的能力。

目前,由于我国社会组织产生和发育都较晚,一些法律法规不适应社会组织发展的现实,例如,1998年颁布的《社会团体登记管理条例》和《民办非企业单位登记管理暂行条例》、2004年颁布的《基金会管理条例》和《外国商会管理暂行规定》等法律,对成立社会组织规定了较高的门槛,使很多社团组织不能合法履行登记手续。例如,《社会团体登记管理条例》不仅对社会团体有资金方面的限制,还要求有一个业务主管单位、是同一行政区域内业务范围唯一,事实上有很多组织难以达到要求。后来各地实行备案制度来管理不具备法人登记条件的社会组织,例如北京市2009年颁布了《北京市城乡社区社会组织备案工作规则(试行)》,但社会组织仍然会遇到准入门槛高的难题。有调研报告指出,当前在北京成立志愿者联合会的一个重要准入条件是要求组织具备5万元的启动资金,很多组织难以具备这一硬性条件。[1]也有研究人员估计,大约有80%的社会团体没有登记,处于"非法"或者"草根"状态。[2]2013年3月14日通过的《国务院机构改革和职能转变方案》规定对行业协会商会类、科技类、公益慈善类和城乡社区服务类等四类社会组织实行

---

[1] 北京市海淀区民政局、北京华夏经济社会发展研究中心:《北京市海淀区"社区服务社会化"居民需求调研报告》,2014年6月18日发布,第28页。

[2] 何华兵、万玲:《社区服务体系中社会组织运行机制研究》,载《广州社会主义学院学报》,2013年第1期。

民政部门直接登记制度，社会组织在民政部门注册时不必事前寻找主管部门，简化了手续，降低了门槛，有利于社会组织的发展，但仍不能彻底解决社区社会组织的合法法人地位问题，直接导致大量社会组织无法合法开展活动，从而限制了其发展。另外，一些法规还不健全，例如社会组织党建工作、规范党政干部在社会组织中任职兼职、社会组织税收减免、登记管理机关的职能调整等等，都还没有全国统一的规定，在不同程度上影响了社会组织参与社会治理。

（四）不能正确认识社会组织的价值，对社会组织采取歧视态度。

由于社会组织在我国存在的时间并不长，总体上还处在生长、发育和培育认同阶段，人们对社会组织在社会治理方面的作用的认识也出现很大的分歧。这既有传统观念的影响，也有本位利益的因素。反映在对待社会组织的态度上，就是"害怕主义"和"地方保护主义"。有人虽然口头上支持国家关于发展社会组织的决策，但实质上对社会组织持"害怕主义"的态度，他们要么把社会组织与"非政府组织"等同起来，并把"非政府组织"与"反政府组织"相提并论，害怕社会组织发展壮大会激发社会矛盾，从而压制社会组织的成长。针对社会组织的"地方保护主义"则担心社会组织的壮大会抢了政府的饭碗，对社会组织的落户横加阻拦，或者保护本地官方培育的地方社会组织，从而在购买社会服务、政策扶持等方面采取歧视性政策，阻拦其他社会组织的进驻。

三、促进社会组织参与社会治理工作的途径

社会组织参与社会治理是一个系统的工程，涉及政治、经济、社会、文化、党建等各方面的工作，涉及政府职能的转移，涉及利益格局的划分，只有理顺了各方面的关系，才能扭转人们对社会组织的认识，才能解决社会组织本身的发展问题和社会组织参与社会治理的问题。党的十八届三中全会《决定》对"激发社会组织活力，正确处理政府和社会关系，加快政社分开，推进社会组织明确责权、依法自治、发挥作用"作出了明确要求，为我们在创新社会治理理念下促进社会组织的工作指明了方向。

（一）采取多种措施，促进社会组织的发展。

党的十八大召开之后，全社会对发展社会组织的重要性已经有了充分的认识，全国各地陆续出台了培育社会组织的措施，各个层级的社会组织孵化器在全国出现，特别是2013年两会之后在全国各地陆续开展了四类社会组织直接登记制度，使社会组织有了快速的发展。例如南京2013年新登记社会组织增幅达27%。[1]北京市海淀区在2013年建设了3个区级社会组织孵化基地和2个街镇的社会组织孵化基地，并且计划2014年在29个街镇逐步建立社会组织孵化基地。[2]可以想见，随着党的十八届三中全会关于创新社会治理体制的战略

---

[1] 马金、吕宁丰:《我市社会组织今年增长27%》，载《南京日报》，2013年12月24日，第A2版。

[2] 张佳丽:《海淀街镇建社会组织孵化基地》，载《北京日报》，2013年12月5日，第05版。

部署逐步落实，全国社会组织将迎来较快的发展时期。但数量的增加只是社会组织参与社会治理的基础条件，更重要的是加强社会组织的能力建设。首先，由于当前基层社会组织主要是自娱型的草根组织，更要积极规划社会组织能力建设项目，促使其向公益性组织转变。其次，要加强培训，以社区为平台，构建社会组织、社区和社会工作人才队伍的发展机制。第三，应该通过调研，逐步扩大直接登记的社会组织的类别，完善对不具备法人条件的社会组织的备案管理制度，针对部分类别的社会组织直接登记后的形势，建立健全综合监管体系，对社会组织进行行业指导和监督管理。第四，应积极推动社会组织开展活动，通过满足社区居民多样性需求，建立社区居民对社会组织的认知和认同。居民的信任是社会组织在社区生存和发展的基础。第五，加强社会组织的自身能力建设，构建完善以章程为核心的法人治理制度，建立起内部管理制度和自律机制，例如设立会员大会、理事会、监事会和专职的监督员，健全内部的人事制度、决策制度、财务制度等，同时建立同行互律机制，例如行业认可制、行业赞许制以及行业规则等方式，进行相互监督，弥补政府与第三方评估的不足，推进社区社会组织管理的科学化、规范化。第六，增加社区居民对社会组织活动的参与度。社会组织参与社区治理需要得到居民的认同和参与，居民的参与为社会组织工作的展开提供了人力资源，同时也能够增强居民对社区的认同，增进邻里关系。作为一个服务于社区的社会组织，"把社区居民调动起来，参与到社区建设之中，一方面可以增强社会组织服务社区的力量，另一方面也培养了社区居民的参与意识、服务意识和主人翁精神。"[1]

(二)加快政府职能转移,推进政社分开,实现社会组织的角色转变。

政府职能转移是政社分开的重要前提,而政社分开则是"深化政府改革并推动社会体制改革的核心,也是全面推进社会治理创新的重要前提。"[2]从社会治理体制创新的视角来看待政府职能的梳理和转移,就是由以前政府唱独角戏改变为多元主体下的共同治理,以前政府一家承担的职能转移给多个主体来承担,这就要求政府改变过去"大包大揽"的行政行为方式,在自身职能上动刀,最终梳理出适合社会力量承接的公共服务事项,交由社会组织来承担,从而为社会组织的发展及其参与社会治理提供了巨大可能。因此,政府职能的梳理与转移,是加快政府职能转变、促进社会治理体制创新、实现政府相关职能和工作事项向社会组织有序规范地转移、提高政府公共服务能力的重要内容,也是当前深化行政管理体制改革的重要步骤。政府职能的梳理与转移,要按照政府可转移、社会组织可承接的要求,已经具备条件的,立即实施转移;基本具备条件的,制定分步骤分阶段工作安排,逐步实施转移;暂不具备条件的,加快培育社会组织,待社会组织成熟后转移;要依法推进,公平公开,以法律、法规为依据,把政府相关职能和工作事项按不同性质,以委托、授权、购买服务等形式,按有关规定通过公平、公正、

---

[1] 孙燕:《大力发展社区社会组织,有效提升社区服务水平》,载《中国社会组织》,2011年第3期。
[2] 王名:《治理创新重在政社分开》,载《人民论坛》,2014年4月(上)。

公开的方式转移给符合条件的社会组织承接；权责明确，监管到位，应明确双方的权责，确定公共服务应达到的水平，制订绩效评估方式与标准，明确对违反相关制度、标准的制约手段及退出机制。政府购买社会服务的制度，是指通过发挥市场机制的作用，把政府直接向社会公众提供的一部分公共服务事项，按照一定的方式和程序，交由具备条件的社会力量承担，并由政府根据服务数量和质量向其支付费用。政府向社会力量购买公共服务应突出公共性和公益性，例如，教育、就业、社保、医疗卫生、住房保障、文化体育及残疾人服务等基本公共领域，就是政府向社会力量购买服务的重点领域。通过政府职能的转移和政府购买社会服务制度的完善，政府将让渡空间，从"当老板"转变为多元治理格局下的合作"伙伴"；社会组织将参与市场竞争，由依赖行政机制分配资源转变为依靠市场机制争取资源，从原先的行政管理关系转化为契约治理关系；服务对象的满意度和专家评估等第三方评估机制的引入将构成对社会组织提供服务效果的监督机制。政府职能的转移和政社分开是一项复杂的系统工程，是我国社会治理体制创新的攻坚战。

（三）通过广泛的机制体制创新，为社会组织参与社会治理打开方便大门。

社会治理的理念要求治理主体的多元参与，这必然是一种合作治理，将有效解决传统政府管理体制下政府部门分割、效能低下的弊端。近年来，全国各地纷纷开展了社会工作、社会组织、社会治理之间的互动协调，具有一定的借鉴意义。民政部、财政部2013年11月15日下发了《关于加快推进社区社会工作服务的意见》，提出

"政府扶持、社会承接、专业支撑、项目运作"的工作思路,为我们进一步探索社会组织参与社区服务指明了方向。社会组织参与社会治理涉及社会组织、社区、社会工作者、社会事业四个方面,社会组织参与社会治理,需要以社会事业作为统领,"就是要把社会组织的发展方向与社会事业的兴旺发展联系在一起,捆绑在一起,让社会组织能把精力投入到国家和社会特别需要发展的战略性社会事业的研发创新上去,投入到这些社会事业的具体实践和提能升级上去。"[①]社会组织与社会事业的这种联系,是以社区为平台的,社区要根据社会事业的需要,为社会组织的落地打开方便大门,使社会组织的进入不会遇到重重阻隔,使其专长、偏好、供给与社区的服务需求相沟通,形成有效对接。另一方面,社会工作的有效开展,也需要大量的社会工作人才,政府应支持社会工作人才的培养,充实社会组织,提升其专业能力,同时,也通过大量社会工作专业人才涌入社会,为更多社会组织的培育和发展提供可能。这样,通过打造"以社会事业为引领、社区为平台、社会人才为依托、社会组织为载体"的"四社"联动机制,就能有效促进社会组织的发展,提升其参与社区服务的能力,为创新社会治理作出贡献。

---

① 童潇:《基层治理失衡要由基层社会组织来补》,载《东方早报》,2014年8月26日,第B04版。

嵌入与联动
——城市社区协商的提升路径

张 汉

【摘要】 城市社区协商工作已经在领导和管理体制建设、议事协商平台建设和工作流程设计等方面取得显著成效。城市社区协商存在的问题和不足主要表现在：社区协商仍然具有明显的"精英主义"色彩，社区协商与政府协商的衔接还不够紧密，社区协商与社区选举之间缺乏制度化联系。城市社区协商的提升路径在于"嵌入与联动"，即把协商全面融入城市社区居民群体和社区治理结构中，贯通于城市治理政策过程中，具体包括三个方面：制定更具开放性和包容性的社区议事协商代表产生办法，把社区协商与社区选举紧密结合，把社区协商与其他渠道的协商工作特别是政府协商有效衔接。

【关键词】 社区协商 嵌入 联动 社区治理

【作者简介】 张汉，北京师范大学社会学院副教授。

【基金项目】 国家社会科学基金青年项目"流动性背景下的城市社区公共性重建与治理绩效研究"（编号：15CSH073）；对外经济贸易大学中央高校基本科研业务费专项资金（批准号：18YB14）。

2015年7月22日，中共中央办公厅、国务院办公厅联合印发了《关于加强城乡社区协商的意见》，首次以中央文件的形式提出"城乡社区协商"的概念，这是对2015年2月9日中共中央印发的《关于加强社会主义协商民主建设的意见》所提出的"基层协商"精神的进一步细化和发展。城市社区协商为中国城市基层治理的转型与

---

① 编者注：本文写作于2018年。

发展提供了新的契机。本文将以北京为例，分析当前中国城市社区协商工作的基本现状、存在的主要问题和不足以及提升城市社区协商水平的路径等问题。

一、城市社区协商的起源和发展

（一）全国层面的概况

在中央层面，"城乡社区协商"概念提出的背景是中国社区建设运动的持续推进，以及协商民主理论在中国的本土化实践。

首先，城市社区建设运动是中国在市场经济改革和社会治理改革的大背景下调整城市治理体制的基础性工作。2000年11月3日，民政部印发并由中共中央办公厅、国务院办公厅转发的《关于在全国推进城市社区建设的意见》，首次以中央部委文件的形式规定了城市社区的定位、建设目标和建设方式。然而当时的城市社区建设，主要是从城市社区公共服务体系建设的角度开展的，社区建设中的基层民主政治问题尚未得到足够的重视。但是《关于在全国推进城市社区建设的意见》也提出，"推进城市社区建设，是巩固城市基层政权和加强社会主义民主政治建设的重要途径"，这就为近年来社区协商的提出埋下了伏笔。

其次，社会主义协商民主是基于中国政治体制的独特性并借鉴西方协商民主理论而逐步探索出的本土化实践。"政治协商"是当代中国政治的重要组成部分，这源自抗日战争中期开始中国共产党与各民主党派和无党派民主人士结成统一战线、共同建立民主联合政府的历史进程。2015年2月9日，中共中央印发了《关于加强社主义协商民主建设的意见》。自此，源自西方政治学、社会学领域的"协商民主"（deliberative democracy）概念，正式被中央采用并赋予独特的中国内涵。《关于加强社会主义协商民主建设的意见》提出，要"继续重点加强政党协商、政府协商、政协协商，积极开展人大协商、人民团体协商、基层协商，逐步探索社会组织协商"，并提出要从街道和乡镇、行政村和社区、企事业单位三个方面全方位开展基层协商。

在中央正式提出社区协商之前，各地已经自主探索了一些社区治理的创新机制，比如民主恳谈会、党员议事会、党群议事会、社区议事会和村民评议会等，都包含着某种形式的协商民主成分。[①] 每年由民政部评选的"中国社区治理十大创新成果"，以及民政部确认的"全国社区治理和服务创新实验区"，成为中国社区治理创新的重要风向标。对这些获奖、获确认项目进行回顾可以发现，在2015年中央提出"城乡社区协商"之前，很多项目虽然并未使用"社区协商"的名称，但已经具备显著的基层协商要素（详见表1）。

表1 中央提出"城乡社区协商"之前民政部颁奖及确认的全国社区协商典型案例

	中国社区治理十大创新成果	全国社区治理和服务创新实验区
2013年	北京市朝阳区"政社共商共治"基层社会治理新模式	
2014年	广东省深圳市罗湖区"活化赋权"	北京市东城区、北京市朝阳区、四川省成都市成华区

[①] 陈家刚：《当代中国的协商民主：实践探索与理论思考》，载《马克思主义与现实》，2014年第4期。

(续表)

	中国社区治理十大创新成果	全国社区治理和服务创新实验区
2015年	北京市朝阳区"居民提案"激活社区居民自治细胞、福建省厦门市思明区"社区参与式治理工作坊"实践、广东省深圳市龙岗区"民生大盆菜"创新社区治理新模式、四川省成都市温江区"343"社区协商共治机制、北京市东城区"多元参与协商共治社区新模式"、河南省焦作市解放区"334"楼院协商治理模式	河北省廊坊市广阳区、吉林省长春市朝阳区、上海市静安区、江苏省南京市鼓楼区、贵州省安顺市西秀区

资料来源：民政部官方网站。

《关于加强城乡社区协商的意见》印发后，民政部在2016年8月8日发出《关于深入推进城乡社区协商工作的通知》，强调"城乡社区协商是中国特色社会主义民主政治建设的重要组成部分，是最广泛、最直接、最生动的社会主义民主协商形式"，要求各省市"扎实推进城乡社区协商制度化、规范化和程序化"，并在2016年底前出台实施意见。

（二）北京的概况

北京在国内各省市中较早探索创新社会建设领导体制。2007年，中共北京市委社会工作委员会、北京市社会建设工作办公室成立，分别作为中共北京市委的派出机构和北京市人民政府的工作部门，实行合署办公，领导全市的"两新"组织党建、社区党建、社区建设和社会组织管理等工作。而北京这一体制创新的大背景，就是2006年召开的中共十六届六中全会提出了"社会建设"的重大命题。[1]北京成为

---

[1] 2018年7月25日北京市民政局调研访谈。

继上海之后第二个成立省级社会建设领导机构的地方。2008年北京市社会建设工作领导小组成立，其办公室设在北京市委社会工作委员会。2018年，中共北京市委社会工作委员会与北京市民政局又实行合署办公。合署办公体制的建立，有利于加强党的领导，实现跨部门协同推进社会建设工作。

2016年6月8日，中共北京市委办公厅、北京市人民政府办公厅联合印发《关于加强城乡社区协商的实施意见》。在此之前，北京市已经出台了相关文件提及社区协商问题。比如2015年8月12日，中共北京市委、北京市人民政府联合印发《关于深化北京市社会治理体制改革的意见》，在第五部分"创新社区治理机制"中提出要"建立健全社区力量协商共治的工作机制""推广'参与型'社区协商"。北京市《关于加强城乡社区协商的实施意见》则进一步提出，要"探索实践'参与型'社区协商模式，积极推进'社区议事厅'建设"。"参与型"突出了社区协商要保障社区居民对涉及社区治理事务的决策有知情权、建言权和监督权，充分体现社区治理的公共属性和民主政治建设意义。社区议事厅是在北京探索多年、行之有效的社区治理模式，主要源自东城区。2014年，东城区以"多元参与、协商共治"主题被民政部确认为"全国社区治理和服务创新实验区"。2015年，东城区报送的"多元参与协商共治社区新模式"又获得民政部评选的"2015年度中国社区治理十大创新成果"。2014年同时被民政部确认的另一个"全国社区治理和服务创新实验区"是北京市朝阳区的"党政群共商共治"项目。可见，虽然东城区和朝阳区使用不同的名称，并有不同的侧重点，但殊途同归，都是较早地把协商民主的理念运用到城市社区治理中来。目前北京已经实现了城市社区议事厅全覆盖。

在推动社区协商方面，东城区和朝阳区目前已经具备较为明显的先发优势。东城区探索实践"多元参与、协商共治"的社区自治模式，积极推进"社区议事厅"建设，由社区党组织和社区居委会出面建设"开放空间""社区茶馆"等参与式讨论机制，引导居民协商讨论群众关心的社区事务。同时东城区还建立民意收集机制，结合"民情日记工作法""走动式工作法""分片包户"等工作方法，全面掌握社区情况，确定拟协商议题。还建立议题办理机制，经"社区议事厅"民主协商达成共识后的具体办理工作，由社区居委会负责组织协调落实，同时加大培育扶持社会组织，扩大社区成员参与。东城区已经完成全区182个社区议事厅规范化建设，把议事平台深入到网格、胡同、院落、楼宇等更小协商单位，编制《社区协商运行流程指导手册》，委托专业社会组织每年面向社区举办专题培训，发展了院落自管会、停车自管会、网格自治小组、邻里服务中心自管会等社区自组织。

朝阳区的社区协商探索则是在"党政群共商共治工程"的推动下开展的，其基础是2011年麦子店街道首先探索的"问政"工作模式和2012年朝阳区24个街乡全面开展的"为民解忧工程"。2013年，朝阳区开始探索党政群共商共治。2014年5月27日，中共朝阳区委、朝阳区人民政府联合印发《关于统筹推进党政群共商共治工作的指导意见（试行）》，提出党政群共商共治是"加强基层民主协商的有益探索"，为党政群共商共治提供了规范指导。此外，朝阳区还探索出"社区创享计划"、朝阳区政协"社区参与计划"等社区协商品牌化项目，以"居民提案"工作为抓手，挖掘居民自治带头人，邀请专业社会组织提供技术支持，做实"三社联动"机制，把政协委员组织起来，结合视察、调研、专题议政协商等多种工作形式参与社区协商。

（三）城市社区协商的成效

以北京为例可以发现，中国的城市社区协商工作已经取得了一些成效，主要表现在以下几个方面。

第一，领导和管理体制建设。为了推进社区协商工作，地方党委、政府在市、区（县）、街道乡镇等层级建立了领导小组等领导机构，并强化其在指引方向、凝聚共识、配置资源、协调部门、考核干部等方面的职能。例如，中共北京市朝阳区委、北京市朝阳区人民政府成立朝阳区统筹推进党政群共商共治工程领导小组，由区委、区政府主要领导负责，将区委、区政府相关部门作为成员单位纳入，推动了全区共商共治工作的统筹协调。各街道和乡镇、城市社区和行政村，都成立了议事协商平台，由相应层级的党组织负责人牵头组织，这既强化了党对社区协商的领导，也有利于因地制宜地开展社区协商工作。①

第二，议事协商平台建设和工作流程设计。为了推进社区协商工作，地方党委、政府也注意搭建社区协商的平台，设计社区协商的流程，使得社区协商有地可去、有章可循。例如，北京市朝阳区在区、街道和乡镇、城市社区和行政村三个层级已经全部建立议事协商会或民主协商会，并且详细规定了议事协商会或民主协商会的组织

---

① 2017年6月20日北京市朝阳区社会建设工作办公室调研座谈。

方法、代表产生办法、"集、议、决、督、评"的议事流程,以及街道和乡镇以及朝阳区对各级议事协商结果的办理、监督和评审方法。在此基础上,目前朝阳区正在探索在楼院、小区层面建立更小规模、更为精细化的议事协商平台,以及建立流动议事厅、网络议事厅等新载体。[1]

二、城市社区协商的问题与不足

然而,目前城市社区协商也仍然存在一些问题和不足,主要表现在以下几个方面。

第一,社区协商仍然具有明显的"精英主义"色彩,这集中体现在社区议事协商代表的产生办法上。例如,根据北京市朝阳区《关于统筹推进党政群共商共治工作的指导意见(试行)》,社区议事协商代表候选人由党组织提名、居民代表推荐和居民自荐三种方式产生,经公示后由居民代表会议表决产生。该规则虽然有助于动员社区治理中的"带头人",但是却仍然没有突破选举民主的"精英主义"局限性,没有充分体现协商民主对公众参与的更高程度的要求。协商民主并不事先假设公民因无知与无能而无法参与决策,而是相信公民的参与能力与知识是在参与协商的具体实践中不断增强的。[2]目前很多城市制定的社区议事协商代表产生办法,有利于既有的社区精英获得参与社区协商的机会,因为他们更有可能被

---

[1] 2017年6月20日北京市朝阳区社会建设工作办公室调研座谈。
[2] 马奔:《公民参与公共决策:协商民主的视角》,载《中共福建省委党校学报》,2006年第4期。

党组织提名、被居民代表推荐，也更有可能自荐。[1]但这种办法却显然不利于初始参与意愿和能力并不高的普通居民获得直接参与协商的机会，更不利于通过直接参与协商实践的方式对普通居民进行协商民主的教育。精英主义代表产生办法制造参与"专业户"和协商意见偏差的弊端已经被一些学者所关注。[2]

第二，社区协商与政府协商的衔接还不够紧密。社区层面开展的协商活动，其协商主题往往涉及基层政府部门管辖的行政事务，需要通过财政投入或者行政执法等手段予以落实。例如，北京市朝阳区《关于统筹推进党政群共商共治工作的指导意见（试行）》已经规定，社区协商事项中"需要上级部门解决的事项，由居（村）委会报送所属街道（乡）"。但是由于一些社区工作者对社区协商的性质和定位的理解尚不充分，往往在对相关问题进行协商时，不能准确地向居民说明某些协商结果需要报请基层政府研究决定并落实，因此不少居民认为只要在社区层面协商通过的方案就必然会得到落实。当社区协商的结果报请基层政府时，如果由于财政经费不足、与现有政策法规冲突等可行性、合规性问题而无法落实或需要暂缓落实、修改方案后落实时，居民往往不能正确理解并认为社区协商是走过场而无实效，因此参与协商的积极性受挫。此外，社区对于涉及物业纠纷、业主委员会选举等敏感性问题是否应该纳入社区协商拿捏不准，往往在并不了解上级党委政府工作导向的情况下，为了求稳而对此类问题一刀切地采取回避态度，从而大大削弱

---

[1] 2017年8月3日北京市两个社区党组织书记调研访谈。
[2] 肖林：《城乡社区协商：基层民主自治的生长点》，载《中国发展观察》，2015年第10期。

了社区协商在化解纠纷矛盾、增进基层民主等方面的重要功能。[1]

第三，社区协商与社区选举之间缺乏制度化联系。中国特色社会主义民主政治是选举民主和协商民主两条腿走路。选举民主通过定期选举产生领导人的方式实现对民意的快速聚合，但是由于选举民主主要基于选民的个人理性而非集体理性，所以容易制造分歧而不是共识，并且无法为普通民众充分提供直接参与的机会。协商民主通过民众定期的协商对话实现对民意的持续追踪，并且在协商参与者的交流中实现对民意的重塑，即把个人理性转化为集体理性，从而塑造共识。但是其缺陷是在利益分歧严重的情况下可能难以塑造共识，从而出现议而不决的困境。如果把协商民主和选举民主结合起来，参与选举的候选人在公开的协商活动中面对公共议题发表看法，这有助于遏制私下拉票甚至贿选等选举交易行为，[2]也有助于动员社区居民更加积极地参与社区选举，改变社区居民的政治冷漠现状。

三、城市社区协商的提升路径：嵌入与联动

中国城市社区协商的提升路径是"嵌入与联动"。"嵌入"是结构意义上的，是指把协商作为一种工作理念和工作机制全面融入城市社区居民群体和社区治理结构中，贯通于城市治理政策过程中，

---

[1] 2017年8月3日北京市某社区党组织书记调研访谈。
[2] 吴猛：《社区协商民主：理论阐释与路径选择》，载《社会主义研究》，2011年第2期；胡宗山：《社区协商民主路线图：义理探诘与行动挑战》，载《社会科学家》，2016年第8期。

让协商在社区治理中发挥基础性作用。"联动"是功能意义上的，是指把协商作为一种工作理念和工作机制贯通于城市治理政策过程中，通过协商把社区和城市政府串联为一个城市治理政策链条，把协商纳入城市治理的决策、执行和监督等各个环节所组成的动态过程中。通过嵌入和联动，协商应该把政府治理体系和社区治理体系在结构和功能上都有机链接起来（见图1），具体包括以下几个方面的对策建议。

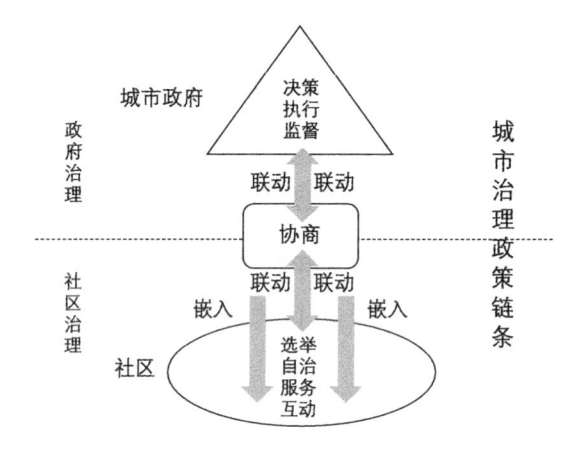

图1 "嵌入与联动"的城市社区协商提升路径

第一，在"嵌入"方面，制定更具开放性和包容性的社区议事协商代表产生办法。要把协商嵌入城市社区治理中，首先就要让社区居民能够有更多机会了解和参与社区协商。为了提升议事协商代表的广泛性和多样性，让普通居民在参与中普遍培养协商民主意识和公共精神，突破社区治理中"精英主义"的窠臼，社区议事协商代表中应有一部分为随机抽取产生。为此，城市党委政府应该推动街道、社区与公安和住建部门配合，及时获取社区常住人口（含户籍人口和非户籍人口）的准确名册，在专家学者和社会组织的协助下从名册中随机抽取产生议事协商代表。随机抽取产生的代表与通过党组织提名、居民代表推荐和居民自荐等其他方式产生的代表不能重复，并且随机抽取的代表也要定期轮换参加议事协商活动。在随机抽取产生代表后，社区党组织对其进行审查。如发现某代表由于政治原因、健康原因等而不适合担任代表，应将审查结果形成书面材料报街道党工委，获批准后可以再次随机抽取相应数量的代表。对于随机抽取产生的代表，街道、社区应该特别注意在协商活动之前对其进行必要的培训，使其了解社区协商的基本精神和工作方式，并培养其对社区协商的认同，鼓励其在协商活动中以适当的方式表达真实的想法，同时鼓励其向周围居民广泛宣传社区协商。随机抽取产生协商代表的做法，在云南盐津的"参与式预算"中已经得到广泛应用。[1]而且已有学者指出，抽选制度具有四个优点，即抽选难以被人为控制、抽选对所有人机会均等、抽选的结果具有统计代表性、抽选相信普通民众也具备治理能力。研究协商民主的专家也把抽选作为协商民主的重要元素进行制度设计。[2]

第二，在"嵌入"方面，把社区协商与社区选举紧密结合。把协商嵌入社区选举之中，有助于进一步推动城市基层民主建设，为社区协商提供以社区选举为基础的动员机制。社区选举目前主要有

---

[1] 陈家刚：《城乡社区协商民主重在制度实践》，载《国家治理》，2015年第34期；张等文、孙泽亚、刘彤：《中国城乡社区协商民主发展的现实形态与推进理路》，载《理论探讨》，2016年第3期。

[2] 王绍光：《失而复得的民主利器：抽选》，载《开放时代》，2012年第12期。

社区居委会选举和业主委员会选举两种形式。[1]由于选举民主本身固有的局限性，加之社区居委会长期被政府部门赋予过多行政事务，以及业主委员会在规范性、代表性、公信力等方面面临诸多困境，因此目前社区选举并未如人们预期的那样有效推进基层民主。社区居民委员会和业主委员会选举可以采用社区协商的形式提名候选人并组织竞选活动，让候选人与社区居民开展协商活动，候选人向居民陈述其社区治理理念和思路，并了解居民对社区治理的需求。在提名、竞选等社区选举各环节纳入协商民主的元素，有助于选举产生的居委会和业委会与居民形成更紧密的利益共同体，并建立社区治理理念和思路上的共识，使得社区选举更具实效。

第三，在"联动"方面，要把社区协商与其他渠道的协商工作特别是政府协商有效衔接。《关于加强社会主义协商民主建设的意见》提出了六大协商渠道，要求把协商民主的理念贯穿于各项工作中。社区协商的很多内容往往超出社区自治的范畴，因此往往需要党委政府把社区协商的结果作为决策依据，并依托立法和行政资源将其转化为城市治理政策。这就要求社区协商与政党协商、政府协商、政协协商、人大协商、人民团体协商相衔接，打通以协商为基础的城市治理政策过程链条。其中，社区协商与政府协商的联动尤为重要，因为城市政府是城市行政执法的主体。为此，应该由城市党委政府制定"社区协商议题分类清单"，明确哪些类型的协商主题可以由社区自行组织实施并落实协商结果，哪些类型的协商主题

---

[1] 社区党组织选举属于党内民主的范畴，由于社区中的非党员以及党组织关系不在社区的党员均无法参与，因此涉及面较小，故此笔者不把社区党组织选举看作是社区选举的主要形式之一。

由于涉及城市政府行政事务而必须邀请街道办事处和政府部门代表参加协商，并且明确哪些类型的议题由于涉及政治导向、社会稳定等重大问题而不宜列入社区协商议题中，即制定"社区协商议题负面清单"。街道办事处要作为衔接社区协商与其他渠道协商工作的主要协调方，主动参与涉及自身职责范围的社区协商活动，并根据需要积极协助社区邀请其他有关方面参加协商。城市党委政府还应该研究一整套工作机制，把社区协商的有效成果转化为其他渠道协商工作的协商议题。对于社区协商完成后需要上报街道办事处和党委政府进一步研究和办理的事项，街道办事处和党委政府应该将办理过程和办理结果向社区全程公布。

社区更新微基建的公平规划与合作治理
——以北京"清河实验"的YG社区为例[①]

葛天任 方 惠

【摘要】 鉴于城市公共服务基础设施仍存在不平衡不充分的问题,推进社区更新的微基建是新冠疫情后促进经济增长与社会公平的战略性选择。在推进社区更新微基建的过程中,要注意公平规划与合作治理相结合,尤其是应注意到有序的社区参与能够促进微基建的长期可持续运营。通过剖析北京清河实验YG社区更新的案例,文章发现有效的社区干预可以激活社区共治,社区共治在社区规划中能够促进良性的社区更新。

【关 键 词】 社区更新 社区治理 社区规划 社会公平 合作治理

【作者简介】 葛天任,同济大学政治与国际关系学院副教授、清华大学应急管理研究基地兼职研究员;方惠,同济大学政治与国际关系学院本科生。

【基金项目】 国家社科基金项目"基于大数据的超大城市社区公共服务设施公平配置与精准治理研究"(项目编号:18CSH005)、国家自然科学基金重点项目"城市交通治理现代化理论研究"(项目编号:71734004)的阶段性成果;研究受上海浦江人才计划支持(2019PJC109)。

"新冠疫情"的暴发和持续蔓延,凸显了超大城市在社区公共服务基础设施建设方面仍存在不充分和不平衡的问题。一方面,在发展型的规划和治理模式主导之下,超大城市的人口与空间规模快速扩张,社区公共服务基础设施的规划建设相对滞后且存在着空间

[①] 编者注:本文写作于2020年。

不平衡、供给不充分的问题，这在中心城区的老旧小区或者城市郊区较为明显。另一方面，发展型的规划和治理模式，作为一种自上而下的规划建设方式，虽然投资建设效率高，但运营使用以及长期维护方面存在着不足和短板，尤其是缺乏有效的社区参与和合作治理机制会导致基础设施建设与公众有效需求之间存在错位，并在一定程度上增加运营和维护成本。

因此，推进超大城市社区公共服务基础设施有效均衡供给，既需要考虑空间不平衡的问题，又需要考虑规划建设的社区参与问题。基于此，本文研究的主要问题就是探索实现超大城市社区公共服务基础设施的公平规划与合作治理机制。而无论是从存量更新角度考虑，还是从疫情后经济增长模式可持续性角度考虑，当前矛盾的焦点或者说难点主要集中于社区更新。从实践角度观察，近年来社区更新在北京、上海、杭州、成都等的快速推进，除了给社区环境和居民生活带来了一定改善外，如何激发社会活力和社区活力仍然是一个关键点。为此，本文将聚焦如何推进社区更新这一问题展开理论和实践分析，并结合具体案例提出公平规划与合作治理之道。

一、为何以及如何推进社区更新微基建？

社区更新并非是一个学术概念，因此需要界定其内涵。社区更新主要是城市规划学科和政府管理领域所使用的词汇，其主要内涵是对社区层面的公共服务基础设施进行投资建设，以提升社区环境或者改善社区居住品质。这里"社区"一词是作为一个治理单元来使用的。因此，社区更新实际上是社区层面的空间再发展或者空间再开发，具体是通过社区层面的基础设施建设来实现的。按此定义，之前的旧城改造（老旧小区拆迁改造）、功能置换、社区营造都可以看作是社区更新，而不同之处则在于规模大小和更新方式。因为，对于中国的超大城市而言，大规模的旧城改造阶段已经过去，存量更新阶段的社区更新又面临社会利益复杂化的现实，因此小规模、渐进式的"有机更新"模式[1]成为应有的题中之义。

那么，什么是"微基建"呢？顾名思义，"微基建"是微小型基础设施的缩略语。"微基建"是同济大学诸大建教授近期在阐释"人民城市"理念时通过对比"老基建""新基建"提出的一个概念："老基建、新基建和社区更新微基建各有侧重、互有补充。老基建主要是传统的以'铁公机'为代表的有形的基础设施体系。新基建是面向高质量发展需要，提供数字转型、智能升级、融合创新等服务的基础设施体系。社区'微基建'是面向高品质生活需要，满足居民'最后一公里'需求的微型基础设施和公共服务体系。"[2]显然，社区微基建是一种"软硬兼收"的城市公共服务体系。其概念主要是从社会公平角度出发提出的，主要针对民生领域，主要概念范畴是"以社区15分钟生活圈为中心"来规划建设与治理运营的微型基础设施与公共服务体系。

既然社区更新更多是采取一种"有机更新"方式，而社区微基建又是社会公平导向的满足民生需要的微小基础设施与公共服务

---

[1] Wu, L. (2000). Architecture in the New Millennium. *The Journal of Architecture*, 5(1), 9-19.

[2] 诸大建、孙辉：《人民城市人民建，战略性推进社区更新微基建》，载《文汇报》，2020年6月2日。

体系，那么推进社区更新微基建的主要考虑则至少有如下三个方面：第一，短期来看，是应对疫情后国内外复杂形势下经济可持续增长的底层策略；第二，中期来看，引导投资进入民生领域，让社区民众分享改革发展红利，有利于提升城市发展的竞争力；第三，长期来看，微基建关乎民众日常生活，是促进社区治理走向共建、共治、共享的"抓手"和"支点"。通过社区更新微基建促进社区共治，这是经济增长下行阶段社区治理转型的明智选择。因此，无论是从短期，还是从中长期来看，推进社区更新微基建都是一种能够兼顾效率与公平、经济增长与社会发展的战略性政策选择。

那么，如何推进社区更新微基建，也就是如何规划、建设、管理和运营社区微基建呢？总体上，基于公共产品供给和治理理论的分析逻辑，微基建可以分为三大类：第一类是公共性较强的社区微基建，如房屋修缮、老旧小区加装电梯、交通道路整治、社区文化活动站、社区卫生服务站等，这一类微基建完全可以采取政府主导、市场和社会参与的合作治理模式；第二类是准公共品属性的社区便民设施，包括数字化、智慧化的新型社区服务基础设施，如社区24小时便民商业站点、社区智能菜柜、智能充电桩、智慧医疗服务站点、智慧社区养老设施设备等，这一类微基建可以采取市场化方式供给，政府制定规则、社区居民参与共建共享的模式；第三类是集体性强的社区微基建，比如社区花园、公共空间美化、停车位整治、车棚改造等，这一类微基建则需要社区居民的有序参与，形成社区共治模式，才能够顺利推进、取得较好效果。以上三类社区微基建共同发挥作用，可以成为推进社区更新、提升整体环境的"催化剂"。最值得注意的是，无论是哪类社区微基建的推进方式，实则都离不开社区民众的广泛而有序的参与。社区更新微基建离不开社区参与，因为社区更新微基建本质上是一种"集体消费"。[1]在中国制度情境下，集体消费的完成需要基层政府和社区组织的共同参与和推动。[2]在此意义上，社区更新微基建的推进过程实际上也就是社区走向共治的过程。这就需要进一步从理论上、实践上探讨推进社区更新微基建的规划与治理机制。

二、社会公平导向的社区规划与治理：一个分析框架

（一）多学科视角下公平规划与合作治理的理论逻辑

理论有助于凝聚共识，形成规范的价值导向。在关于城市研究和社区研究的诸多理论源流之中，社会公平始终是一个主流价值基础和研究出发点。在哲学和批判理论方面，马克思主义的空间政治学研究源远流长，其核心价值导向是对社会公平正义的追求，并对现代城市规划学科产生了非常深远的影响。[3]在城市社会学、城市政治学理论方面，对不平衡发展、社会空间不平等、邻里社区效应、城市生态结构、城市政治等方面的研究背后均贯穿着社会公平正义的价值理念，并将其作为理论建构的潜在假设。在公共经济学领域，治理理论的基础价值依然是社会公平正义，只不过治理理论

---

[1] 李强、葛天任、肖林：《社区治理中的集体消费——以特大城市的三个基层社区为例》，载《江淮论坛》，2015年第4期。

[2] 葛天任：《建国以来社区治理的三种逻辑及理论综合》，载《社会政策研究》，2019年第1期。

[3] 吴志强、于泓：《城市规划学科的发展方向》，载《城市规划学刊》，2005年第6期。

所强调的是多元共治的方法论,尽管治理理论带有不少理想色彩并以英美为主要经济基础,但是社会公平正义的价值基础依然是其底层逻辑。总而言之,无论从何种理论视角来思考城市社区治理问题,社会公平正义作为一种共识性的价值基础是确切无疑的。

社会公平更是人民城市理念的本质和核心要义。作为共产党领导的社会主义国家,人民城市理念的价值基础当然是追求社会公平正义。然而,究竟何为社会公平正义?如何在发展和政策实践中真正实现社会的公平正义?在经历过惨痛的教训后,我们认识到社会公平绝非是绝对平均主义,也不是单方面的"扶贫扶困"就可以达到目标的"静态公平",而应是一种理性的、相对的、动态的社会公平。具体而言,在城市开发和社区更新方面,贫困社区的更新、老旧小区的改造显然是基于社会公平价值而推动的政策,但更新改造反而有可能带来新的不公平。例如,北京著名的"菊儿胡同",作为经典的有机更新案例,在实施后带来了"绅士化"问题。[1]同样,北京的唐家岭城中村改造也没有很好地解决更新的难题,反而带来了新的不公平问题。[2]可见,相比认识到社会公平的重要性而言,如何实现社会公平其实更加重要。

社区更新微基建涉及公共经济、城市规划、公共管理、社区研究等多个学科领域,这些领域的研究进展为理解社会公平实现机制提供了充分的知识基础。从公共经济角度讲,基础设施投融资需要政府、市场和社会等多方力量的合作,建立运作机制,[3]这一点在

---

[1] 邱建华:《"绅士化运动"对我国旧城更新的启示》,载《热带地理》,2002年第2期。
[2] 侯景新、任霞:《城中村改造的原理及模式研究》,载《城市观察》,2013年第5期。
[3] 李秀辉、张世英:《PPP与城市公共基础设施建设》,载《城市规划》,2002年第7期。

"微基建"领域显然应该得到更加突出的关注。从城市规划角度看，哈佛大学的苏珊·费恩斯坦教授把公平规划视作实现社会公平的规范性路径，她把规划看作公共政策，提出从议程设置上入手，通过多方协商沟通以实现人与人之间的权利平等和机会平等。[1]从公共管理和社区研究的角度看，社区参与对于实现公平的社区公共服务基础设施建设和运营维护至关重要。总而言之，在实现社会公平方面，建立一种合作机制、参与机制和运营维护机制应该是社区更新、规划、治理过程的一个最为基本的理论逻辑。这一理论逻辑的核心是价值共识、风险共担、收益共享。如果放眼长远，随着城市化进程的推进，乡村贫困问题最终将转变为城市贫困问题。面临大量的城乡社区更新微基建需求，只有社区更新的"共治"模式才是可持续的模式，这一点也将在下文的实践逻辑中得到证明。

（二）社区更新微基建公平规划与合作治理的实践逻辑

社区更新微基建由于主要投向民生领域，贴近居民日常生活，牵涉社区民众的空间利益，因此采取的规划建设方式不能够单纯复制以往的自上而下模式，而是需要社区相关利益群体的参与，其日常运营维护更需要社区参与，其最终的价值体现、绩效评估等必须经过社区参与才能够最终得以完成。因而，从实践角度看，社区更新微基建的最终有效供给、规划和治理均离不开有序的社区参与，这也是社区更新微基建最为基本的实践逻辑。有序的社区参与本质

---

[1] Fainstein, S. S. (2014). The Just City. *International Journal of Urban Sciences*, 18(1), 1-18.

上是民意表达和共识凝聚。对于中国的超大城市而言，随着大规模基础设施规划建设阶段成为历史，进入到存量更新时期后，基层党建和基层民主的体制机制建设就变得越来越重要。这对于实现公平规划和合作治理而言，不仅是理论上的要求，也是实践逻辑上的需要。

在前期的规划建设方面，社区民众的"有效需求"需要通过参与机制或利益表达机制凝聚起来，这一过程本身就是一个公共参与过程。尤其是在大数据、互联网、人工智能技术快速普及和加速发展的时期，客观需求的测量虽然能够更加精准，但是主观需求的表达和反映反而更加重要。客观需求可以作为凝聚共识的基础，但是主观需求则需要通过"软"的机制建设加以完善。具体而言，在社区规划过程中，社区协商议事机构的建设至关重要。让社区代表反映社区不同群体的需求、表达对社区公共服务基础设施的评价和感受，最终建立民主议事规则实现共识凝聚。通俗地说，就是搞清楚社区微基建的现状和不足，搞清楚"哪儿缺、哪儿不缺"，搞清楚"哪些人群存在需求没得到满足的情况""哪些地方社区基础设施还没得到合理建设和完善"，这些老百姓最关心的问题才是社区规划中需要充分考虑和吸纳的。公平规划，本质上就是沟通规划、参与规划，而不是英美规划理论所强调的那样把规划看成一个沟通平台。在中国语境下，这样的"规划社会化"不仅不切实际，而且忽视了规划技术的作用，最终可能导致社区规划的流产。因而中国式社区规划应是技术精英参与指导但最终要由社区规划师负责的沟通规划和参与规划。

在中后期合作治理机制设计方面，需要居民委员会、议事委员会（决议会）、社区居民大会等社区组织或社区民众意见汇集机构参与到微基建的使用、运营和评价中来。社区参与的微基建，一旦形成基本的规则意识和程序意识，将会非常有利于社区更新中的共识形成，最终也有利于微基建的长期可持续维护使用，能够在很大程度上降低治理成本。因而，社区居委会、议事委员会、社区代表大会等机构的设置，就能够在体制、机制、制度上保障居民知情权、参与权和表达权。一般而言，超大城市的社区规模在几百户左右，全部社区居民的意见凝聚与表达并不现实，且社区居民构成较为复杂、教育水平差别也较大，因此如何通过议事委员会凝聚居民意见就显得非常重要。从笔者所调查的情况看，深圳文华社区的居民决议会、北京清河街道的YG社区的议事委员会在这方面的做法，就能够很好地凝聚共识、避免无效协商。在这方面，由于我国的超大城市社区普遍相对缺乏自治传统，必须借助"外力"激活既有社区的参与活力，而后才能更好地推动社区更新改造和环境提升。

为了更好地论证和说明笔者所提出的上述观点和分析逻辑，本文将以北京"清河实验"为例，通过YG社区微更新案例进一步详细分析社区更新微基建的公平规划与合作治理机制的建设。笔者之所以选择清河实验的YG社区更新作为案例，有两个原因：（1）YG社区是北京较早通过社区规划师与社区居民议事委员会合作推动的更新案例；（2）笔者曾经参与调研和访谈过案例中的关键人物。作为一个单案例研究的剖析，清河实验YG社区更新在很大程度上具有代表性和典型性，它最重要的特点就是围绕社区更新这一牵动居民实际利益和居住感受的"微基建"规划建设，通过学术团队激发社区自治活力，从而达成社区共治的目标，实现了社会公平导向的规划和治理的融合。

三、案例分析：北京"清河实验"的YG社区更新模式

（一）"清河实验"的背景与YG社区更新的三个问题

由学者推动基层社区治理创新是近代以来中国社区治理创新的一大模式。[①]"清河实验"就是其中一个典型。正如上文所言，学术团队激发社区活力从而推进社区更新，是当前北京"清河实验"中一个较为值得深入剖析的案例。本文所研究的"清河实验"是新清河实验，新清河实验不同于历史上的清河实验，是当前一批社会学者在北京清河地区进行的学术研究、社会治理、社会发展研究相结合的"社会干预实验"。当然，新清河实验接续了老清河实验的脉络，老清河实验是老一代社会学家杨开道、许仕廉等于1928年开创的，当时北平西北部的清河地区是农村地区，实验主要内容是乡村建设，后来由于日军占领北平，老清河实验就中断了。

当前，新清河实验所研究的主要问题是城乡融合发展，其中比较重要的是社区建设，尤其是如何激发社区自治活力。[②]北京清河地区作为典型的城乡结合带，集中凸显了我国快速城镇化进程中的大部分问题，尤其比较突出的是城乡二元发展带来的分裂和转型冲突，这不仅体现在物质环境方面，也体现于社会经济方面，其中比较明显的是新建商品房社区、老旧社区、城中村社区等之间的差异

---

① 葛天任、李强：《我国城市社区治理创新的四种模式》，载《西北师范大学学报》（社会科学版），2016年第6期。
② 李强、王拓涵：《发现社会》，载《社会政策研究》，2016年第1期。

和对比，在基础设施、居住环境、社区治理等方面体现十分明显。随着北京城市开发规模不断向外扩张，清河也逐渐被纳入到城市副中心的开发建设当中，清河地区的不少老旧小区也开始逐渐面临更新改造的难题，原来不少新建商品房社区也因为时间久、逐渐老化而面临基础设施更新改建等问题。因此，社区更新改造逐渐成为社区居民普遍关心的问题，同时也成为了政府推进城乡发展融合的重要政策议程之一。

清河实验团队在经过1—2年的前期调研和摸索，逐渐发现通过社区更新规划促进激活社区自治活力是一个务实而有效的社区治理能力提升方案，既能够满足政府、社区民众等各方需要，又能够在这一过程中通过"实验干预"而考察社区自治的可能性。以YG社区为例，清河团队通过调查发现，社区更新中存在如下三个问题亟待解决：（1）社区微更新中，规划环节往往忽视居民主体性，居民参与度较低。作为社区公共服务基础设施最主要的使用者，在既有规划项目中被远排斥于规划之外。所谓问卷调查和访谈流于形式，既不规范又不科学，规划的严肃性和科学性失去根基。社区居民普遍对规划项目缺乏认知和积极性，这导致政府大量投入后，居民抱怨不断，社区更新的微基建没有达到应有的良好的政治与社会效果。（2）社区公共服务基础设施的规划建设与居民真实需求不匹配，没有满足人民群众对社区环境提升日益增长的"有效需求"。YG社区的公共活动空间极度短缺，停车位严重不足，小区绿地率高达40%，但多为防护和景观绿地，可供居民活动和休憩的室内外公共活动空间基本没有。小区内道路因无序停车被挤占，还有大量来自附近城中村的小轿车和运输车辆挤占公共空间，争夺已严重匮乏的道路和空间。YG社区的公共空间品质与周围的高档商品房社区形成了鲜明对比。社区公共空间品质的提升成为社区民众的普遍诉求。

（3）居民对社区普遍缺乏认同感和归属感。YG社区居民构成复杂，邻里关系淡漠，社区归属感差。现有6层居民楼11栋，居民571户，约1,600人，包括回迁户、拆迁异地安置户、商品房住户、单位集体住户和租房户等，涉及产权单位30多家。居民之间少有互动往来，有受访居民表示"搬到这里十几年，除了上下班，基本没有下过楼"，也有居民表示"从圆明园等地搬迁过来，到现在每天还回原有居住社区，因为那里有熟悉的街坊邻居"。面对一路之隔的高档商品房小区，还有居民感叹"我们这里什么时候拆迁，拆了就可以拿钱到郊区买大别墅了！"

针对上述问题，清河实验团队经过重新思考社区规划的定位，决定以社区公共空间品质提升为抓手，以居民社区参与和公共性培育为突破点，以社区生活共同体建设为核心目标，把社区规划和社区治理结合起来推进社区更新。整个方案分为两个主要部分：第一，通过设计议程推动社区议事委员会的民主选举和有序运作，这些议程包括社区更新微基建，如立面美化、停车位改造、绿化环境设计、老旧小区加装电梯等，这些议程由于都是居民关心的事情，因而居民参与的积极性较高；第二，通过引入社区规划师和环境设计团队，推动参与式规划，让社区居民与政府之间建立社区规划建设的沟通平台，从而为社区更新提供需求指南、治理指南、运行指南。下文将分别介绍两个主要部分的具体做法。

（二）改组议事委员会激活社区共治

在整体了解清河地区社会治理存在的问题状况之后，清河实验团队选择了三种不同类型的社区开展工作，即老旧小区、商品房小区、混合型小区。对于三种小区都通过选举议事委员的方式提高居民的社区参与程度。以YG社区为例，它是多种社区类型的混合体，该社区下有6个居住小区，共有居民2,000户，其中本地居民1,700户，流动人口300户。通过对清河街道前期实证调研发现，在社区治理的组织机制中普遍存在以下具体突出问题：首先，居民代表大会形同虚设。居民代表大会每半年召开一次，居民汇报多、议事少，且普遍无事可议，因此法理上的社区决策机构无法发挥实际功能；其次，社区居委会和社区服务站功能重合、彼此职责不清，社区居委会、社区服务站组成人员高度重合，"议行不分"问题突出。最后，社区居委会承担的行政工作繁重，无暇组织和开展居民自治，社区居委会人员不足且身兼数职，"政社不分"问题突出。上述问题集中到社区居委会身上，可以概括为"政社不分"和"议行不分"两大症结，前者是居委会由于严重的行政化而背离其自治组织的法律定位；后者是居委会疲于应付各项具体事务而无法有效承担代表居民行使决策和议事的功能。

为此，清河实验团队拟定以重建议事委员会为突破口，把社区议事委员会打造成为凝聚民意的重要组织机构和参与机制，让社区议事委员会成为与居委会、物业公司等相关组织开展联席会议、共议社区事务等不可或缺的核心议事机构。在清河实验团队看来，建立议事委员会机制的目的是为了激发社会和社区活力，增加社区成员参与度，培育社区的自我调节能力和自治能力。2014年12月，在区政府和街道的支持下，清河实验团队正式启动了议事委员选举工作，先后制定和发布了《选举公告》《选举办法》等相关文件，在第一批的三个试点社区，共支持和动员了55名社区积极分子、居民代表报名成为议事委员候选人。2015年1月，在入户调查基础上，社区居民代表大会暨议事委员选举大会召开，按照居民代表投票选举的方式产生了议事委员，并宣布三年进行一次换届工作。

清河实验团队始终把核心理念定位在扩大社区居委会的自治属性方面，通过改组议事委员会扩大和提高社区自治组织的协商与参与能力。按照清河实验的基本思路，改组后的社区居委会应既是"议"的机构，同时也是"行"的机构，议事委员定期开会对社区公共事务进行讨论。以社区建设公益金的使用为例，在事前经过居民需求调查确定好议题后，议事委员会要运用专业技术，而不是漫无目的地进行讨论。根据居民意愿和居民需求，在调查摸底的基础上提出方案和意见，充分讨论后进行集体决策，有决策权的成员包括增选的议事委员以及原有的社区居委会委员。试点社区可以根据社区公益金申请额度的差异而自行决定采取何种表决规制，如过半数还是超过2/3。议事委员会每半月召开一次，也可根据需要临时召开，根据会议内容需要列席会议的其他成员由社区居委会主任决定，每次会议均需做好会议记录并备案。其中，讨论和实施过程全部在街道职能科室指导下完成，由改组后的社区居委会负责具体培训及组织居民开会讨论，建立操作性强的组织运作体系和参与式协商机制，从而保障社区公益金使用过程的科学化和合理化。清河实验团队力图通过议事委员会机制建设对社区更新等重要社区议题的讨论来提高社区更新的参与度。这一做法不仅让社区居民通过议事过程和决策过程参与到社区更新的规划建设之中，而且还激发了老百姓的公共参与热情，为下一步推动社区空间提升改造打下了良好的组织基础，为推进社区更新提供了参与机制的保障。

以议事协商机制为保障，以社区更新和环境提升过程为依托，清河团队试图以小部分居民带动大部分居民的方式，在具体的社会更新实践中培育社区意识，重塑邻里关系，使社区建设真正成为居民自己的事，而不仅仅是政府的事。例如，在一个被居民自嘲为"低层次人群聚集，没有人才"的老旧小区，清河实验团队联合社区居委会、物业管理公司共同挖掘社区存量空间资源，改善室内空间，居委会主动通过空间置换让出原有办公空间改造成为居民的议事厅，成为各项居民活动蓬勃开展的重要场所，通过改善室外空间，将小区中间一块几近废弃的三角形绿地改造成活动广场，这很快让社区居民见到了社区议事会的实际治理效能。居委会、物业联合发动居民自己动手，实施了自行车棚改造和绿化种植。这一行动突破了居委会长期以来有"议"无"行"的困境，并让居民们欣喜地看到了社区自主改造环境的潜能。

（三）社区共治通过社区规划促进社区更新

社区环境的绿化提升改造是社区居民最为关心和迫切需要解决的问题。YG社区居委会和清河实验团队于3月中旬召开了由社区议事委员、环境设计人员等参加的"社区绿化环境议事会"。清河实验团队请来社区规划师为YG社区进行专业绿化环境设计，并提出在楼前空地上建造自行车棚的设想以及绿化地补种树木及花草的设想。这期间，议事委员和楼门长为社区每户家庭发放社区报、联系卡以及调查问卷，完成了1,400户的问卷调查。实验的目标是让YG社区的每一位居民都能参与此次活动，收集居民对此活动的意见和建议。在物业公司的协助下，规划师根据原始图纸对现有绿地空间进行测量，并再次和居民代表讨论规划方案并修改方案，在小区内对规划方案和自行车棚改造方案进行公示。清河实验团队还组织了YG社区居民志愿者开展义务植树活动，组织社区居民认领和保护社区绿化树木，并在树木上标志出认领家庭的名牌，这既是责任也是荣誉，更是建设社区认同感和归属感的一个举措。社区绿地空间规划整治属于典型的社区内公共空间更新改造，可以看作是第三类微基建产品，实验团队将树木保护进行认领，解决了绿地空间长期维护的问题，这也是典型的合作治理。

公平规划的核心理念不仅在于参与和沟通，而且在于规划参与过程中，规划设计人员和社区居民相互学习，共建信任，从而让规划服务的对象参与到规划的设计中来。这一过程本身就是社区共治的过程、社区归属感和认同感形成的过程。例如，通过对社区公共空间使用状况的调研，规划师发现居民最希望开展的活动是"晒太阳"和"聊天"，这反映出YG社区以老年人为主的休闲型生活方式，因此社区规划师转而放弃了早先设想的丘地、沙坑等装置设计，转而明确了以开放、交往和阳光为要旨的设计思路，因而在此基础上形成的方案也受到广大居民的认可和欢迎，这就为基础设施的长期可持续有效利用打下了基础。社区规划师通过多次组织设计方案，让广大社区居民和议事委员参与进来，推动了开放式讨论和设计沟通，让居民在共同讨论和平等对话中学会倾听、学会理解、学会协商。在这一过程中，社区更新的规划设计方案所产生的矛盾得以化解，社区更新的共识则得以形成。

　　需要强调的是，基于议事会议机制所形成的社区更新方案，大多都以公共空间品质提升为核心内容。这些方案围绕楼立面美化、健身广场改建、停车空间整理、养老服务站建设等微基建内容，从议题提出、程序拟定、人才培训、方案设计、讨论交流到参与实施行动，形成了社区规划与治理的机制化流程链条。在这个意义上，社区规划既是社区更新过程，也是社区治理过程，更是社会关系再生产过程。也许，从长远来看，社区居民围绕共同利益展开多次利益碰撞和思想交流，经过时间的发酵最终促成原本来自外部的"社区更新"逐步转变为内部的"自我酿造"，并由此促进了社区认同乃至公共意识的生成。因此，清河实验的意义与价值则远远不止于社区更新微基建，同样社区更新微基建的意义也远远不止于社区的再造。

四、结论与讨论

　　无论从经济角度，还是社会角度，推进社区更新微基建均是一种战略性选择。它体现在社区更新的方式只能是也必须是一种有机更新的方式，同时推进微基建将不仅是改变城市公共服务供给的不均衡现状，而且也将促进整个城市治理模式的转型和变革。微基建看似微小，实则具有重大社会意义和价值。社区更新微基建撬动的不仅是国内基础设施投资的杠杆，还有国内社会治理基础运作模式的更新与变革。此外，关于如何推进社区更新微基建，公平规划和合作治理是两个关键环节，且两个环节实为一体两面，相辅相成。

无论是理论逻辑，还是实践逻辑，社区更新微基建的规划建设与治理机制均离不开社区参与，其长期可持续运营和维护更离不开有序的社区参与。在这个意义上，社区更新微基建的过程就是社区共治形成的过程。

以上结论在北京清河实验的YG社区更新案例中得到了更为充分的体现。在清河实验学术团队的"社会干预"之下，先前的原子化社区家庭和居民被整合了起来，社区共治的体系与机制在社区更新规划建设中逐渐得以形成。社区居民通过选举议事委员，通过多种途径了解并参与到了社区更新的集体事务之中，得以表达利益诉求并形成社区认同，而社区活力也得以激活。清河实验YG社区的案例证明，激活社区共治体系，打通社区参与的体制机制关键节点，是社区更新微基建体系成功建设的前提，也是社区更新微基建可持续有效地运行的重要保障。同时，YG社区的案例还证明，规划师也完全可以俯下身段在社区规划中找到真正实现蓝图的方法和途径，向居民学习，在与居民的互动中让规划技术的魅力得到认同和认可。最后，这一案例还向人们证明，即便在中国城镇化转型矛盾复杂的城乡结合地带，社区碎片化的利益冲突仍然可以在共同利益的架构下最终凝聚成共识。那么，至少在YG社区的更新中，笔者所看到的不仅仅是社区生活品质的提升，更看到了中国之治的未来雏形和前进方向。

第三部分

中心城市建设与城市外交

国家主城：规划视角下中心城市"主权距离论"的提出[①]

张 鹏 曹 晶

【摘要】 21世纪以来，全球化的生产-消费结构使全球城市化/城镇化进一步加速发展，在这一时代背景下，世界各国对城市政治经济安排的水准都在提升，全球城市竞争愈加激烈。在新的时代条件下，更富想象力的国家中心城市/都市圈/都市群规划和建设，对于发达国家而言是产业经济结构升级的法宝，对于发展中国家而言则寄托着参与未来国际竞争的希望。本文试图论证，在目前世界和平大致得以维持的环境下，主权国家愈加倚赖并以优先配置主权级资源、动用主权级规划资源，以首先在规划上"能级升等"的方式支持其中心城市作为"国家主城"（National Metropolitan），对内回应国内经济社会发展需求、提供新的发展空间与发展动能；对外参与全球市场分工与竞争性合作以及代表国家经济形象。在这一过程中，国家主城在国土空间规划角度上实质性地缩短了"主权距离"（City-Sovereignty Distance）：这使得国家主城对内与其他类型的国内城市拉开了政治地位上的距离，对外能够愈加充分地代表国家参与功能性全球治理。这一趋势不可逆转。为验证上述理论架构，本文对亚欧二十国大都市圈空间规划政策的制定进行了分析、比较，研究结论是：从国家的视角来看，全国性国土规划与国家中心城市规划"平起平坐"的政策格局已经形成；从城市的视角来看，"国家主城"的"国际化权限"可以进一步拓宽。

【关键词】 国土空间规划 国家主城 国家中心城市 大都市圈空间规划政策

【作者简介】 张鹏，上海外国语大学国际工商管理学院副教授；曹晶，上海博物馆。

[①] 编者注：本文写作于2020年。

【基金项目】 本文得到上海市哲学社会科学规划项目"提升中国对外关系展开中的城市参与度研究"资助（课题编号：2017ECK002）。

国家与城市关系研究，是涉及诸多学科的课题。例如，从城市研究和城市规划角度看，包含国家对各级各类城市的国土空间统筹规划安排；从政治学与行政学视角看，包含中央-地方关系中的政治安排问题，行政规划与编制管理问题等；从经济学视角看，包含财税关系，宏观产业布局与调整问题等等。城市史作为专门史，也往往将城市本身纳入国家历史的背景中开展研究，而不是仅仅研究城市而已。就现实而言，目前"中国的区域与城市规划思潮与国际规划理念正全面接轨，并与转型期的城镇化与社会经济阶段高度匹配""作为国家实现现代化与城镇化重要的空间治理手段，新中国成立70年来中国区域规划在接受国际规划理论与实践影响的过程中，存在着发展阶段与规划思潮、行动选择之间的错配与持续调整过程。这一错配与调整的历程深刻揭示了城乡规划的学科属性和理论属性"[1]。总而言之，在这些意义上讲，国家与城市关系本身是无法割裂的、有巨大研究空间的。

但是，"国家"与"城市"究竟是不同的，尽管在理论意义上城市实际上拥有构建国家的诸多要素，如人口、地域和政府，但这个世界上极少有城市能够拥有主权而成为"城市国家"（City-state）。绝大部分城市，不论规模大小、历史长短、重要和发达程度如何，都是其所在国家的组成部分，这是一般性常识。因此，国家掌握着

---

[1] 罗震东、崔功豪、乔艺波：《阶段、思潮与行动：国际视野下现代中国区域规划理论与实践的演进》，载《国际城市规划》，2019年第4期，第16—22页。

包括该国中心城市规划在内的国土空间规划权力。同时，国家对城市一般以"地方"视之，以"央地关系"范式约束，将城市作为国家内部行政单元的一种形态。实际上，城市能够作为主权国家内部"一级行政单元"的机会也不是很多，例如中国在全国34个省级行政单位中，只安排了四个直辖市[①]；日本在47个一级行政单位中，只安排了一都、二府[②]；德国在全国16个州中，只安排了三个"市州"（Stadtstaat）[③]等等。美国甚至几乎没有以城市为一级行政单元的情况，在50个州以外，只有华盛顿特区（Washington, D. C.）一个特例。[④]

这样的关系安排，需要我们在理论上予以符合城市研究等社会科学逻辑的解释，本文试图在既有讨论基础上，构建"城市主权距离"（City-Sovereignty Distance）理论的一般论证框架，通过主权距离剥离出作为中心城市的"国家主城"（National Metropolitan）与其他普通城市，并对国家主城、普通城市与"主权距离"的关联进行梳理，对发展新的城市规划视角做出理论尝试。作为理论研究的实证支撑，本文还将对亚欧二十国大都市圈空间规划政策的制定进行质性分析和比较，同时探讨"国家主城"的"国际化权限"可以进一步拓宽的可能性。

---

① 中国的香港特别行政区、澳门特别行政区也是省级行政单元，实际上港、澳的城市形态更加明显，但一般没有"香港市"和"澳门市"的说法。
② 日本的都、道、府、县是并列的一级行政单位，其中一都指东京都，二府指大阪府和京都府。
③ 德国的三个"市州"是指柏林市州、汉堡市州和不来梅市州。
④ 美国的联邦单位构成包括50个联邦州和1个联邦直辖特区，另有一些联邦领地。

一、城市国家的主权形态与国家-城市的主权距离

主权（Sovereignty），是一个富含政治哲学意味的词汇。自近现代民族国家孕育起，主权理论就一直在发展，最终是拥有主权的民族国家战胜了其他一切形式的政治主体，站到了世界舞台的中央。一般认为主权的对外意义浓厚，但我们也不能忽视，正是因为国家掌握了国土空间规划等权力，使得主权在国内同样有显著的意义，主权问题由此成为城市规划学领域无法绕开的话题。学术界对主权的论证有其历史脉络，主要是从主权的绝对主义化到人民主权问题实质的辩论，如：

博丹（Jean Bodin，1529/1530—1596）由中世纪传统立场转变为绝对主义立场是在《国家六论》[①]中初步完成的，主权的"绝对性、永久性、不可分割、立法权本位"体现了其现代性的内在品质。[②]霍布斯（Thomas Hobbes，1588—1679）的"绝对主权"论主要讨论了主权的"至高无上性、不可分割性、自然性、永恒性、吸附性和统一性"，并"包含相应的六条整体论证路线"。[③]边沁（Jeremy Bentham，1748—1832）所发展的主权学说被认为"经历了不同的阶段、具有不同的理论形态"，他早年坚持一种"立法主权理论"，

[①] Bodin, J. 2019. *Six Books of the Commonwealth*. https://constitution.org/2-Authors/bodin/bodin_.htm.

[②] 李筠：《古今之变中的博丹主权理论》，载《浙江学刊》，2018年第3期，第31页。

[③] 唐学亮、王保民：《霍布斯论绝对主权及其挑战》，载《西安交通大学学报》（社会科学版），2018年第2期，第117页。

但在晚年则提出了一套"人民主权理论"。[①]法国大革命以后，由于不断受到民族主义和宪政主义两种主要政治意识形态的影响，"古典主权学说分离为民族国家主权与宪政主权"，并延伸至卢梭及其思想影响下的康德、黑格尔和马克思，以及洛克及其思想影响下的孟德斯鸠和美国联邦党人。[②]其中，民族国家主权基本对应现代共和制国家，宪政主权则对君主制国家向现代意义上的君主立宪制国家转型有巨大影响。

通过历史的纵向对比，主权和国家结合的意义堪称是空前的，可以说，独立自主、拥有主权的民族国家获得了解放之后，人类的近现代史才得以展开。在这一过程中，现代意义上的城市国家也出现在了历史舞台上。

（一）城市国家的主权形态及其相关研究

当今世界，城市国家尽管为数极为有限，但完整主权的获得及其行使方式使之成为国家与城市关系研究中绕不开的话题。城市国家也有自身的发展历程，一般理解是从古代希腊城邦、近代早期的城市国家雏形如商业共和制的威尼斯，到现当代城市国家的代表如共和制的新加坡、公国制的摩纳哥、政教合一制的梵蒂冈。[③]城市国家和非城市国家一样，在"主权国家不论大小一律平等"的国际

---

① 李燕涛：《从立法主权到人民主权——边沁主权学说研究》，吉林大学2012年博士学位论文，第4—13页。

② 李婷：《论人民主权思想的发展脉络：从卢梭到马克思》，南京师范大学2014年博士学位论文，第7—24页。

③ Parker, G. (2004). *Sovereign City: The City-state Through History*. Chicago: University of Chicago Press.

关系原则下处理国家间关系。只是在尊重历史的前提下，诸如摩纳哥和梵蒂冈在与法国、意大利关系的处理上有部分特殊安排而已。

不过，在理论研究方面，生动、多元的城市国家实践似乎并没有被完整、深刻地研究，现有直接以"城市主权"为标题的外文文献在展开相关讨论时除历史学梳理外[1]，还主要是期待城市共同体（Urban Commons）和城市权力（City Power）的匹配这样的社会学层面的内容[2]，以及欧洲国家长期存在的流浪民族在城市营地问题等[3]。2011年《城市和主权：城市空间里的认同政治》论文集讨论的仍然主要是社会领域的"认同"问题，虽涉及主权国家向城市分权话题，但并非集中讨论城市和主权国家关系。[4]

实际上，城市国家因其城市市政所及的地理范围与国家领土范围完全一致，因之"城市拥有主权"的意味特别鲜明，国务活动与市政内容的界限也就不那么明显了，除了对外场合的国家级事务外，对内的国家施政，实际上已经将市政工作完整融入。例如，在新加坡现行制度下，就不存在"新加坡市"的建制，而是由中央政府把全国划分为东北、西北、中区、东南和西南五个社区（Community Development Council Districts），各社区由社区发展

---

[1] Derudder, B. (2007). Sovereign City: The City-State through History. *Urban Geography*, 28(4), 398-399.

[2] Cordes, V. F. (2017). City Sovereignty: Urban Resistance and Rebel Cities Reconsidered. *Urban Science*, 1(3), 22-45.

[3] Picker, G. (2016). Sovereignty Beyond the State: Exception and Informality in a Western European City. *International Journal of Urban and Regional Research*, 1-6.

[4] Davies, D. E., & Nora Libertun de Duren. (eds.). (2011). *Cities and Sovereignty: Identity Politics in Urban Spaces*. Bloomington: Indiana University Press.

理事会这样的自治组织负责，这些自治组织得到中央政府的直接资助，但活动自主。因此，在新加坡这样的城市国家，就不会有中央政府以下的一级行政单位、二级行政单位概念，除了中央政府，就是基层自治，中间的所有行政环节在理论上并不存在。

在城市国家中，新加坡已称得上是规模最大者，拥有560余万人口和722.5平方公里的国土。诸如摩纳哥和梵蒂冈这样更为袖珍的城市国家，国务与市政更是紧密结合，可以说两者之间的界限已模糊。①

这种拥有主权的城市国家，使城市的国际化研究也获得了一定的理论思考空间。理论上，这些城市国家在获得主权的情况下，其"城市国际化权"不受限制，新加坡等城市国家也一直对自己是"最为国际化的城市"等充满信心。同时，这里我们会引申出另外一个疑问，那就是形容并不拥有主权的城市和其所在国家的关系，究竟用何种解释方式，最为符合以城市研究为代表的社会科学所富含的内在逻辑呢？本文借助霍夫斯泰德（Geert Hofstede）跨文化维度理论中的"权力距离论"②，从城市规划角度提出"主权距离"概念，助力研究这种属于国家组成部分的"国家主城"与所在国家关系问题。

---

① The Economist. *The Singapore Exception*. https://docest.com/doc/210956/the-singapore-exception.

② Hofstede, G., & Hofstede, G. J. (2010). *Cultures and Organizations: Software of the Mind*. New York: McGraw Hill, 53-86.

（二）国家-城市的主权距离问题的出现

国家-城市（Cities in Country）首先是指国家范围以内的城市区域，在城市规划理论研究和城市治理实践中，国家内部的城市形态也是十分多元的。例如，国家可以从行政角度划分大都市（Municipality）/大都市区（Metropolitan Area）、特别市（Special City）、市镇（City/Town）等等；也可以从经济角度安排都市圈、城市带和开发区、保税区等等。除城市国家外，不论是联邦制国家还是单一制国家，这些国家范围以内的城市政治体（City Administration Body）不管以何种形态出现，都是不拥有主权的，这毋庸置疑。但是，和主权国家之间不论大小一律平等的国际关系准则相对照，无论在国际场合还是国内情况下，城市间地位因行政级别、人口多寡、经济实力等因素而产生的不平等是广泛存在的甚至是无可非议的。同时，正是因为国家对主权的重要性所知甚深，国家在审视自己内部的城市时，就必然有相应的政治安排，即便是以央地分权为治理特点的联邦制国家，也不会轻易让渡国家主权给内部政治单位。[1]

因此，一方面是拥有主权的国家，一方面是确实存在等级差别的大小城市，国家和城市之间形成"主权距离"的理论空间问题摆在了研究者面前。

有助于我们理解国家-城市主权距离出现的研究还包括新兴的城市外交（City Diplomacy）研究，只是该研究领域的代表作往往

---

[1] 张鹏：《中国对外关系展开中的地方参与研究》，上海人民出版社2015年版，第81—100页。

从多层外交理论出发，将城市作为当代国际关系中多层次、多元化行为体中的一种，强调其作用的上升，承认城市作为国际关系或外交事务的行为体地位及其合法性，而并没有比较具体地"进入到"国家内部的不同城市层级安排的环境中，讨论城市参与国家对外交往范畴中的城市与"主权距离"的问题。①

针对上述城市参与对外关系在理论上"合法性成立"但"层次感不足"的问题，本文认为，荷兰学者霍夫斯泰德提出的文化维度理论，对我们解决国家–城市的"主权距离"问题有启发意义。在文化维度理论中，"权力距离"（Power Distance）是构成该理论的一个独立维度。②"权力距离"是指"一个社会对组织机构中权力分配不平等的情况所能接受的程度"，如果将这一理解应用到实践中，有助于理解为什么东方社会文化里对位高权重者（如政府高官、大学领导、企业高管等）的尊重程度要高于西方等一系列问题。

那么，国家与城市之间是否也存在这种"权力距离"呢？本文认为，在国家和城市关系中，可以将这种"权力距离"进一步精确化，即定义为"主权距离"（Sovereignty Distance）。正是主权距离的存在，使城市的国际化表现出完全不同的样貌。城市要发展自身

---

① 这方面的国内外代表作如：Pluijm, R., & Melissen, J. (2007). City Diplomacy: The Expanding Role of Cities in International Politics. *European Journal of Political Economy*；赵可金、陈维：《城市外交：探寻全球都市的外交角色》，载《外交评论》，2013年第6期。

② 霍夫斯泰德文化维度理论中有六个相对独立的维度，即：权力距离（Power Distance）维度、不确定性的规避（Uncertainty Avoidance）维度、个人主义/集体主义（Individualism versus Collectivism）维度、男性化与女性化（Masculinity versus Femininity）维度、长期取向与短期取向（Long-term versus Short-term）维度以及自身放纵与约束（Indulgence versus Restraint）维度。

国际化，需要有效缩小这种主权距离，如获得"国家主城"地位等。只是，如何从概念出发，形成理论并以之指导实践，这就需要我们结合实际，抽象和构建符合社会科学逻辑的理论框架。

二、规划角度的国家-城市主权距离理论的框架结构

霍夫斯泰德文化维度理论中"权力距离"维度的提出，是从"社会不平等现象"（Inequality in Society）[1]出发的。对于国家内部的城市而言，城市之间的不平等现象同样显而易见。以中国为例，直辖市、副省级市、一般地级市、县级市分别被安排了相应的行政级别，城市能够管辖的经济社会事务范围差别显著。[2]以联邦权与州权以宪法形式分权和均衡为特征的联邦制国家，同样对城市有不同能级维度的安排。[3]关于中国城市，从规划角度历来是分级分类的，如"较大的市"及以上级别的城市，其城市总体规划由国务院直接批复，一般地级市（除极个别城市外）的总体规划，由国务院办公厅批复等。[4]有研究指出，"由于中国超大城市、特大城市和大城市的特殊优势（与中国自上而下的虹吸式财政体制直接相关，又受到

---

[1] Hofstede, G. & Hofstede, G. J. (2010). *Cultures and Organizations: Software of the Mind.* New York: McGraw Hill, 54.

[2] 关于中国的镇级市研究，可参见顾朝林、盛明洁：《县辖镇级市研究——兼论中国城镇化的放权与地方化》，清华大学出版社2017年版。

[3] 如德国、俄罗斯、巴西的市州制度，将城市本身上升到州的地位，亦有美国、澳大利亚、印度等的联邦特区制度，在法律上赋予联邦政府所在地城市特殊政治地位。

[4] 其批文一般以"国函"或"国办函"形式发出，参见国务院对中国各级各类城市的批复文件。

国际竞争和经济转型压力的强化），区域交通可达性的领先发展（当前的交通财政问题正在影响这一进程），城市区域化、都市化现象在中国具有普遍性。"[1]国家内部的城市与拥有主权的城市国家相比，则差距更加显著，比如国家内部的城市在国家授权范围内有一定的对外交往权力，而城市国家则拥有完整的外交权。因此，国家-城市主权距离理论在框架上必然有一个等级制的结构，本文将之抽象为五个组别，即：国家-城市主权距离问题上的"城市国家式的主权完全无距离""国家中心城市/国家主城式的主权近距离""地区级城市式的主权较远距离""低行政级别城市的主权远距离"，同时对国际化方面的"黑马"型城市保留相应的理论研究空间。

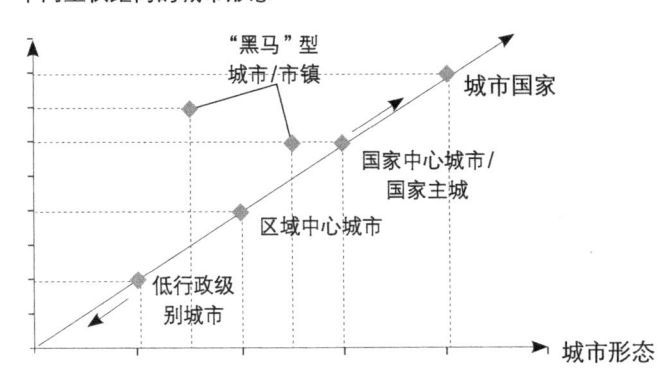

不同主权距离的城市形态

图1 国家-城市主权距离坐标示意

图1中所示城市形态，主要是指：以城市国家面貌而存在的城市（如新加坡、摩纳哥、梵蒂冈）；以各类国家中心城市——可规范为"国家主城"面貌而存在的城市（如纽约、伦敦、东京、北京、

---

[1] 王红扬：《城乡统筹规划理论的科学建构与城市化的中国模式》，载《国际城市规划》，2012年第4期，第85页。

上海等）；以国家内部区域中心城市面貌而存在的城市（如芝加哥、大阪、郑州等）；以行政级别较低的一般城市面貌而存在的城市（如英国牛津郡牛津市[①]、中国江苏省昆山市[②]）以及因为是重要国际会议永久会址、掌握某种全球性资源定价权而在主权国家特殊考虑范畴内的"黑马"型城市/市镇（如瑞士达沃斯小镇[③]、中国乌镇[④]，掌握国际小商品指数的中国义乌[⑤]等）。表1清晰地表达了五组城市的城市形态。

表1 国家-城市主权距离理论中的五种城市形态

城市形态	主权距离	国外代表性城市/市镇举例	国内代表性城市/市镇举例
城市国家	无	新加坡、摩纳哥、梵蒂冈	无
国家主城	近距离	纽约、伦敦、东京	北京、上海
区域中心城市	较远距离	芝加哥、大阪	郑州
低行政级别城市	远距离	英国牛津郡牛津市	中国江苏省昆山市
"黑马"型城市/市镇	专业领域的近距离	瑞士达沃斯小镇	中国乌镇、中国义乌

---

① 牛津郡（Oxfordshire）下辖五个行政区，牛津市（City of Oxford）是其中之一，也是牛津大学所在地。
② 昆山市常年占据中国百强县榜单的榜首位置，县域经济发达，但行政级别仍然是县级市。
③ 瑞士达沃斯为"世界经济论坛年会"举办地，达沃斯小镇的具体行政隶属关系为：瑞士格劳宾登州格里松斯地区达沃斯小镇。
④ 中国乌镇为"世界互联网大会"永久会址，其行政隶属关系为：中国浙江省嘉兴市桐乡市乌镇。
⑤ 义乌在行政意义上是浙江省金华市代管的县级市，但"义乌·中国小商品指数"则是中国商务部负责其立项、论证、验收和发布，并授权义乌市政府组织可行性研究和指数的编制工作而形成的指数体系。

结合图1和表1，我们可以对国家-城市主权距离理论的理论框架搭建进行以下探讨。

第一，关于城市国家——主权完全无距离，这是指在城市国家的政治体结构下，城市与国家以合体形式存在，此类国家无论对内还是对外，都以城市形态出现在国际舞台上。因此，在对各类城市进行比较的意义上，城市国家这一城市形态最大的特点就是拥有完全主权。

第二，关于"国家主城"——主权近距离，这是指国家对所倚重的内部中心城市存在各种意义上的主权授权和高密度、高规格国际-国内资源配置（本文将之称为"主权级资源"）。如国家往往将中央机构设置在最为重要的中心城市，视中心城市为全国性的经济文化中心，在中心城市安排全国性的交通枢纽，在国际场合倚重中心城市作为国家的"窗口"等等，这些都是"国家主城"的意义所在。

第三，关于地区级城市——主权较远距离，为了更好地安排国内经济社会发展，国家往往还会考虑设置与国家中心城市相呼应的区域中心城市。区域经济理论也对这样的国内城市格局安排持积极影响。同时，地区级城市也会面临因国家中心城市发展而产生的"虹吸效应"，争取和获得主权级资源配置的能力也显然弱于国家主城。

第四，关于低行政级别城市——主权远距离，与地区级城市和国家中心城市关系的内涵相一致，作为行政级别较低的中小型城市，能够分享到的主权级资源配置更加零散和稀释化。不过，这种远距离的城市-主权关系，也使中小型城市获得了诸如打造宜居城市、发展特色教育，完全着力于经济社会事务的空间。

第五，国际化方面的"黑马"型城市/市镇。在国家-城市主权距离的空间结构中，也一直存在一种值得注意的"黑马"型城市/市镇，如每年一度吸引全世界目光的达沃斯论坛、世界互联网大会永久会址乌镇，以及一些掌握着全球性资源定价权的产业集聚型城市。可以说，在某些"高光"时点或特殊行业领域，这些城市/市镇获得了拉近城市与主权距离的机会，从而一跃成为千千万万普通市镇中的"黑马"。

同时，一旦国家-城市主权距离的理论空间被打开，我们再重新观察"国家主城"或者"以国家中心城市为核心的大都市圈"规划政策时，就有了新的视角。例如在长三角都市圈范围内，除城市国家这样的城市形态以外，其他四种城市形态（国家主城如上海、区域中心城市如南京、低行政级别城市如金华、"黑马"型城市/市镇如义乌）全部存在，在国家-城市主权距离理论的框架结构指引下，国家作为主权单位，如何分层级、分层次同时又有灵活性地调配和调控主权级资源在这一区域的配置是一目了然的。

三、亚欧二十国大都市圈空间规划政策对城市-主权距离分析的回应

从常识出发，国家与城市之间，特别是国家与其所辖中心城市之间的关系，可以在相当多的领域内进行讨论。为了聚焦城市-主权距离的分析和讨论，本文选取"大都市圈空间规划政策"这一国土空间规划系列政策中的重要组成部分开展研究，试图回答"国家在国土空间规划意义上到底有多重视'国家主城'？"这一问题，在

此基础上同时回应国家-城市主权距离理论的研究框架。

首先，使用设计平衡计分卡的方法，将本研究希望在城市-主权距离分析框架内进行讨论的问题列入表2。

表2 基于国土空间规划政策的"城市-主权距离"简易指数[①]

城市基本指数	人口比重	是否50%及以上	是否25%—50%	是否25%以下
	经济体量比重	是否50%及以上	是否25%—50%	是否25%以下
	国土面积比重	是否5%及以上	是否2.5%—5%	是否2.5%以下
空间规划政策指数	空间规划政策主管机构比较	是否中央政府同时主管国土空间规划与中心城市（都市圈）规划	是否次级政府主管中心城市规划	是否三级政府主管中心城市规划
	空间规划轮次比较	是否国土空间规划与中心城市规划同轮次	是否中心城市规划少1—2轮次	是否中心城市规划少2轮次以上
	大都市圈核心城市行政地位比较	是否核心城市行政地位为高配一级行政区划	是否核心城市行政地位为正常一级行政区划	是否核心城市行政地位为二级行政区划
全球城市指数	GaWC[②]排名（2018）	是否Alpha级城市	是否Beta级城市	是否其他级别城市

---

① 该处简易指数的指标选择，借鉴了日本国土交通省为研究欧、亚、大洋洲23个国别（含欧盟）的国土空间规划政策而研制的系列研究报告中的主体性内容。为了研究上的方便，本文选取了除新西兰、欧盟以外的其中的20个国别以及中国进行分析。

② "全球化和世界城市研究网络"（GaWC）是英国拉夫堡大学"全球化和世界城市研究网络"研究团队进行的一项长期研究项目，其2018年数据可查其官方网站：https://www.lboro.ac.uk/gawc/world2018t.html（2019年5月5日读取）。

（续表）

	GPCI[①]排名（2018）	是否前10位城市	是否11—30位城市	是否其他位次城市

制表说明：本表为作者自制，并感谢上海外国语大学卓越学院2017级国际组织人才实验班全体同学对具体国别结合表格内容所开展的基础研究工作。

表2的核心部分是"空间规划政策指数"板块，主要讨论中央政府是否同时主管国土空间规划与国家主城（包括以国家主城为中心城市的大都市圈）规划、全国性国土空间规划与中心城市规划是否同轮次以及国家主城（大都市圈）核心城市行政地位三个问题，重点对城市-主权距离分析框架中的"国家中心城市式的主权近距离"进行进一步讨论，研究该种"城市-主权距离"在国土空间规划政策意义上有何显现。也就是说，本文将这里的空间规划在概念上界定为两种，一种是国家全域性的国土规划，另一种是该国的中心城市规划。主要是要衡量这样的两种规划，是否在动用主权级资源配置上能够等量齐观。

考虑到"一带一路"沿线首先是亚欧国家以及开展相关研究的可行性等因素，本文选取了20个中等规模的亚欧国家[②]作为样本，将这些国家的国土空间规划政策代入，进行了具体研究（参见表3）。

---

① "全球城市实力指数报告"（GPCI）是日本森纪念财团都市战略研究所的一项长期研究项目，其所跟踪城市具体排名情况可查其官方网站：http://mori-m-foundation.or.jp/english/ius2/gpci2/index.shtml（2019年5月5日读取）。
② 参见日本国土交通省对这20个亚欧国家的大都市圈空间规划政策进行的国别研究，日本国土交通省官方网站，http://www.mlit.go.jp/kokudokeikaku/international/spw/index_e.html（2019年5月4日读取）。

第三部分　中心城市建设与城市外交

表3　亚欧二十国大都市圈空间规划政策比较简况①

主要中心城市（大都市圈）	城市（大都市圈）基本指数			空间规划政策指数			全球城市指数	
	人口比重	经济体量比重	国土面积比重	空间规划政策主管机构比较	空间规划轮次比较	大都市圈核心城市行政地位比较	GaWC排名（2018）	GPCI排名（2018）
	是否50%及50%以上 / 是否25%—50% / 是否25%以下	是否50%及50%以上 / 是否25%—50% / 是否25%以下	是否50%及50%以上 / 是否25%—50% / 是否25%以下	中央政府直接主管 / 次级政府主管 / 三级政府主管	国土空间规划与中心城市规划同轮次 / 中心城市规划少1—2轮次 / 中心城市规划少2轮次以上	高配一级行政区划 / 正常一级行政区划 / 二级行政区划	是否Alpha级城市 / 是否Beta级城市 / 是否其他级别城市	是否前10位城市 / 是否11—30位城市 / 是否其他位次城市
英国（大伦敦地区）		√	√			√	√	√
德国（柏林市州）	√		√		√		√	√

① 此表中同时列入了中国作为研究参照国，因此实际上是二十一个国家，但中国的国土面积、人口等规模明显大于其他二十国，因此表格中主要是二十个中等规模亚欧国家的比较。

145

（续表）

主要中心城市（大都市圈）	城市（大都市圈）基本指数			空间规划政策指数			全球城市指数		
意大利（米兰大都会区）		✓	✓	✓				✓	✓
法国（新大巴黎都市圈）		✓	✓			✓	✓		
荷兰（兰德斯塔都市圈）	✓		✓		✓			✓	
瑞典（斯德哥尔摩都会区）		✓		✓					✓
芬兰（赫尔辛基都会区）		✓		✓		✓	✓		
丹麦（哥本哈根大都会区）	✓			✓		✓			
希腊（雅典都市圈）		✓	✓		✓			✓	✓
西班牙（马德里都市圈）		✓	✓		✓		✓	✓	
中国（上海）	✓		✓	✓			✓		
日本（首都圈）		✓	✓		✓		✓		
泰国（曼谷）		✓	✓	✓					✓

146

第三部分　中心城市建设与城市外交

（续表）

主要中心城市（大都市圈）	城市（大都市圈）基本指数				空间规划政策指数				全球城市指数
韩国（首都圈）	√							√	√
柬埔寨（金边）		√	√				√		√
缅甸（仰光）		√	√			√			√
孟加拉国（达卡区）		√		√		√		√	
越南（胡志明市都市圈）		√		√	√				√
马来西亚（吉隆坡都市圈）		√		√		√	√	√	
菲律宾（马尼拉首都区）		√		√		√		√	√
印度尼西亚（雅加达首都特区）		√		√	√			√	√

制表说明：本表为作者自制，并感谢上海外国语大学卓越学院2017级国际组织人才实验班全体同学对具体国别结合表格内容所开展的基础研究工作。每一个数据项的获得都有相应的来源，限于篇幅这里并没有一一列出。

147

从表3中我们不难发现这样几个特点：首先，各国在国土空间规划政策方面，都将国家主城摆在了重要位置上。在"空间规划政策主管机构比较""空间规划轮次比较""大都市圈核心城市行政地位比较"这三个全国国土空间规划政策和国家主城（包括以国家主城为中心城市的大都市圈）空间规划政策比较的指标上，各亚欧国家尽管国情不同，但都表现积极。例如，德国、瑞典、希腊、泰国、缅甸、孟加拉国、越南、马来西亚、菲律宾等国的国家主城规划获得了完全等同于国家国土空间规划的待遇，也就是说，这些国家已将国家主城的空间规划政策摆在了与全国性国土空间规划政策同样重要的位置上，即使是得分最低的意大利、法国、柬埔寨，在国家主城规划政策上也获得了不错的地位。这一评分结果，总的来说使我们对"国家主城式的城市——主权近距离"有了直观感受。

其次，在大都市圈核心城市（这种核心城市就是国家主城，为和大都市圈表述相关联，将其称为"大都市圈核心城市"）方面，亚欧各国基本上都采取了大都市圈核心城市行政地位高配一级的做法，如将国家主城等同于国内的一级行政区对待、高配城市主政官员行政地位等。尽管具体分析起来，各国结合国情有不同的做法，但这种对于大都市圈核心城市地位的明显"高配"，对"城市-主权距离"分析同样有帮助，作为大都市圈核心城市的高级主政官员，他们显然也要更容易接触中央政府，在国家的主权级资源配置方面享有其他城市主政官员所没有的话语权和影响力。

第三，所选取亚欧国家的主要城市，基本全部进入了主要全球城市评级机构的视野。在二十个亚欧国家的国家主城（都市圈）中，除缅甸的仰光、柬埔寨的金边外，其他国家主城（都市圈）都已进入到"全球化和世界城市研究网络"（GaWC排名）和"全球城市实力指数报告"（GPCI排名）中的至少一个，这也是目前全球城市研究领域最为知名的两个综合性全球城市排名指数。也就是说，这些中心城市的外在影响力也是国家在主权级资源配置与政策倾斜过程中需要重点予以考虑的内容。从城市本身发展的视角看，这些"国家主城"可以利用"城市-主权距离"较近的优势，使其"国际化权限"进一步拓宽，从而形成全球城市层面更强的竞争力。

最后，在梳理所选亚欧国家中心城市空间规划政策的同时，我们也发现不少国家已广泛采用都市圈（Metropolitan）理念为基础，而不是城市的固有行政边界为基础来讨论未来中心城市发展问题。尽管这些"都市圈"以各种命名和管理形式出现，但打破行政边界是其共性，一些国家甚至专门立法或成立相应的政府性机构，从都市圈的角度发展城市，而不再从单个城市的角度发展都市圈。这对中国面向未来的城市一体化发展同样有借鉴意义。

四、城市-主权距离分析框架下国家主城的国际化空间展望

通过构建"城市-主权距离"理论框架的尝试和二十个亚欧国家主城空间规划政策的实证，这里试图定义本文所讨论的"国家主城"：国家主城是城市国家以外，与国家"主权级资源配置"距离最短的城市，而国内一般城市除专门升格外，无法达到这一距离水平。

此类城市的存在意义往往在两个层面上展开：首先，国家需要

"国家主城"对内回应国内经济社会发展需求、提供新的发展空间与发展动能；对外参与全球市场分工与竞争性合作以及代表国家经济形象。其次，在这一过程中，"国家主城"实质上能够继续缩短"主权距离"：对内与其他国内城市拉开了政治地位上的距离，对外能够愈加充分地代表国家参与功能性全球治理。

但国家主城因为国家主权的存在，在理论和实际上都不能达至城市国家的状态。在本文的城市国家的主权形态与国家-城市的主权距离部分曾讨论过城市国家的国务和市政联系极其紧密，但国家主城治理过程中国务活动和市政发展的界限仍然是明显的，只有在代表国家主权的组织（如中央政府）授权的情况下，国家主城才能获得对外代表国家的机会，这种"机会"可以表现为法定缔约权、重大国际赛会活动的承办权等。一般而言，中央政府也会优先考虑将这些主权级资源分配给国家主城。

国家主城的国际化空间展望，还要充分考虑到全球城市在现当代的发展、变化。全球化时代给城市带来的机遇和挑战是全方位的、常新的，同时，全球人口的城市化率加速也是不可逆转的。将来的城市间竞争与合作，会和国家间、国家与国际组织间、国际组织间等问题一样，都是在移动互联网时代的全球城市环境下酝酿、发酵、爆发的。城市之间的竞争与合作以更复杂、紧密的方式结合在一起，国家主城如何作好准备，国家主城的主政者是否具备足够的全球视野，这都已经摆在国家主城的国际化空间展望的议事日程上。

最后，国家主城的国际空间还面临一个自下而上的挑战，那就是信息化时代带来的全球性公民运动对城市国际化的影响。回溯既往,"邻避行动""占领华尔街""Metoo运动"外,全球性的宗教复兴、社会多元化裂变等问题,都有可能首先在信息流更为通畅、人际互动更为便捷的现代化国家主城中找到发展土壤,这也是国家主城在拓展国际化空间过程中必须充分、合理予以注意及解决的问题。

比较视野下的中国城市外交
——基于国家中心城市的分析[1]

康 晓

【摘要】 在逆全球化背景下，部分国家中央政府开始排斥全球化和全球治理，由此凸显地方政府在全球治理中的作用，其中就包括城市外交。城市是介于主权国家和非国家行为体之间的角色，既具有政府属性——所以具备非国家行为体，特别是非政府组织缺少的政策资源——又能够像非国家行为体一样发挥比中央政府更加灵活的功能。所以对城市外交的研究，既要突出城市的多样性特征，又必须看到这些特征对于其所在国家外交的辅助作用。要达到这一目标，就必须通过同时设置主观和客观指标的方式，运用比较研究方法突出不同城市的城市外交功能。国家中心城市在中国城市体系中居于顶端，而且分布于中国沿海与内陆，相比于其他城市具备更丰富的城市外交资源，所以是研究中国城市外交的首选案例。北京和上海作为中国两座巨型城市虽然都具有高度国际化水平，但前者在政治、文化和科技领域的城市外交功能和后者在经济特别是金融领域的城市外交功能表现得更加突出。而武汉和成都作为内陆国家中心城市的代表，分别在科技外交和经济外交、文化外交领域各具特色。这种比较研究不仅在理论上有助于完善中国城市外交研究的框架，也可以为实践中制定更有针对性的城市外交政策提供参考。

【关 键 词】 城市外交　比较研究　国家中心城市

【作者简介】 康晓，北京外国语大学国际关系学院副教授，博士。

【基金项目】 本文是北京外国语大学2020年度"双一流"建设重大标志性科研项目"比较城市化——'一带一路'沿线国家系列研究"的阶段性成果。

---

[1] 编者注：本文写作于2019年，2024年有更新。

一、问题提出与本文计划

城市外交是全球化进程深入发展的结果，也是中国积极参与全球治理的必然选择。城市外交与国家外交的一条显著区别是，城市具有更为丰富的多样性。联合国会员国的数量是190余个，但全世界所有城市的数量则难以估量。不仅国家之间的城市差异巨大，每个国家内部的城市也会因为人口规模、经济规模、发达程度、地理位置、人文传统和中央政府的定位等表现出较大差异。因此，对于城市外交的研究应该采取比较视角，找准不同城市的定位，既要看到不同类型城市外交间的功能差别，也要看到同类型城市外交间的功能差别，这样才能准确理解不同城市外交在国家外交中能够发挥的作用，以及二者的相互关系。目前关于中国城市外交的研究多以单个大城市为主，比如赵可金和陈维认为城市外交研究的目的是探寻全球都市的外交角色。[1]在此基础上，赵可金进一步提出了嵌入式外交的理论框架，并以上海为案例进行了分析。[2]汤伟也提出了发展中国家巨型城市的城市外交的根本动力、理论前提和操作模式。[3]陈维和赵可金对近年关于中国城市外交的文献进行了统计，发现尽管数量在增多，但"研究主要还是锁定广州、上海、北京、大连、海口、天津等特大城市和沿海沿边城市，对内陆城市外交角色的

---

[1] 赵可金、陈维：《城市外交：探寻全球都市的外交角色》，载《外交评论》，2013年第6期，第61页。
[2] 赵可金：《嵌入式外交：对中国城市外交的一种理论解释》，载《世界经济与政治》，2014年第11期，第148页。
[3] 汤伟：《发展中国家巨型城市的城市外交——根本动力、理论前提和操作模式》，载《国际观察》，2017年第1期，第84—96页。

研究还非常有限"。①这对本文写作具有重要启示。中国是巨型国家，因此相对于普通国家的城市，中国城市也表现出更加鲜明的多样性特征，这使得哪怕在某一方面具有类似特征的中国城市，在城市外交中的功能却不一样，比如北京和上海作为中国国际化程度最高的巨型城市，在城市外交的功能以及对中国国家外交的辅助作用上究竟有何区别？因此，对于中国城市外交的研究更有必要基于中央政府定位和城市客观特色主客观两种指标，突出城市外交的多样性特征。目前的文献已经涉及中国的巨型城市和内陆中小城市外交，②以及对不同类型城市外交的整体分析，③但单个城市的案例研究较多，同类不同功能城市外交的比较研究较少，客观指标研究较多，主观指标研究较少。

同时，现有研究对于城市外交的功能性特征体现得不明显，大多是描述某一个城市在对外交往中的所有内容，涉及重大外事活动、外宾接待、国际经济合作、文化交流、友好城市交往等等。这些功能几乎在所有大城市的对外交往中都会存在，但如何能突出不同城市外交最突出的功能特征呢？与此相关的另一个重要问题是，如何体现出不同城市外交的功能在中国国家外交中扮演的角色。尽管

---

① 陈维、赵可金：《城市外交的内陆模式——以"一带一路"中的中国内陆城市为例》，载《国际观察》，2017年第1期，第70页。

② 金沙沙：《东北城市的城市外交现状分析——以哈尔滨、长春、沈阳和大连为例》，上海国际问题研究院2015年硕士学位论文；林丹丹：《"海上丝绸之路"建设中的泉州城市外交——一种基于SWOT框架的分析》，天津师范大学2016年硕士学位论文。

③ 陈楠：《当代中国城市外交的理论与实践探索》，华东师范大学2018年博士学位论文。

对于城市外交存在多层外交[①]和平行外交[②]的争论，但在中国政治制度的语境下，城市外交还是从属于国家外交，因为城市不是非国家行为体，而是次国家行为体，保留了部分政府属性，但其对外行为的性质仍然具有非主权性、地方性和中介性的特点。[③]赵可金则认为城市外交是"在中央政府的授权和指导下，某一具有合法身份和代表能力的城市当局及其附属机构，为执行一国对外政策和谋求城市安全、繁荣和价值等利益，与其他国家的官方和非官方机构围绕非主权事务所开展的制度化的沟通活动。"[④]换言之，城市外交的产生源于中央政府的制度和政策授予，其目标是辅助国家外交具体落实诸多中央政府的外交政策。所以对城市外交的研究必须兼顾两方面内容：第一，基于城市多样性突出不同城市外交的功能特征；第二，分析这些功能特征如何能够辅助国家外交。按照定义，城市外交的功能集中在非主权领域，因此主要表现为经济外交、文化外交、科技外交和环境外交。其中，城市的经济外交功能表现在辅助实现国家经济外交的重要目标，以本城市为支点，提升本市及其所在区域和本国经济国际化水平，促进本市成为本国企业"走出去"

---

① Hocking, B. (1993). *Localizing Foreign Policy: Non-central Governments and Multilayered Diplomacy*. London: The MacMillan Press Limited, 26.

② Soldatos, P. (1990). An Explanatory Framework for the Study of Federated States as Foreign-policy Actors. In *Federalism and International Relations: The Role of Subnational Units*. Oxford: Clarendon Press, 35. Also see Lecours, A. (2002). Paradiplomacy: Reflections on the Foreign Policy and International Relations of Regions. *International Negotiation*, 7(1), 91-114.

③ 陈志敏：《次国家政府与对外事务》，长征出版社2001年版，第25—30页。

④ 赵可金、陈维：《城市外交：探寻全球都市的外交角色》，载《外交评论》，2013年第6期，第69页。

和吸引外资的门户之一，长期承办具有全球影响力的国际经济会议。城市的文化外交功能表现在，以本市独具特色的文化资源发挥软权力作用，成为向世界展现本国良好国家形象的重要载体，成为本国文明与世界文明对话的桥梁，并配合国家外交举办重大文化活动，向世界展现本国国家外交政策立场，长期举办具有全球影响力的文化会展。城市的科技外交功能表现在，以本市突出的科技资源搭建全球高端科技合作以及产学研合作平台，辅助本国国家科技外交不断提升本国核心科技研发和产业实力，成为代表本国吸引全球科技人才和企业的中心，长期举办具有全球影响力的科技会展。城市的环境外交功能体现在，以本市突出的环境治理和可持续发展成就，代表本国向世界介绍相关经验，参与全球环境治理，在相关国际规则制定过程中，表达有利于本国利益的诉求。而要突出这些不同城市外交功能的特征，必须采用比较研究方法，以此在理论上拓展城市外交的研究内容，在实践中更有针对性地找准城市外交的功能定位，促进同类城市间错位发展，避免同质化。

因此，本文计划从更加综合的角度提出多维度指标，既突出中国城市外交的差异性，又突出这些差异性最终服务于中国国家外交的共通性，然后从巨型城市和内陆城市两种类型国家中心城市中各选取两个代表，通过具体案例比较分析，凸显出这种差异性和共通性。

二、中国国家中心城市的多维定位

不同于已有研究，本文首先提出对中国城市外交进行分类比较研究的主观指标，即在中国特色社会主义制度下，必须重点考察中央政府对城市发展的定位。中国特色社会主义制度下中央地方关系的一大特点是，中央主导下市场化导向的渐进式改革，[1]所以中央政府规划对于全国发展具有指导作用，其中一个重要方面就是中央政府对于不同区域和城市，特别是主要城市的发展定位，这决定了特定城市在对外交往中的目标、活动空间和可用资源，是中国城市外交最为直接的政策依托。尽管城市发展不能脱离自身客观的自然条件、人文历史和发展水平，但在中国特色社会主义制度下，中央政府的定位和相应政策支持仍然是特定城市发展的重要资源，甚至可以超越现有的客观条件。因为第一，中国是单一制国家，地方政府的政策合法性来源必须是中央政府。第二，中国特色社会主义制度强调全国规划整体性与多样性的统一，每个地方政府在全国规划中都扮演着齿轮般的相互咬合的作用，所以在健全充分发挥中央和地方两个积极性体制机制中，首先必须加强中央宏观事务管理。[2]只有中央政府明确定位，地方政府才能在这种复杂体系中发挥既符合自身特色，又能补充中国国家外交的作用。否则如此幅员辽阔的国家，相距遥远的城市之间可能会出现功能重叠、野蛮生长、无序竞争的状况。比如中国众多区域性发展规划中，比较具有实质性意义的是京津冀区域协同发展，原因就是有中央政府的直接领导和参与。[3]因此，对中国城市外交的分类和比较研究必须以中央政府对

---

[1] 刘承礼：《理解当代中国的中央与地方关系》，载《当代经济科学》，2008年第5期，第31页。

[2]《中共中央关于坚持和完善中国特色社会主义制度 推进国家治理体系和治理能力现代化若干重大问题的决定》，载《人民日报》，2019年11月6日，第01版。

[3] 宣晓伟：《中央地方关系的调整与区域协同发展的推进》，载《区域经济评论》，2017年第6期，第32页。

城市发展的定位为首要指标。

在城市外交研究视阈中,中国中央政府对城市最重要的定位是国家中心城市。因为城市外交的两项基本前提是:第一,城市具备对外交往能力;第二,这种能力能够辅助国家外交。所以,城市外交并非城市自发性的行为,而是中央政府从国家整体外交和地方发展综合考察下主动谋划的结果,必须兼顾中央和地方两个层面的利益,而国家中心城市最能承担这种角色。国家中心城市是指居于国家战略要津、肩负国家使命、引领区域发展、参与国际竞争、代表国家形象的现代化大都市。在资源环境承载条件和经济发展基础较好的地区规划建设国家中心城市,既是引领全国新型城镇化建设的重要抓手,也是完善对外开放区域布局的重要举措。[1]国家中心城市是全球城市网络的功能节点,现代化和国际化水平突出,把国家或区域的资源引入全球经济,同时把世界资源引到国家或区域内,发挥着国内外经济的结合点、决策与指挥中心等功能。[2]中国国家发展和改革委员会已经确定和明确支持建设的国家中心城市共有9个,分别是北京、上海、天津、广州、重庆、成都、武汉、郑州和西安。可见,关注国家中心城市的外交作用并不同于已有研究对于沿海大城市的考察,而是囊括了沿海大城市和内陆大城市,这体现出国家中心城市定位的重要价值。

---

[1] 中华人民共和国国家发展和改革委员会,2016,国家发展改革委关于支持武汉建设国家中心城市的指导意见,https://www.ndrc.gov.cn/xwdt/ztzl/xxczhjs/ghzc/201701/W020190906342163565544.pdf(2024年11月13日读取)。

[2] 周阳:《国家中心城市:概念、特征、功能及其评价》,载《城市观察》,2012年第1期,第136页。

既有的城市外交研究之所以集中关注北京和上海，主要原因是这两个城市相比于其他中国城市具有明显的国际化优势，最接近世界城市和全球城市的标准。但是，国家中心城市的定位不仅在于城市的发达和国际化程度，更看重其对于区域发展的引领作用，更加符合促进中国国家整体发展的需要，所以地域特征更加明显，覆盖范围也更广。中共十九大将新时代中国社会的主要矛盾定位为人民日益增长的美好生活需要和不平衡不充分的发展之间的矛盾，[1]其中不平衡的突出表现就是地区发展不平衡。因此，多个中西部城市进入国家中心城市名单，就是要通过它们的发展带动广阔的中西部地区发展，其中城市外交功能的发挥对于中西部地区国际化程度的提升能够起到北京和上海在东部地区无法起到的作用。

在城市外交分类的客观指标中，重要的不是地理位置、人口和经济规模、发达程度，以及历史人文传统等这些分散的指标，而是所有这些指标整合之后体现出的城市特色。本文所指的城市特色是城市在某一功能领域能够发挥的城市外交作用。比如，某一城市在环境治理领域具有特色，因此可以补充中国的国家环境外交。或者某一城市独具某种特殊的文化资源，可以为中国在发展与某一特定群体国家的关系方面发挥特殊作用。

区分了主观指标和客观指标之后，需要将二者进行整合。因为中央政府对城市的主观定位必然基于城市的客观特色，但这种特色所能发挥的外交功能可能与中央政府的定位还有差距，所以此时中

---

[1] 习近平：《决胜全面建成小康社会 夺取新时代中国特色社会主义伟大胜利——在中国共产党第十九次全国代表大会上的报告（2017年10月18日）》，载《人民日报》，2017年10月28日，第01版。

央政府的定位在前，发挥了引导特定城市的外交功能朝着中央政府希望的目标完善的作用。而对于没有被中央明确定位的城市而言，其客观特色是经过长期历史积淀形成的，但在某一时期能够起到服务国家外交的作用，所以也会被中央政府赋予外交使命。这种相互融合的关系要求对城市外交的分类研究既要看到同类城市的共性，又要比较其差异。

本文选取的一级比较指标为主观指标（即中央政府定位）和客观指标（即城市特色）。二级指标中，主观指标首先选取国家中心城市，其次为中央政府其他的主要定位。客观指标的二级指标选取四个，分别为区位特色、历史文化特色、科教特色和产业特色。区位既属于自然属性也具有社会经济属性，是区别城市外交功能最客观的指标，沿海区位的城市相比于内陆区位的城市在发挥城市外交的功能时具有天然优势，这不仅体现在地理优势上，还体现在中国的沿海城市大多属于经济发达地区，与世界经济的联系更紧密。历史文化特色是城市外交的文化资源，表明特定城市在中华文明体系中的地位，以及能够在沟通中华文明与世界文明中发挥作用，是城市文化外交的基础。科教特色是新科技革命浪潮下城市外交的重要推动力量，因为国际合作是高水平科学研究和人才培养的内在要求，城市以高科技为基础的产业国际化也是中国经济外交和科技外交的重要内容。以此为基础，前三种特色决定了一座城市的产业特色，比如东部地区的城市往往具有发达的贸易产业，具有独特文化资源的城市往往具有发达的文化产业，而科教发达的城市则可能具有发达的高科技产业，这些都是城市经济外交的基础。按照以上指标，九个具有国家中心城市定位的城市比较见表1。

第三部分　中心城市建设与城市外交

表1　中国国家中心城市的定位和特色比较[①]

	主观指标：中央政府定位		客观指标：城市特色			
	国家中心城市定位	其他主要的中央政府定位	区位特色	历史文化特色	科教特色	产业特色
北京	国家政治、文化、科技创新和国际交往中心	世界城市	东部、京津冀城市群	中国八大古都之一、元明清三朝都城、世界上拥有世界文化遗产最多的历史文化名城	顶尖	战略性新兴产业、旅游业、会展业、体育产业、文化产业、教育培训业

[①] 主观指标的资料均来源于中央政府文件，分别是《全国城镇体系规划（2006—2020年）》《京津冀协同发展规划纲要》《上海市城市总体规划（1999年至2020年）》《粤港澳大湾区发展规划纲要》《国家发展改革委关于支持武汉建设国家中心城市的指导意见》《国家发展改革委关于支持郑州建设国家中心城市的指导意见》《关于中平原城市群发展规划》《长江经济带发展规划纲要》。科教特色的依据来源于全球顶尖科学期刊《自然》主办的自然指数·中国网站2018年评选出的全球科研实力前200个城市的排名；其中北京和上海位列前十位，所以列为顶尖；武汉位居前20，所以列为较高；天津、广州、成都、重庆、西安位居21—100位，所以列为高；郑州没有上榜，所以列为较弱。Nature Index Top 200 Science Cities, https://www.natureindex.com/supplements/nature-index-2018-science-cities/tables/overall（2019年11月20日读取）。

（续表）

	主观指标：中央政府定位		客观指标：城市特色			
	国家中心城市定位	其他主要的中央政府定位	区位特色	历史文化特色	科教特色	产业特色
上海	国际经济、贸易、金融、航运、科技创新中心	卓越的全球城市	东部沿海、长三角城市群	吴越文化、海派文化	顶尖	战略性新兴产业、先进制造业、金融业、商贸物流业
天津	环渤海地区经济中心城市		东部沿海、京津冀城市群、环渤海经济圈	燕赵文化、北方漕运、港口文化	高	战略性新兴产业、先进制造业
广州	综合性门户城市、国际商贸中心		东部沿海、粤港澳大湾区	岭南文化	高	战略性新兴产业、制造业、商贸物流业
重庆	西部开发开放战略支撑、长江经济带西部中心枢纽、长江上游地区经济、金融、商贸物流、科技创新、航运中心	长江经济带三个超大城市之一、"一带一路"和长江经济带重要联结点以及内陆开放高地、国际旅游目的地	西南大通道、成渝城市群	巴蜀文化	高	战略性新兴产业、先进制造业、物流业
成都	西部地区重要的经济、科技、文创、对外交往中心、综合交通枢纽	国际旅游目的地	西南大通道、成渝城市群	巴蜀文化	高	战略性新兴产业、先进制造业、旅游业、文化产业

（续表）

	主观指标：中央政府定位		客观指标：城市特色				
	国家中心城市定位	其他主要的中央政府定位	区位特色	历史文化特色	科教特色	产业特色
武汉	全国经济、高水平科技创新、商贸物流和国际交往中心	长江经济带三个超大城市之一、中部崛起战略支点	华中、京广线和长江经济带交叉点、长江中游城市群	荆楚文化	较高	战略性新兴产业、先进制造业、物流业、教育培训业
郑州	具有创新活力、人文魅力、生态智慧、开放包容的国家中心城市	中原城市群核心城市、中华文明与世界文明对话交流的重要平台	中原、中原城市群	华夏文明的重要发源地	较弱	战略性新兴产业、先进制造业
西安	关中平原城市群核心城市、"一带一路"核心区、传承中华文化的世界级旅游目的地	丝绸之路经济带起点	西北、关中平原	华夏文明的重要发源地、世界历史文化名城	高	战略性新兴产业、先进制造业、旅游业、文化产业

163

通过比较可以发现，九座被赋予国家中心城市定位的城市在功能上既具有统一性，但被赋予的具体功能又因为不同的客观指标而具有明显差异，这决定了九座城市在城市外交功能上的差异。为从这些差异中厘清同类城市具有的不同的城市外交功能，下文将选取两类城市进行两两比较。其中北京和上海因为中心作用最为明显所以作为巨型城市类别进行比较。武汉和成都作为内陆中心城市的代表，在国家行政级别（都为副省级省会城市）、人口规模、经济规模、产业结构等方面具有诸多相似性所以作为内陆国家中心城市进行比较。

三、巨型中心城市的城市外交功能比较：北京与上海

北京与上海在中国城市发展体系中居于顶尖地位，不仅在于两市的人口和经济规模明显领先其他城市，更在于两座城市所担负的国家使命最为重大。这决定了北京和上海虽然都属于国家中心城市，但相比于其他七座城市而言，这两座城市在城市外交领域的功能最为突出，也成为中国城市外交被研究最多的对象。但是，单独研究两座城市的外交功能并不能完全凸显出二者的特色，因为国家中心城市的共性与特色是并存的，[1]只有通过比较的方式才能更深入考察北京和上海在城市外交上的分工不同，也才能更好理解二者在中国国家外交中扮演的角色。

北京承担的城市外交功能首要特色体现在其首都属性上，所以

---

[1] 周阳：《国家中心城市：概念、特征、功能及其评价》，载《城市观察》，2012年第14期，第136页。

也只有北京能够拥有全国政治中心的定位。尽管上海也多次承担过首脑外交的功能，但在代表中国的国事活动方面北京则具有独一无二的首都优势，这决定了北京的城市外交功能首先是政治性的。加强北京的四个功能建设，首先要加强政治中心建设，而从城市外交的角度考察，北京的政治中心又是一个正在走向世界舞台中央的大国政治中心。[1]这主要体现在两个方面，第一，北京是展现中国外交政策和释放重大政治信号的第一窗口。不同于其他一般的国际活动，北京作为首都举行的国事活动具有鲜明的政治意蕴，是中国政府向世界传递重大政治信号的第一窗口。比如2015年纪念"二战"胜利60周年的阅兵，就彰显出中国作为世界和平建设者和国际秩序维护者的外交政策宣示。2019年国庆阅兵和群众游行，则呼应了习近平总书记重要讲话中指出的"没有任何力量能够撼动我们伟大祖国的地位，没有任何力量能够阻挡中国人民和中华民族的前进步伐"[2]。第二，北京是展现中国特色社会主义政治制度的第一窗口。作为首善之都，北京是对于中国特色社会主义政治制度呈现最为集中的中国城市，天安门城楼（悬挂毛主席像）、天安门广场、人民大会堂、毛主席纪念堂等诸多代表当代中国政治的重要符号，以及中国特色国家治理体系的制度示范，都使北京承担起作为国际社会了解中国政治的首选城市的外交功能。

北京城市外交的第二项特色功能源自其全国文化中心的定位。文化与政治密切相连，作为全国政治中心，北京坐拥全部全国文

---

[1] 周美雷：《以首善标准建设大国政治中心》，载《前线》，2019年第5期，第64页。
[2] 习近平：《在庆祝中华人民共和国成立70周年大会上的讲话》，载《人民日报》，2019年10月2日，第02版。

主管机构和中央媒体，国家级文化机构、各种类型水平最高的中央表演团体和艺术院校。其次，就北京市自身历史文化特色考察，它也是世界上拥有世界文化遗产最多的城市之一。这些条件决定了北京城市外交的第二项特色功能是成为中国文化外交的重要渠道，向国际社会展现中国历史和当代文化成就的窗口，成为中外文化交流的第一平台。这一功能的发挥着重体现在北京举办的大型文化活动具有辅助国家外交的政治作用，因此区别于单纯的文化交往和文明交流。因为中国除北京外还有更能代表中华文明与世界文明对话的历史文化名城，比如西安、郑州以及证实了中华文明五千年历史的杭州良渚文明。所以北京作为全国文化中心的城市外交功能更多与其政治中心地位相辅相成，是外交功能在文化领域的自然延伸。比如为庆祝中法建交50周年，2014年4月国家博物馆专门举办"名馆·名家·名作——纪念中法建交五十周年特展"。为配合中国积极倡导金砖国家合作的外交政策，2018年4月中国美术馆举办"特色·融汇——金砖国家美术馆联盟特展"。为配合亚洲文明对话大会，国家博物馆于2019年5月举办"大美亚细亚——亚洲文明展"。这些展览都在中国最高规格的文化场馆主办，体现出北京作为全国文化中心的地位，在中国外交软权力中发挥着不可替代的城市外交功能。

北京城市外交的第三项特色功能源自其全国科技创新中心的定位。因为拥有全国顶尖、世界一流的科技资源，[①]北京的科学研究和

---

① 根据全球顶尖科学期刊《自然》主办的自然指数·中国网站2018年评选出的全球科研城市200强数据，北京位列第一位。Nature Index Top 200 Science Cities, https://www.natureindex.com/supplements/nature-index-2018-science-cities/tables/overall（2019年11月22日读取）。

科技产业在中国处于绝对领先地位，不仅拥有中国最顶尖的学术机构，还拥有中国排名第一的高科技园区中关村。2017年，中关村新创办的科技型企业中独角兽企业[1]占全国近一半，大数据、信息安全产品市场占有率居国内第一，集成电路设计收入约占全国三分之一，技术交易额占全国三分之一。[2]2019年，中国互联网百强企业前十名有六家企业总部设在北京，[3]截至2017年12月，北京拥有的人工智能企业数量也位居全国第一。[4]另外还有全国科技管理机构，比如中国科协所属全国学会，已经加入国际科技组织300多个，主办科技期刊1,000多种。[5]这些条件决定了北京城市外交的第三项特色功能是作为中国科技外交的首要载体。在新科技革命和霸权国对中国进行核心技术封锁的背景下，如何开辟中国科技外交新空间，更好地结合独立自主与国际合作，提升中国核心科技水平已经成为中国国家外交的重要任务。为此，北京可以通过城市外交功能，承载中国高端国际科技合作和人才培养的任务，并吸引更多海外顶尖华人科学家回国，成为中国提升核心科技水平的引擎。同时，向世界展现当代中国科技成就，与世界分享中国科技成果，提升参与全球

---

[1] 独角兽企业指创办时间十年以内，但被估值超过10亿美元的企业。

[2] 陈欢欢：《中关村：新动能持续发力》，载《中国科学报》，2018年10月11日。

[3] 中国互联网协会、工业和信息化部网络安全产业发展中心联合发布，2019，2019年中国互联网企业100强榜单，https://www.isc.org.cn/article/36993.html（2019年11月22日读取）。

[4] 中国新闻网，2017，北京现有人工智能企业近400家 居中国首位，http://www.chinanews.com/it/2017/12-26/8409833.shtml（2019年11月22日读取）。

[5] 罗晖：《中国科技外交40年：回顾与展望》，载《人民论坛》，2018年第12期，第61页。

治理的能力，体现当代中国以科技创新促进人类进步的大国责任。

对比而言，上海同样作为巨型城市，但在城市外交功能上则更多体现在经济国际化方面。围绕国际经济、贸易、金融和航运中心建设，目标成为卓越的全球城市，上海是经济国际化程度最高的中国城市。比如，2018年，上海市仅货物进出口总额就达到34,009.93亿元，[1]而北京地区的进出口总值为27,182.5亿元，[2]深圳货物进出口总值为29,983.74亿元[3]。上海对外贸易不仅在中国城市中遥遥领先，而且从2010年到2018年都保持全球集装箱吞吐量第一大港口地位。[4]在国际金融领域，根据英国智库Z/Yen集团于2019年9月发布的第26期"全球金融中心指数"（GFCI 26），上海位居全球金融中心第五位，仅少于第四位新加坡1分，北京位居第七位，比上海少13分。[5]上海也是中国金融市场交易总额最大的城市。比较而言，北京因为拥有中央金融管理机构，所以定位是中国的金融管理中心，而上海则更体现出国际金融中心的身份。

---

[1] 上海市统计局、国家统计局上海调查总队：《2018年上海市国民经济和社会发展统计公报》，载《统计科学与实践》，2019年第3期，第15页。

[2] 北京市人民政府网站，2019，北京市2018年国民经济和社会发展统计公报，https://www.beijing.gov.cn/zhengce/zhengcefagui/201906/t20190612_93472.html（2019年11月24日读取）。

[3] 深圳市统计局网站，2019，深圳市2018年国民经济和社会发展统计公报，http://tjj.sz.gov.cn/gkmlpt/content/5/5540/post_5540317.html#4222（2019年11月24日读取）。

[4] 维运网，2018，2018年全球港口集装箱吞吐量120强排名，http://news.sol.com.cn/html/2019-04-12/AA769258AA5D06CE9.shtml（2019年11月24日读取）。

[5] Z/Yen Group. 2019. GFCI Rank vs Rating Over Time. https://www.longfinance.net/programmes/financial-centre-futures/global-financial-centres-index/gfci-26-explore-data/gfci-slider/（accessed 24/11/2019）.

这种定位差异使上海城市外交的最大特点是辅助中央政府完成经济外交目标。作为中国最大的工商业和贸易城市，上海肩负着联通中国与世界产业和市场的重任，上海世博会和国际进口博览会都是这一功能的典型载体。上海世博会正值全球经济危机，作为中国新时期经济外交的重要窗口，世博会推动各方克服危机积极参展，使世博会规模不降反升，既促进了中国经济社会发展，又增强了各国经济信心。[1]进口博览会的目的则是展现中国在逆全球化背景下坚定支持全球化、自由贸易和多边主义的决心，向世界打开中国市场，让中国更好地融入国际经济合作。两项会展的共同特点都是将上海作为中国实体经济的代表与世界对话，强调实体产业的合作，是中国经济外交以共建开放合作、开放创新、开放共享的世界经济为目标[2]的具体体现。

同时，作为国际金融中心，上海城市外交功能还体现在辅助中央政府实现中国金融外交的目标。金融外交主要围绕两个方面的核心事务展开：一是政府间的跨国资金信贷、短期的流动性供给；二是货币的国际使用和汇率的跨国协商。由于货币是金融的核心，狭义的金融外交因此又被称为货币外交。[3]在中国积极寻求全球治理体系改革的背景下，人民币国际化成为中国金融外交的重要目标，

---

[1] 杨洁篪：《世博外交：中国外交新起点》，载《求是》，2010年第17期，第41页。

[2] 习近平：《开放合作 命运与共——在第二届中国国际进口博览会开幕式上的主旨演讲》，载《人民日报》，2019年11月6日，第03版。

[3] 李巍：《金融外交在中国的兴起》，载《世界经济与政治》，2013年第2期，第79页。

而上海自贸试验区的金融创新将有利于这一进程①。原因在于，可兑换是一种货币国际化的关键因素，②所以人民币国际化进程应该服从资本项目自由化进程③，而中国资本项目自由化改革的先行者正是上海。比如中国人民银行等部门于2015年10月联合发布的《进一步推进中国（上海）自由贸易试验区金融开放创新试点 加快上海国际金融中心建设方案》第一条就是进一步强调要在上海自贸试验区"率先实现人民币资本项目可兑换"，指出要"按照统筹规划、服务实体、风险可控、分步推进原则，在自贸试验区内进行人民币资本项目可兑换的先行先试，逐步提高资本项下各项目可兑换程度。"④上海自贸区金融改革最核心的措施是自贸试验区企业进行分账户管理，允许企业设立"自由贸易账户"。因为这个账户的资金可以自由进出、自由汇兑、前置审批完全取消。这一改革的重大意义在于为未来中国整个金融市场和金融体系开放开辟了一个渠道和雏形，如果这一账户的用途将来再根据需要拓展至金融交易，那么中国资本账户资金自由流动和自由兑换就能立即实现。⑤这决定了人民币

---

① 焦武：《上海自贸区金融创新与资本账户开放——兼论人民币国际化》，载《上海立信会计金融学院学报》，2013年第6期，第14页。

② 高海红、余永定：《人民币国际化的含义与条件》，载《国际经济评论》，2010年第1期，第60页。

③ 余永定：《人民币国际化应服从资本项目自由化》，载《上海证券报》，2014年4月18日，第A01版。

④ 中华人民共和国中央人民政府网站，2015，进一步推进中国（上海）自由贸易试验区金融开放创新试点 加快上海国际金融中心建设方案，http://www.gov.cn/zhengce/2015-10/29/content_5055131.htm（2019年11月25日读取）。

⑤ 徐明棋：《上海自由贸易试验区金融改革开放与人民币国际化》，载《世界经济研究》，2016年第5期，第7页。

国际化作为中国金融外交的重要目标，政策制定虽然在北京，但最后的探路者和执行者却是上海。辅助中国金融外交，探索人民币国际化的可行路径，是上海城市外交区别于北京的另一大特征。

突出北京城市外交的政治、文化和科技功能，并非否定北京城市外交具备经济功能。同样，突出上海城市外交的经济和金融功能，也并非否定上海城市外交具备政治功能。在比较方法下，本研究的目的是要突出同类型城市在执行外交功能时各自最突出的特点，不再是罗列一座城市所有对外交往功能。比如，虽然北京是中国经济总量第二大的城市，但在对外贸易和国际金融领域的影响力仍然不如上海。同样，虽然上海从1972年美国总统尼克松访华开始就承担了接待外国领导人访问的任务，并且在APEC、世博会和进博会等活动中还承担了大规模领导人集体访华的首脑外交重任，但在重大国事活动的集中度、频繁度和影响力方面仍然不及首都北京。因此，用比较研究方法考察，北京城市外交功能最突出的特征体现在政治、文化和科技领域，上海城市外交功能最突出的特征体现在对外贸易和国际金融领域，如表2所示。

表2 北京与上海城市外交功能特征比较

	北京			上海	
最突出的国家中心城市定位	全国政治中心	全国文化中心	全国科技创新中心	国际贸易中心	国际金融中心
最突出的城市特色	首都	历史文化名城、拥有中国最集中的顶尖文化资源	拥有中国最集中的顶尖科教资源	中国最大工商业城市、世界集装箱吞吐量最大的港口	中国金融市场交易量最大的城市

（续表）

	北京			上海	
最突出的城市外交功能	高密度的重大国事活动	国家级文化场馆举办文化活动	国内顶尖、世界一流的科教资源参与国际科技合作	举办国家级和世界级实业和贸易展览活动	中国对接国际金融体系的窗口
对中国国家外交的辅助作用	以政治方式展现中国重大外交政策立场	以文化外交方式展现中国重大外交政策立场	辅助中国科技外交，提升中国核心科技能力和参与全球治理能力	用经济外交方式全面展现中国支持全球化、自由贸易和多边主义的外交政策	通过金融体制改革促进人民币国际化的中国金融外交政策目标
典型案例	各种类型阅兵展现中国作为世界和平建设者和国际秩序维护者的政策立场	为配合亚洲文明对话大会，展现中国主张文明多样性和文明对话的外交政策，国家博物馆举办"大美亚细亚——亚洲文明展"	中关村集聚世界一流科教机构、人才和企业，成为全球科技创新与合作中心	举办世界博览会和定期举办进口博览会	上海自贸试验区资本项目自由化改革成为探索人民币国际化的重要路径

四、内陆中心城市的城市外交功能比较：武汉与成都

武汉与成都在拥有国家中心城市定位的内陆城市中最具相似性，因为具有相同的副省级行政级别，都是千万级人口城市，经济规模相当，2018年武汉地区生产总值为14,847.29亿元，[①]成都为

[①] 武汉市统计局、国家统计局武汉调查队：《2018年武汉市国民经济与社会发展统计公报》，载《长江日报》，2019年3月25日，第06版。

15,342.77亿元[1]。两市都在2016年获得国家中心城市定位，在城市外交领域获得了相同的政策空间。

中央政府对武汉国家中心城市的定位是，"加快建成以全国经济中心、高水平科技创新中心、商贸物流中心和国际交往中心四大功能为支撑的国家中心城市。"[2]在此定位下参考武汉的城市特色，最突出的特点是位于长江经济带中游的区位优势。所以武汉虽是副省级城市，却和上海、重庆两个直辖市一起被列为长江经济带三个超大城市。但是，长江中游的区位特点也是武汉开展城市外交的先天制约因素：因为深居内陆不靠边海，武汉的国际化程度始终是城市发展的不足。比如，2018年，武汉地区进出口总额只有2,148亿元，[3]不仅远低于成都的4,983.2亿元，[4]而且在所有副省级城市中都排位靠后。武汉已经开设的领事馆数量只有4家，而成都为17家，在国内仅次于上海和广州。武汉天河机场国际航线的数量计划到2020年达到70条左右，而成都双流机场的国际航线在2018年已达114条。在这种区位条件的约束下，武汉开展城市外交就更需要凸显自身的特色优势。

根据表1，相比于成都，武汉的科教实力是除区位外的最大特色

---

[1] 成都市统计局、国家统计局成都调查队：《2018年成都市国民经济与社会发展统计公报》，载《四川日报》，2019年3月31日，第04版。

[2] 中华人民共和国国家发展和改革委员会，2016，国家发展改革委关于支持武汉建设国家中心城市的指导意见，第1—2页，https://www.ndrc.gov.cn/xwdt/ztzl/xxczhjs/ghzc/201701/W020190906342163565544.pdf（2019年11月27日读取）。

[3] 武汉市统计局、国家统计局武汉调查队：《2018年武汉市国民经济和社会发展统计公报》，载《长江日报》，2019年3月25日，第06版。

[4] 成都市统计局、国家统计局成都调查队：《2018年成都市国民经济和社会发展统计公报》，载《四川日报》，2019年3月31日，第04版。

优势,在《自然指数·中国》2018年全球科研城市中位列第19名,国内第4名,仅次于北京、上海和南京[1]。按照中央政府定位,武汉的国际化任务是构建"面向全球的内陆开放高地",但是在具体措施领域最具有特点的则是"拓展国际合作领域",其中就包括"推动高校、科研机构、企业与'一带一路'共建国家合作办学,共建研究中心或联合实验室。"[2]换言之,武汉虽然同时获得四个国家中心的定位,但结合其自身特色,只有高水平科技创新中心在城市外交中的特色是最为鲜明的,成为发挥科技外交功能的基础。具体包括:第一,依托科教优势高密度举办具有世界影响力的高端学术活动。武汉科教资源优势在城市外交领域的发挥,首先需要提高聚集能力,吸引全球学术机构和精英将武汉作为世界重要的学术交流中心,在此展示相关领域居于世界前沿的学术成果,使武汉成为北京、上海之外第三座能代表中国学术界、科技界与世界对话的城市。第二,产学研合作搭建核心科技国际合作平台。武汉科教优势的一大特点是与产业界联系密切,武汉东湖高新区是继北京中关村后第二个获国务院批准的国家自主创新示范区。据科技部火炬中心和中国高新区研究中心联合编写的《国家高新区创新能力评价报告2017》显示,2016年,东湖高新区产值仅次于中关村位居全国第二,超过上海张江。2016年4月,国家存储器基地在东湖高新区启动,

---

[1] Nature Index Top 200 Science Cities. https://www.natureindex.com/supplements/nature-index-2018-science-cities/tables/overall (accessed 27/11/2019).

[2] 中华人民共和国国家发展和改革委员会,2016,国家发展改革委关于支持武汉建设国家中心城市的指导意见,第5页,https://www.ndrc.gov.cn/xwdt/ztzl/xxczhjs/ghzc/201701/W020190906342163565544.pdf(2019年11月27日读取)。

不仅串起一条围绕"芯屏端网"[①]前沿科技价值4,000亿元的产业链，也彰显出武汉在中国核心科技研发领域的重要地位。同时，武汉也是全国唯一同北京和上海一样拥有双国家级制造业创新中心的城市。

这种产学研紧密结合的特点，使武汉不同于其他也拥有密集科技资源的城市，能够在城市外交中聚集全球产学研高端合作，为提升中国高科技产业的核心科技能力以及中国参与和引领全球治理能力发挥积极作用。典型案例是中美清洁能源联合研究中心（CERC）旗下的清洁煤技术联盟。CERC是中美落实双边气候合作的重要成果，2009年成立，2011年至2015年开展第一期合作。CERC旗下共有清洁煤、建筑节能和清洁汽车三大联盟，其中清洁煤联盟中国牵头高校是位于武汉的华中科技大学。截至2015年第一期合作结束，该联盟中方、美方和中美合作发表论文数量都是五年前的3—4倍，中方申请专利数量也近五年前的4倍。"CERC的吸引力在于凝聚了政府、学界和企业界等清洁能源领域大量且重要的利益相关者，通过合作的方式集成了两国的优势研发力量。同时，合作双方以更加灵活、对等和面向市场的模式开展合作，吸收私营机构加入，从产业发展角度对合作研发提出更明确的要求，吸引产业界参与，提升研发成果转化率，打通创新和产业链条，形成创新合力，有利于实现清洁能源技术市场的良性循环。"[②]这种以产学研为核心的高端国际科技合作正体现出武汉通过科技外交整合资源打通创新和产业链条

[①] 即芯片、屏幕、终端和网络，都是前沿科技产品的核心部件。
[②] 李嫣、王同涛、李宁：《中美清洁能源联合研究中心第1期合作成效及启示》，载《科技促进发展》，2018年第5期，第346—347页。

的功能①。同时，在中美科技合作陷入低谷的背景下，武汉也可以成为中国少数几个能够对接全球，建立全球创新网络，打造全球创新体系的中国城市之一。②

相比于武汉，成都获得国家中心城市的定位被包含在《成渝城市群发展规划》（以下简称《规划》）中。《规划》对成都的具体定位是，"以建设国家中心城市为目标，增强成都西部地区重要的经济中心、科技中心、文创中心、对外交往中心和综合交通枢纽功能，加快天府新区和国家自主创新示范区建设，完善对外开放平台，提升参与国际合作竞争层次。"③中央政府定位给予了政策框架，而成都市自身开展城市外交的首要特色则是其地处西南大通道焦点的区位优势，以及享誉世界的文化旅游资源。所以相比于武汉，中央政府给予成都市更具有特色的定位是，成渝城市群要"共同打造国际旅游目的地。以成都、重庆国际旅游都市为引领，彰显巴蜀文化特色，……构建国际精品旅游区，建设充满文化魅力的国际休闲消费中心。"而在"深化对内对外开放合作"一章，专门用一节写入"参与'一带一路'务实合作"。④

总体分析，成都虽然也具备一定科教实力，但与武汉相比并非

---

① 李嫣、王同涛、王仲成、朱晓暄：《科技外交新趋势及对科技创新发展的促进作用》，载《中国科技论坛》，2017年第6期，第40页。

② 赵刚：《中美科技关系发展历程及其展望》，载《美国研究》，2018年第5期，第23页。

③ 中华人民共和国国家发展和改革委员会、住房和城乡建设部，2016，成渝城市群发展规划，第8、12页，https://www.ndrc.gov.cn/xxgk/zcfb/ghwb/201605/W020190905497815825233.pdf（2019年12月2日读取）。

④ 同上，第18、39页。

优势，所以其城市外交的特色主要体现在引领西南大通道的对外开放和集聚世界级文化旅游资源，通过城市文化外交彰显中国国家外交的软权力两个方面。

第一，成都城市外交相比于武汉的首要特色是突出西南大通道中的经济外交功能。如前所述，成都在外贸规模、领馆数量和国际交通等指标上都显著超过武汉，这使成都首要的城市外交特色是利用西南大通道的区位优势，开展对外经济合作，支撑起丝路经济带的西南桥头堡。以中欧班列为例，中欧班列（成都）开行的数量已连续3年位列全国第一，成为国内开行数量最多的中欧班列。[1]2018年成都市对外贸易总额4,983.2亿元，[2]远高于武汉2,148.4亿元，[3]相比于其他西部的国家中心城市，如西安的3,303.87亿元，[4]成都这一对外贸易数据在中美经贸摩擦大背景下尤为难得。可见，成都在西南乃至整个中西部对外经济支点的作用相较于武汉具有明显优势，为成都发挥经济外交的城市外交功能提供了重要前提。具体而言，成都可以将数量仅次于上海和广州的领事馆与便利的对外经济交往结合，通过外交手段帮助中国企业更好了解相关国家政治、经济和

---

[1] 王明峰：《建设内陆开放经济高地 成都沿一带一路连接世界》，载《人民日报》，2019年4月28日，第07版。

[2] 成都市统计局网站，2019，2018年成都市经济社会发展统计公报，https://cdstats.chengdu.gov.cn/cdstjj/uploads/20230222161457thb3vz1ngrc.pdf（2024年11月13日读取）。

[3] 武汉市统计局，2019，武汉市2018年经济社会发展统计公报，https://tjj.wuhan.gov.cn/tjfw/tjgb/202001/t20200115_841065.shtml（2024年11月13日读取）。

[4] 西安市统计局网站，2019，2018年西安市经济社会发展统计公报，https://tjj.xa.gov.cn/tjsj/tjgb/gmjjhshfzgb/5d7fc5b1f99d651bbeb377a7.html（2024年11月13日读取）。

文化信息，特别是助力中国企业向南亚、中东地区投资，开拓新兴市场。同时，促进外资通过成都进入中国市场，与重庆合作搭建中国西南地区国际经济交往平台。典型案例是，2016年，二十国集团领导人峰会在中国杭州举办，是中国近年最重要的主场外交活动之一，但是作为当代世界最为重要的新兴全球经济治理机制，彰显其核心功能的二十国集团财长和央行行长会议却在成都举办，凸显出成都辅助中国参与全球经济治理的经济外交功能。其次，作为中国向西开放的窗口，成都还承担起辅助发展中欧关系的重要作用。成都欧盟项目创新中心截至2017年已经举办专业经贸论坛75场次，连续举办11届中国-欧盟投资贸易科技合作洽谈会，累计参会的欧方企业3,120余家、中方企业5,720余家，成功安排企业配对洽谈24,500多场次，达成意向性合作协议2,053项，是欧盟成员国参与最多、欧方企业参与最广泛、中欧交流规模最大的投资、贸易和技术创新合作盛会之一。[1]

第二，成都城市外交具有突出的文化外交功能。成都所处的川渝地区拥有集中且具有世界影响的文化旅游资源，其中四川省拥有的世界遗产就有六处，而且主要集中在成都市周边，相比之下武汉及其周边则没有世界遗产级别的文化旅游资源。由此，结合中央政府将成渝地区定位为国际旅游目的地，可以发现成都城市外交的另一大鲜明特征是承担中国国家整体外交的文化外交功能，其中最为典型的案例就是熊猫外交。熊猫外交是中国文化外交的重要内容，

---

[1] 成都市人民政府外事侨务办公室：《城市外交让成都连通世界》，载《当代世界》，2017年第11期，第74页。

曾经在中国诸多重大外交活动中发挥了积极作用,而执行者就是四川省。比如1972年美国总统尼克松访华时提出希望中国赠送一只大熊猫给美国人民,周恩来总理将从四川省宝兴县挑选的两只大熊猫"玲玲"和"兴兴"赠送给尼克松。"玲玲"和"兴兴"抵达华盛顿国家动物园时,8,000名美国观众冒雨迎接。仅开馆第一个月,参观者就多达100余万。此后一年中,有300万人去国家动物园参观。"就像前美国第一夫人米歇尔所说的那样,大熊猫在华盛顿有着悠久的历史,由尼克松夫人帮助开启的熊猫外交让全美各地的人们充满遐想,熊猫外交在促进中美两国科技、文化交流,推动两国关系,宣传中国国家形象方面发挥了重要的作用。"[1]截至2017年10月,中国与全球12个国家的14个动物园建立了大熊猫长期合作研究关系,共有40只中国籍大熊猫(含出生幼崽)生活在海外。在西方对中国政府惯于吹毛求疵的背景下,大熊猫保护工作却为中国政府赢得几乎是众口一词的称赞。[2]2008年汶川地震后,卧龙大熊猫基地受到破坏,成都大熊猫繁育研究基地承担了更多任务,其围绕大熊猫开展的国际科研和保护合作已经成为中国熊猫外交的重要内容,也是辅助中国整体文化外交的重要体现。根据国家重大政治和外交的需要,在国家、省市的领导下,熊猫基地先后与日本、美国、西班牙、法国、德国、丹麦建立了"大熊猫长期国际合作繁育计划",成功开展了大熊猫繁育、动物行为学和保护教育等多个领域的合作与

---

[1] 刘晓晨:《从东方到西方:冷战背景下中国的熊猫外交》,载《近现代国际关系史研究》,2014年第2期,第206—207页。
[2] 赵丽君:《"熊猫外交"的效果研究》,载《公共外交季刊》,2018年第1期,第105—107页。

研究。①

综上，武汉与成都两座中国内陆地区的国家中心城市在发挥城市外交功能方面的特征比较可以概括为表3。

表3 武汉与成都城市外交特征比较

	武汉	成都	
最突出的国家中心城市定位	全国高水平科技创新中心	西部地区重要的经济、对外交往中心，综合交通枢纽	西南地区重要文创中心、国际旅游目的地
最突出的城市特色	具有全球影响力的科学研究与产业实力	中国西南地区对外经济合作和交通平台	集中且具有世界影响的文化与旅游资源
最突出的城市外交功能	集聚全球科技资源，举办高水平国际科技合作，发挥科技外交功能	发挥经济外交功能，成为中国企业从西南地区"走出去"和吸引外资以及参与全球经济治理的窗口	文化外交，通过世界级的文化旅游资源吸引全球游客
对中国国家外交的辅助作用	辅助中国国家科技外交，成为仅次于京沪、内陆地区最重要的科技外交城市，支持中国核心科技创新	辅助中国经济外交，落实"一带一路"西南路线的政策，辅助中国国家外交发展中欧、中国中东、中国南亚和中非关系，辅助中国参与全球经济治理	辅助中国国家文化外交，以软权力方式向世界展现中国文化与自然的亲和力与吸引力
典型案例	华中科技大学承担中美清洁能源合作项目	举办二十国集团财长和央行行长会议、成都欧盟项目创新中心助力中欧经贸合作	熊猫外交

---

① 成都大熊猫繁育研究基地网站国际合作部分，https://www.panda.org.cn/cn/cooperate/international/（2024年11月13日读取）。

结　语

对城市外交进行比较研究是基于城市的多样性特征，对于中国这样幅员辽阔的大国而言，即使同类城市但处于不同区域也会因为不同的主观定位和客观特色而表现出不同的城市特征，在发挥城市外交功能时就会有所侧重，对于中国国家外交的辅助作用也会不同。因此需要再次强调，本研究不同于传统的城市外交研究，对单个城市的所有外交功能进行罗列，而是想突出同类城市最具有特色的城市外交功能。本研究的对象是国家中心城市的城市外交，因为国家中心城市拥有的政策空间是中国城市体系中最大的，需要承担的引领带动作用也最大，所以城市外交的作用也最明显。中央政府在中国东西南北中五个方位布局九个国家中心城市，目的正是要发挥其引领作用，带动相关区域发展。在此背景下，不同区位的中心城市需要结合自身特色发挥更有针对性的城市外交功能，既辅助中国外交相关政策目标的实现，又促进本市及其所在区域发展。通过比较，北京和上海虽然同时具有巨型城市的属性，但北京作为全国政治、文化和科技中心，在对外展现中国外交政策立场、文化外交和科技外交领域表现出更加突出的特征。上海作为国际贸易和金融中心，在辅助中国的经济外交和金融外交特别是实现人民币国际化这一中国金融外交主要目标方面表现出独有优势。在内陆中心城市方面，本文选取武汉和成都。通过比较发现，武汉城市外交的首要特点是基于内陆城市中明显的科教优势，辅助中国的科技外交，提升中国核心科技研发和产业能力。而成都位居西南对外交往通道和集聚世界级文化旅游资源的优势，在辅助中国向西开放的经济外交和文化外交方面具有独特优势。这两组比较结果得出的启示是，中国城市外交的理论研究需要更深入地基于不同城市的主观政策定位和客观城市特色建立研究框架，挖掘不同城市的外交功能特色。在实践中则要根据这些特色制定差异化的城市外交政策，避免同质化竞争，以此体现出中国外交统一性与城市外交多样性之间的优势互补关系。

第四部分

新冠疫情与城市治理

新加坡新冠疫情防控中"外籍客工黑洞"及其应对[①]

廖博闻

【摘要】 新冠疫情暴发初期，新加坡科学、理性、精准且务实的防控举措成效显著，赢得国际赞誉。2020年4月初，新冠病毒在新加坡客工宿舍暴发，日新增确诊人数飙升，让新加坡自1月份以来的严防死守政策面临挑战。客工宿舍的恶劣环境和社区隔离引发的政府管制漏洞是疫情在客工宿舍暴发的主因，尽管政府后续的系列措施让疫情重新处于基本可控状态，但外籍客工的问题不只是集中在住宿问题，更要紧的在于外籍客工与本地住户之间的社会区隔，如果当局仍将它当成公共卫生问题而非社群矛盾来处理，这颗因为疫情"引爆"的定时炸弹将继续深埋在两个社群的关系中。

【关 键 词】 新冠疫情 客工 新加坡

【作者简介】 廖博闻，新加坡国立大学马来研究系博士候选人。

一、引言：新加坡疫情防控中的"外籍客工黑洞"

新冠疫情暴发初期，新加坡以其"精准防控"政策受到世界的广泛关注和赞誉。凭借未雨绸缪的防控政策、精准追踪的筛查方式、专业健全的公共医疗卫生体系以及民众对政府的信任与支持，新加坡2020年1—3月的新冠疫情处于控制之中，每日新增确诊人数在早期维持在个位数，以境外输入病例为主。但到2020年4月初，新冠病毒在新加坡客工宿舍暴发，每日新增确诊人数暴涨至三位数，

[①] 编者注：本文写作于2020年，2024年有更新。

某些时期甚至突破千位,让新加坡自1月份以来的严防死守政策趋于崩溃。

包含永久居民、外籍客工等在内的非居民人口是新加坡劳动力的重要构成部分,占全国人口的比例从2000年的34%上升至2015年的45%。而为何新加坡的外籍客工成为此次疫情防控中的"黑洞"?新加坡政府是如何及时调整政策应对这一局面的?本研究拟从新加坡的外籍客工管理政策出发,考察这一问题的成因和政府应对措施及其成效。

二、新加坡的外籍客工管理模式

(一)外籍客工的集中住宿

新加坡自1965年从马来西亚独立以来,50余年间,经济和基础设施建设领域发展飞速,一举跃升为世界最发达的国家之一,由此也吸引了周边相对不发达国家如菲律宾、孟加拉国、印度的工人来新加坡务工。根据2019年最新数据,新加坡共有142.75万非新加坡公民的外籍员工,其中70%为外籍客工。[1]其中,持"建筑工作准证"的外国劳工有28万之多,主要来自东南亚和南亚国家,如印度、孟加拉国、斯里兰卡和泰国;还有约25万是家庭帮佣,其余分布在服务业、制造业等领域。[2]

---

[1] Ministry of Manpower. Foreign workforce numbers. https://www.mom.gov.sg/documents-and-publications/foreign-workforce-numbers (accessed 10/05/2020).

[2] BBC. 2020. Coronavirus: Singapore quarantines 20,000 migrant workers. https://www.bbc.com/news/world-asia-52178510 (accessed 07/06/2020).

面对大规模的外籍劳工，新加坡政府出台了《雇佣法令》《雇用外来人力法令》《工商赔偿法令》《外籍客工宿舍法令》《工作场所安全和健康法令》和《雇佣中介法》等多项法令，对外籍客工雇佣规范进行界定。其中根据保障客工权益的《雇用外来人力法令》，雇主必须为客工提供适当的住宿；外籍客工出发前须签署附有主要雇佣条例的IPA（In-Principle Approval）函件，到达后在工作准证注册处领取《指导手册》和电话卡，并通过人力部"入住项目"（settling-in programme）入住宿舍或指定的住宿地点。

在这种要求下，多数外籍客工居住在政府统一建设的客工专用宿舍和工厂改装的宿舍间内。客工专用宿舍由第三方经营，规模不低于1,000个床位，经营者必须在宿舍环境与安全方面提供符合规范的设施，提交申请并获得人力部、民防部队、国家环境局、公用事业局、陆路交通管理局等相关部门的批准和审核后才能获得人力部颁发的营业执照。[①]宿舍经营者每个季度须向人力部提交管理报告，人力部则会不定期对各个类型的客工宿舍进行检查，对违反规定的个人或公司采取行动。而工厂改装的宿舍的规模比客工专用宿舍小，可以容纳50到100名客工，部分能容纳500人，位置通常靠近客工工作的地方。这类宿舍可由雇主自己或者由专业公司经营，但也要符合空间、卫生、消防安全等标准。

目前，新加坡超过一百万低薪外籍客工中，有三分之一居住在全国43间大型客工宿舍和1,200间工厂改造的宿舍内，其中还有一些

[①] 狮城新闻，2020，客工宿舍大解密：客工宿舍由谁经营？几种类型？谁可以住？通通为你解答，https://www.shicheng.news/v/eGxGz#new（2024年11月8日读取）。

未登记在案的居住在建筑工地临时住所的客工。

（二）外籍客工的社会隔离

外籍客工在新加坡长期属于"属下群体"，受到新加坡本地人的歧视。比如，在2008年新加坡高级公寓实龙岗花园的7,000名住户中，有1,400人联名抗议政府将附近一所空置学校改建为外籍客工宿舍的计划，原因是他们认为客工入住意味着犯罪率上升继而会降低他们的房产价值。最终政府对客工宿舍方案作出了诸多改变，包括专门修建一条道路确保运送外籍客工的车辆会绕过该街区。而2013年12月，新加坡一名印度客工死于一场车祸，引发工友乃至其他外籍客工不满，有超300名客工在"小印度"进行抗议，向警车和救护车投掷石块、酒瓶和垃圾桶，造成50余名警察受伤，政府最终不得不出动廓尔喀部队平息抗议，成为新加坡建国以来唯二的大型骚乱事件。而这次事件也直接催生了《2015年酒类管制（供应与饮用）法》[1]和《外籍雇员宿舍法》的立定，要求客工宿舍运营者合作在宿舍生活区建设更多生活设施如小型超市、食阁甚至电影院和板球场等，鼓励外籍客工尽量待在客工宿舍区而避免到本地住户社区。

因此，《外籍雇员宿舍法》的推行虽然改善了外籍客工宿舍区的生活条件，给他们提供了实惠且便捷的生活区，但也意味着让更多的客工集中居住到客工宿舍，加大了宿舍区的人口密度并明显地将

---

[1]《2015年酒类管制（供应与饮用）法》禁止晚上10点半至早晨7点间于公共场合饮酒。值得注意的是，客工宿舍在该法案中被视为"公共场所"。虽然宿舍内仍允许饮酒，但在《防止危害公共秩序法》下，"公共场所"的酒醉者亦将受到制约。政府期待法案颁布后，客工能减少夜晚逗留在外。

外籍客工与本地居民分割开来，造成了外籍客工与本地住户的社会隔离，为本次疫情在客工宿舍的暴发埋下了伏笔。

三、新加坡外籍客工疫情的暴发原因

（一）集中住宿条件恶劣

新加坡在本次新冠疫情中确诊感染的外籍客工病例大多居住在大型宿舍区中，其中榜鹅S11宿舍在3月30日出现4例确诊病例，成为本地首个客工宿舍感染群。截至2020年4月29日，超过13,000名居住在客工宿舍的外籍客工确诊感染。而根据新加坡卫生部数据，1.46%居住在宿舍的外籍客工感染新冠病毒，而新加坡公民和永久居民的感染率仅为0.02%。[1]

新加坡外籍客工宿舍恶劣的生活条件是引发这次疫情的重要原因。在疫情暴发之初，新加坡非政府组织"客工亦重"（Transient Workers Count Too）即在3月23日在官方主页和《海峡时报》发表公开信[2]担忧客工宿舍成为新冠疫情的感染群，呼吁政府将停车场、军营和酒店改建为安置隔离客工的场所；还强调外籍客工普遍居住在拥挤密集的宿舍，必须多人共用卫生设施，难以满足政府提出的"社交隔离"要求，容易引起新冠病毒在客工宿舍的大面积传播；

---

[1] Ministry of Health. 2020. Situation Report. https://www.moh.gov.sg/covid-19/situation-report (accessed 08/06/2020).

[2] Transient Workers Count Too. 2020. Employers' practices leave foreign workers vulnerable to infection. https://twc2.org.sg/2020/03/23/straits-times-forum-employers-practices-leave-foreign-workers-vulnerable-to-infection/ (accessed 10/06/2020).

而部分雇主不批准超过1—2天的病假并对旷工的客工处以数倍于日薪的罚款，这导致不少客工出于金钱的考量即使身体不适也拒绝就医和上报，执法部门对雇主的做法也并无作为。但令人遗憾的是，这些声音最终都石沉大海，未能引起新加坡当局的重视。

而客工宿舍的疫情暴发后，新加坡外籍低薪客工恶劣的生存环境被集中暴露出来。资料显示，客工宿舍的一些房间容纳10到20人不等，有时候需要100余人共用一个洗手间，新闻披露称许多地方蟑螂成灾，厕所人满为患且非常不洁，有关客工宿舍拥挤的居住条件和肮脏的卫生环境的图片在新加坡社交媒体上疯传。新西兰梅西大学传媒系主任、新加坡国立大学传播与新媒体系前系主任莫汉·杜塔（Mohan Dutta）在2020年4月9日到20日之间对45位客工进行访问，大部分客工表示宿舍里普遍有15到20名客工在同一间房间里，每五间房间（大约100人）就会设有五个厕所和五个洗澡空间，肥皂等清洁用品仍然不足，政府为客工提供三餐以避免他们共同使用厨房，但伙食较差且营养不足。[1]新加坡巡回大使许美通4月6日发文批评当局对待客工的方式不是第一世界而是第三世界；新加坡政府允许雇主用没有座位的卡车载送客工，让他们住在拥挤的宿舍里，不干净又不卫生的宿舍就像随时会爆炸的炸弹，而如今真的引爆了。

新冠病毒在客工宿舍的引爆以及宿舍内部脏乱差的图片在社交媒体上的疯传让外籍客工群体终于得到了新加坡民众的关注，这些极具冲击力的照片和视频让新加坡人震惊这居然出自长期以干净、

---

[1] Ratcliffe, R. 2020. Singapore's cramped migrant worker dorms hide Covid-19 surge risk. *The Guardian*. https://www.theguardian.com/world/2020/apr/17/singapores-cramped-migrant-worker-dorms-hide-covid-19-surge-risk (accessed 08/06/2020).

卫生、整洁、有序闻名的新加坡，大大破坏了新加坡的国际形象。

（二）社会隔离引发的政府管制"黑洞"

早在2020年2月初，新加坡就已出现首例确诊客工，该患者工作的建筑工地此后也出现了5名确诊病例。为此，新加坡当局对建筑工地与该患者密切接触的人员进行了检测，但检测范围并不包括宿舍的其他客工，且他们的工作仍然照常进行；同时当局还以担心医疗体系不堪负荷为由，要求雇主不要把健康的客工送去医院做检测[①]。

此外，住在客工宿舍的外籍客工在4月前并未收到政府发放的口罩或收到需要采取任何隔离措施的信息。疫情初期，一次性医用口罩、洗手液、护目镜等医疗防护物资紧张，价格飞涨；新加坡政府2月1日起向137万户本地家庭分发520万个口罩，每户可获得四个口罩，用于出现疑似症状或生病时佩戴就医，但不包括外籍客工。难以负担昂贵的医疗防护物资、无法得到政府援助的客工群体率先失去自我防护的能力。直到新加坡政府4月初宣布实施为期一个月的更为严格的社区防控措施，关闭所有提供非必要服务的工作场所和商店，要求公众尽可能留在家中不要外出，所有客工在宿舍内隔离

[①] 黄伟曼、杨莉明，2020，待疫情稳定后 全面检讨客工福利，https://www.zaobao.com.sg/znews/singapore/story20200426-1048410（2020年4月26日读取）。

14天[1]，禁止外出走动或聚集，[2]并向民众和客工发放免费的可重复使用口罩。

四、新加坡应对客工疫情暴发的举措

（一）加强客工宿舍的管理保障工作

此次新冠疫情中，新加坡确诊病例较多的榜鹅S11宿舍和卓源东路Westlite被政府列为隔离区，由卫生部、国家环境局、新加坡武装部队、新加坡警察部队、外籍劳工中心和其他机构组成的工作小组入驻，派人协助宿舍区的管理公司确保宿舍卫生条件达标，并及时为宿舍住户供应食物。

食物方面，工作小组通过外食供应商为隔离客工提供餐食和小吃，同时根据客工的饮食偏好调整菜单。新加坡人力部与宿舍区管理公司及外食供应商合作，优化食物派发流程，确保客工能及时用餐。卫生方面，工作小组要求管理公司将清除垃圾的次数从每天一次增加至三次，共用空间和卫生设施每天也会消毒和清洗三次。同时，小组为宿舍区的客工提供口罩、温度计和手部消毒液，与管理

---

[1] 将客工集中隔离在宿舍的举措遭到NGO"客工亦重"的反对，认为大规模集中隔离风险过高，详见：Transient Workers Count Too. 2020. Is Singapore falling behind in testing for Covid-19? https://twc2.org.sg/2020/04/17/is-singapore-falling-behind-in-testing-for-covid-19/ (accessed 10/06/2020).

[2] Ratcliffe, R. 2020. We're in a prison: Singapore's migrant workers suffer as Covid-19 surges back. *The Guardian*. https://www.theguardian.com/world/2020/apr/23/singapore-million-migrant-workers-suffer-as-covid-19-surges-back (accessed 11/06/2020).

公司合作确保客工每天测量体温两次，领取食物或到洗手间时也会戴上口罩。此外，小组还在这些宿舍设立基本医疗设施，感到不适的客工会被送到这些设施，与其他客工隔离开来。新加坡国防部也派出新加坡武装部队的医疗服务团队到宿舍为客工提供基本健康检查和咨询服务；人力部根据宿舍住户的反馈改善情况，密切留意宿舍情况并在必要时介入，确保一切达标。①

新加坡客工宿舍出现新冠病毒确诊病例后，外籍劳工中心动员超过5,000名客工义务基层大使，在工作场所、客工宿舍和周末聚会场所向客工提供及时、准确的疫情资讯，缓解客工的忧虑。外劳中心称这些宣传工作在新加坡政府将疾病暴发应对系统（DORSCON）上调至橙色级别之前就已经开始，基层大使负责向客工讲解和宣传包括个人应采取的卫生防范措施和政府提供的各种援助配套等内容，并将各政府部门的警示翻译成各自的母语，确保客工更准确地了解相关内容。外劳中心也和新加坡宿舍协会及各个客工宿舍的运营者合作，与雇主网络建立联系，确保雇主和宿舍运营者知晓他们必须采取措施保障客工的健康。②

2020年4月起的两周内，新加坡本地每日新增确诊病例数超过上月的两三倍，本地的客工宿舍病例不断激增，迫使政府必须成立专门应对客工宿舍问题的工作小组，由新加坡国务资政兼国家安全

---

① 李思敏、黄俊贤、吕松霈，2020，人力部：成立跨部门小组管理客工和宿舍环境，https://www.zaobao.com.sg/news/singapore/story20200408-1043749（2020年6月11日读取）。
② 联合早报，2020，逾5,000义工为客工提供及时疫情资讯，https://www.zaobao.com.sg/news/singapore/story20200221-1030740（2020年6月11日读取）。

统筹部长张志贤担任顾问。当局采取两手抓的策略，一手应对客工宿舍疫情，一手控制本地其他病例。工作小组在客工宿舍内设立医疗站，积极检测客工，将被感染者、可疑病例和健康的人分隔开来。4月23日，新加坡武装部队和新加坡警察领导的前线保障支援小组（Forward Assurance and Support Teams）进驻客工宿舍成为"内务总管"，设立新的防疫程序，确保上千名来自不同国家的客工的基本生活得到保障。[①]

除了本地医疗团队和政府，非政府组织也扮演着非常重要的角色，它们充当桥梁为客工们发声。外籍劳工中心召集5,000名客工大使，动员他们安抚客工社群，收集真实的反馈，中心还得到了淡马锡基金会支持为客工购置医疗物资[②]；长期关注该群体的客工援助组织康侍（Health Serve）以客工熟悉的语言制作了一系列的视频供客工观看以安抚他们的情绪，并设立电话热线、提供心理辅导，组织全国各地的私人诊所医生来帮助有需要的客工。[③]

（二）建造和引入新的外籍客工宿舍

为了安置需要隔离和已经确诊的客工，新加坡以改建、重启、新建的形式在全国甚至游轮上设置了多个集中安置点和社区隔离点。

[①] 联合早报，2020，不同国籍信仰饮食习惯样样得照顾 支援小组进驻客工宿舍成"内务总管"，https://www.zaobao.com.sg/news/singapore/story20200423-1047641（2020年6月11日读取）。

[②] 联合早报，2020，外籍劳工中心分发口罩给35万宿舍客工，https://www.zaobao.com.sg/news/singapore/story20200409-1044017（2020年6月11日读取）。

[③] 梁伟康，2020，全力抗疫 别让客工宿舍成缺口，https://www.zaobao.com.sg/znews/singapore/story20200412-1044806（2020年6月11日读取）。

占地超过四个足球场的新加坡樟宜展览中心室内展厅在六天里被迅速改建成设有2,700个床位的病患隔离设施。面积达3.3万平方米的室内展厅有近290个隔间，每个隔间住八到十名病患，内部还有医疗中心、100多个流动卫浴室以及晒衣与户外休息区。与此同时，场外7.5万平方米的空地上搭建有临时帐篷，额外增设1,700个床位。

此外，新加坡政府还通过新加坡海事及港务管理局（MPA）同新加坡港务集团（PSA）、吉宝岸外与海事（Keppel O&M）、毕比海事（Bibby Maritime）和雅诗阁（The Ascott Limited）合作，引进和管理两家浮动宿舍以临时安置身体健康的外籍劳工。浮动宿舍由人力部属下前线保障支援小组主管，能满足客工的基本生活需求，所有客工在登上浮动宿舍前，须接受包括鼻腔拭子检测的健康检查，他们也须严格遵循卫生部制定的关于公共卫生的规定，如最大程度地减少与其他住户的互动等。与此同时，当局在附近岸上设立医疗和隔离设施，由富乐医疗集团（Fullerton Healthcare）的护士和医生管理，以提供医疗支持。[1]客工外展联盟（Alliance of Guest Workers Outreach，简称AGWO）无偿为居住在工厂改造宿舍的客工提供紧急餐食支援，为雇主和宿舍运营者争取时间，提供长期的餐食解决方案。[2]

---

[1] 杨浚鑫，2020，我国下周起将健康客工安置在浮动宿舍，https://www.zaobao.com.sg/realtime/singapore/story20200411-1044723（2020年6月11日读取）。
[2] 联合早报，2020，雇主应为履行居家通知客工安排送餐送货服务，https://www.zaobao.com.sg/news/singapore/story20200422-1047376（2020年6月11日读取）。

(三)引入无人技术保障服务供给

为了弥补大批原本从事服务业工作的客工大面积隔离造成的服务人员不足，并尽可能地减少人与人的接触，新加坡政府使用了自动送餐机、远程视讯和翻译技术等"黑科技"替代人工完成了许多基础的日常工作。

比如，樟宜展览中心室内展厅因面积过大而使送餐成为一大挑战。在现有的新加坡博览中心和城东乐怡度假村隔离设施，病患每日三餐都由人工递送并由病患自行到指定地点领取。为减少进入隔离区的工作人员数量，樟宜展览中心使用了名为STrobo Tug的自动送餐机。这个隔离中心备有五台送餐机，每台送餐机可为190多人送餐，并在一小时左右完成每餐的送餐服务。随着设施接收的病患人数增加，送餐机的数量陆续增至12台。

除了自动送餐机，隔离设施里还使用多项远程技术，尽可能让工作人员通过视讯为病患服务，其中包括备有屏幕和轮子的机器人BeamPro。来自新加坡印度人协会的义工在每天早上9时至晚上9时之间会轮班操控远程遥控机器人，到病患的隔离间和他们交流，并为他们提供最新的资讯。义工也可使用孟加拉语、印地语、马拉提语、泰米尔语以及泰卢固语的翻译服务，便于病患和医疗人员沟通。[①]

(四)确保劳工工资按时发放

面对疫情，新加坡政府在采取多项医疗措施对客工宿舍进行隔

---

① 黄小芳，2020，六天内搭建病患隔离设施启用 樟宜展览中心用科技兼顾安全与便利，https://www.zaobao.com.sg/news/singapore/story20200427-1048618（2020年6月11日读取）。

离和大范围检测的同时，还向外籍客工的雇主发出了务必按时发放工资的要求和建议，确保外籍客工每月仍能将部分薪资寄给家人供养生活。

新加坡人力部4月11日向雇主发出指导建议，为确保外籍劳工能在病毒阻断措施期间领到工资，雇主必须以银行财路服务（GIRO）或直接转账等电子支付方式向所有居住在宿舍区被隔离的员工发放工资。[①]新加坡总理李显龙4月16日"视讯拜访"人力部设在明地迷亚路的服务中心，并与专门应对客工新冠病毒疫情的跨机构工作组"会面"，他表示新加坡应对疫情的集体努力得到客工认同，外籍劳工中心的客工大使正与新加坡政府的跨机构工作组携手合作应对新冠病毒疫情。[②]4月21日，新加坡总理李显龙强调新加坡政府会像照顾新加坡人一样照顾客工，政府会和雇主合作确保客工都能顺利领到薪水并汇回家。李显龙也对客工在这个困难时期的全力配合表示感谢，并承诺将照顾他们的健康、福利和生计，以及帮助他们和亲友保持联系。[③]

在确保客工工资正常发放的基础上，新加坡政府也向雇佣公司给予了补贴和豁免。4月23日，新加坡人力部长杨莉明出席二十国

[①] 杨浚鑫，2020，病毒阻断措施期间 雇主须以电子方式支付客工工资，https://www.zaobao.com.sg/realtime/singapore/story20200411-1044777（2020年6月11日读取）。

[②] 黄顺杰、黄俊贤、邓玮婷、梁伟康、郭培贤、胡慧音，2020，李总理：客工认同我国各方共同努力抗疫，https://www.zaobao.com.sg/news/singapore/story20200417-1046051（2020年6月11日读取）。

[③] 联合早报，2020，李总理：政府会像照顾国人般照顾客工，https://www.zaobao.com.sg/news/singapore/story20200422-1047375（2020年6月11日读取）。

集团（G20）非常劳工与就业部长级线上会议时宣布，新加坡政府将豁免两个月的外劳税并发放外劳税回扣，聘有外籍劳工的雇主，每雇有一名外劳可获得的财务援助为1,800美元（约2,600新元）。新加坡政府早前已经宣布豁免4月和5月的外劳税，而且雇主每聘有一名持工作准证或S准证的外劳，可获得两笔750新元的外劳税回扣，总回扣为1,500新元。[①]

五、反思与总结

通过对社区病例和客工宿舍病例的分别治理，新加坡社区日新增病例连续一周降至个位数，新加坡抗疫跨部门工作小组5月19日宣布防控新冠疫情的"阻断措施"在6月1日到期后将不再延长，并分三个阶段逐步放宽限制，优先恢复重要领域且低风险的经济活动，学生分阶段回校上课。随着社区病例维持稳定，外籍客工宿舍疫情得到控制，全国共有132个宿舍和14栋康复员工住宿楼确认没有病例，新加坡自6月19日起进入第二阶段[②]，恢复更多经济和社交活动。为避免客工与公众出现交叉感染，外籍客工在休息日仍须留在宿舍，暂时只能在实行安全距离措施的情况下使用宿舍内的公共空间，由雇主确保伙食和日用品的供给，只有社区和客工宿舍感染率

[①] 联合早报，2020，每雇有一名外劳 雇主可获援助达2,600元，https://www.zaobao.com.sg/news/singapore/story20200425-1048182（2020年6月11日读取）。

[②] 杨浚鑫，2020，病毒阻断期6月1日结束 我国分三阶段逐步解封，https://www.zaobao.com.sg/znews/singapore/story20200520-1054565（2020年6月30日读取）。

持续处于更低水平后，客工才可以离开宿舍。[1]

同时，这次疫情的暴发也成为推动新加坡政府解决外籍客工问题的契机。例如，新加坡人力部长杨莉明4月25日承诺，待疫情稳定后，政府必须全面检讨客工待遇与住宿条件，以及国家整体的医疗监测，负责任地面对问题。[2]新加坡国家发展部长兼财政部第二部长黄循财4月27日答复有关康复客工住宿安排的询问时指出，政府从全方位考量最理想的客工住宿安排，并将推出一系列计划。政府也将推出较长期的住宿安排，如果现在开始，预计一两年后就能完成。[3]

但从更根本上来看，外籍客工的问题不只是集中住宿问题，更要紧的在于外籍客工与本地住户之间的社会区隔。新加坡本地社群对外籍客工存在一定程度的排外情绪，而这种排外情绪可能源于对外籍客工社群危及本地社群福祉、健康和安全的担忧。而一旦外来移民被视为本地社群的威胁，新加坡长期引以为豪的移民社会的开放与包容将迅速被新加坡公民与移民群体间持续上升的愤怒与不安替代。

总而言之，新加坡政府针对客工宿舍区新冠疫情采取的系列举措旨在控制疫情在本地的传播，并通过对客工群体大规模的检测尽早

---

[1] 联合早报，2020，避免与公众交叉感染 客工休息日须留在宿舍，https://www.zaobao.com.sg/news/singapore/story20200619-1062219（2020年6月30日读取）。

[2] 黄伟曼、杨莉明，2020，疫情稳定后全面检讨客工群体中的防疫缺失，https://www.zaobao.com.sg/realtime/singapore/story20200425-1048383（2020年6月11日读取）。

[3] 联合早报，2020，着眼短期和长期 政府计划为康复客工建新住所，https://www.zaobao.com.sg/news/singapore/story20200428-1048877（2020年6月11日读取）。

确诊后进行救治。新加坡在经历过SARS病毒后建立了完备的医疗系统，政府在解决公共卫生安全事件上经验丰富、行动高效，也得到了本地民众的支持和国际社会的肯定[①]；新冠病毒在客工宿舍的暴发以及本地和外来社群根深蒂固的矛盾说明新加坡政府的外籍客工政策仍存在问题，如果当局仍旧将它当成公共卫生问题而非社群矛盾来处理，这颗因为疫情"引爆"的定时炸弹将继续深埋在两个社群的关系中。

[①] 世卫组织西太平洋区域主任葛西健博士（Dr Takeshi Kasai）4月21日在世卫组织西太平洋区域办事处举行针对新加坡客工宿舍感染群的情况与抗疫工作的视讯记者会时指出："新加坡从抗SARS经历中汲取经验，发展了一套良好的抗疫策略，并根据疫情不断灵活调整。"详见：联合早报，2020，世卫代表：防疫工作须针对各阶层包括弱势群体，https://www.zaobao.com.sg/news/singapore/story20200422-1047392（2020年5月4日读取）。

疫情下的城市外交形式、特征与效果
——以中意为例[①]

尹 童 王明进

【摘要】 新冠疫情的蔓延极大地改变了世界秩序，疫情下的"一带一路"上，城市外交焕发出了崭新的活力，城市之间相互鼓励、互赠物资以传递情谊的事例不胜枚举，成为特殊时期外交的主要形式。本研究以中国和意大利疫情期间的城市外交为例，对其经验性的事实进行梳理、归纳、总结，得出多维度的慰问鼓励以及互赠抗疫物资是其主要形式；即时高效、多社会力量嵌入、双边活动为主是其主要特征的结论。中意城市外交的蓬勃发展，一定程度上缓和了疫情传播的形势，巩固了两国人民的基层友谊，为中意关系的持续发展以及"一带一路"倡议的铺开提供了坚实动力。城市外交或可成为后疫情时代中国外交工作的破局之处。

【关 键 词】 新冠疫情 "一带一路" 城市外交 中国 意大利

【作者简介】 尹童，北京外国语大学国际关系学院2019级硕士研究生；王明进，北京外国语大学国际关系学院副院长、教授、博士生导师。

一、问题提出

随着区域和全球治理的多维化以及大众媒体的广泛应用，公共外交逐渐成为新时代各国外交工作的创新点和着力点，而城市外交则是开展公共外交的关键层面，组成世界的是各个民族国家，而组成国家的则是各个城市，因此，城市往往起到联通枢纽与政策平台

---

① 编者注：本文写作于2020年，2024年有更新。

的作用。习近平主席在讲话中也提到要大力发展公共外交、城市外交，[1]突出了两者的重要性。而在如今疫情仍然具有一定的不确定性和持续性的背景下，类似以往的实时实地大型跨境外交活动展开的难度较大，城市外交在很长一段时间内会成为国家间交流的主要形式，其地位将被再次拔升。疫情期间，"山川异域，风月同天""天台立本情无隔，一树花开两地芳"这些城市之间捐赠的物资之上所写的相互打气的诗句成为了关键词。那么，特殊时期下的城市外交都有哪些形式，体现了什么特点，是否起到了较好的效果，我们又该如何评估呢？这些都是新形势下城市外交值得深入研究的问题。

意大利于2019年3月宣布签署"一带一路"合作文件，成为G7中首个加入"一带一路"的国家，意义重大。中意全面战略伙伴关系稳中有进，在2019年得到了加强，近两年来，在双方大的战略框架下，中意之间各方面的合作进一步深化，突破了传统的经贸合作领域，向多方面延展，并签署了《卫生和医学科学领域合作2019—2021年度执行计划》[2]，在共建"健康丝绸之路"维度有很大的合作空间。

疫情期间，中国和意大利城市之间也有着较高频率的互动，可研究事例充足。因此，笔者拟定中意的城市外交作为研究样本。

---

[1] 习近平：《在中国国际友好大会暨中国人民对外友好协会成立60周年纪念活动上的讲话》，载《人民日报》，2014年5月16日，第01版。

[2] 参见中国驻意大利大使馆网站，2020，李军华大使就意大利新冠肺炎疫情等问题接受意《晚邮报》采访，http://it.china-embassy.gov.cn/sbdt/202005/t20200520_3195046.htm（2024年11月28日读取）。

二、城市外交的兴起与效果综述

城市外交由来已久,且形式多样,科技的进步与交流的愿望共同推动了城市外交的正式形成与蓬勃发展。相比于实践,学界对于城市外交的研究则稍显落后,目前在概念界定、效果评估维度仍存在争议,在动因维度取得了一定的共识。

(一)城市外交的定义和内涵

广义上的城市外交实践活动历史悠久,在主权国家尚未成为国际社会主体之前,对外的交流活动多是通过城市而展开的,比如古希腊雅典斯巴达之间的城邦互访、意大利文艺复兴时期的城市商业网络等。现代城市外交的正式兴起则是在20世纪后半叶,两次世界大战的惨痛经历给人类带来了极大的创伤,如何在普通民众层面构建起友好的桥梁,成为了德法提出构建姐妹城市的最初动力,而这一形式又被美国所采用,促成了国际姐妹城市协会的建立。[1]伴随着城市参与对外事务的动力不断提升,城市间的区域或国际组织越来越多,比如世界城市和地方政府联盟、世界科技城市联盟、拉美城市联合会等等。20世纪70年代,天津市与神户市结成了国内第一对友好城市关系,自那之后,中国的友城网络经过50余年,已取得了长足的发展,但是与美国、日本、澳大利亚等国家的主要城市在国外都设有办事处的程度相比,仍有一定的差距。

---

[1] 转引自赵可金:《嵌入式外交:对中国城市外交的一种理论解释》,载《世界经济与政治》,2014年第11期,第135—154页、第160页。

学术界真正重视城市外交，并开始研究城市外交则起步更晚，或者说，之前的研究并未明确提出城市外交的概念，只是在"世界体系""多层治理""平行外交"等理论视域下对城市地位不断突起的现状进行研究分析[①]。直到进入21世纪，以城市外交为对象的研究才渐次铺开，并逐渐成为研究的热点。其中比较有代表性的著作有韩方明主编的《城市外交：中国实践与外国经验》、李小林主编的《城市外交：理论与实践》、杨勇的《全球化时代的中国城市外交——以广州为视角》以及陈楠的《当代中国城市外交的理论与实践探索》。这些著作对于城市外交的理论构建以及实例分析进行了梳理。

在城市外交的概念界定上也还存在一定的争议，西方学界的主流观点认为，城市外交是城市或者地方政府为了代表其身份角色和利益，在国际舞台上构建与其他行为体的关系的制度和过程。[②]也有其他学者指出，城市外交是地方分权、原有中心弱化的必然结果。[③]除此之外，还有研究提出城市外交是地方当局用来增进社会

[①] 相关研究参见[美]伊曼纽尔·沃勒斯坦：《现代世界体系》（第1—3卷），庞卓恒等译，高等教育出版社1998年版；朱贵昌：《多层治理理论与欧洲一体化》，山东大学出版社2009年版；辛翠玲：《从民族主义到认同平行外交：魁北克经验》，载《政治科学论丛》，2005年第24期，第112页。

[②] Pluijm, R., & Melissen, J. (2007). *City Diplomacy: The Expanding Role of Cities in International Politics*. Netherlands Institute of International Relations Clingendael.

[③] Glocal Forum. (2003). Globalization: Research Study and Policy Recommendations. CERFE/Glocal Forum/Think Tank on Glocalization, Rome. 转引自陈楠：《当代中国城市外交的理论与实践探索》，华东师范大学2018年博士学位论文。

凝聚力，进行冲突后重建的政策工具。[1]在国内研究中，龚铁鹰认为"城市外交是国家总体外交的一个组成部分，但是又有城市地方特色，在性质上属于半官方外交。城市外交与国家外交形态不同，但这是一个正在发展、形态逐步完备的国际交往形式"[2]；赵可金认为城市外交是城市不断嵌入现代外交体系，进而在嵌入过程不断发展自身的一种方式；[3]杨勇认为城市外交是"广义'多轨外交'的一种，是通向世界和平多体系的一种途径"。[4]通过对以上概念的综合分析，笔者认为，城市外交是指中央或地方政府推动下，以政府名义实行的以维护其利益的政治、经济、社会文化等对外交流行为。因此，就广义的特征和性质而言，其仍然具有传统外交的官方性和权威性，受政策驱动，为利益服务。但同时也有城市这一平台的民间性和社会性，各种社会力量可以成为有机的组成部分。不过需要注意的是，纯私人的行为不能够称之为城市外交。

城市外交为何会兴起？对此问题，学术界普遍认为，浩浩荡荡的全球化浪潮从根本上推动着城市外交的衍生与发展，要想在世界范围内的城市经济、社会、文化、环保、治理的竞争中占得先机、拔得头筹的话，就必须提升国际化水平与外交能力，汲取先进经验，

---

[1] Viltard, Y. (2008). Conceptualizing 'City Diplomacy' or the Obligation of International Relations to Theorize the External Actions of Local Authorities Abroad. *Revue française de science politique*, 58(3), 511-533.

[2] 龚铁鹰：《国际关系视野中的城市——地位、功能及政治走向》，载《世界经济与政治》，2004年第8期，第42页。

[3] 赵可金：《嵌入式外交：对中国城市外交的一种理论解释》，载《世界经济与政治》，2014年第11期，第135—154页、第160页。

[4] 杨勇：《全球化时代的中国城市外交——以广州为个案的研究》，暨南大学2007年博士学位论文。

以我为主，为我所用。这种内部力量加速了城市外交的兴起。[①]而在外部推动力的维度，两大因素不可忽视，一是区域性或跨区域性的合作关系不断深化，例如"一带一路"倡议和各区域的区域一体化进程。二是中央的压力与安排，[②]随着外交事务不再局限于传统的政治军事领域，各国中央政府无法再事无巨细地件件操办，为了在更好地完成外交任务的同时释放地方自主性，越来越多的非主权事务，譬如侨民安置、项目落地、文化交流等等下沉到了城市一级进行处理，在客观上也推动了城市外交的发展。

（二）城市外交的实施效果

对于城市外交实施效果的评估一直是一大难题，因为把握较长一段时间内舆论的稳定风向是比较难的，如果只是概述影响，则未免太过宏观，因此必须要从微观层面入手，抓住一些典型城市的典型事例从政治、经济、文化等多方面进行分析，例如北京的"首都模式"，[③]西宁、银川等地的"内陆模式"，[④]广州以及山东的"沿海"

[①] 参见储斌、杨建英：《"一带一路"视域下城市外交的动力、功能与机制》，载《青海社会科学》，2018年第3期，第47—53页、第87—89页；汤伟：《发展中国家巨型城市的城市外交——根本动力、理论前提和操作模式》，载《国际观察》，2017年第1期，第84—96页。

[②] 赵可金：《中国城市外交的若干理论问题》，载《国际展望》，2016年第1期，第56—75页、第154—155页。

[③] 王义桅、刘雪君：《"一带一路"与北京国际交往中心建设》，载《前线》，2019年第2期，第39—42页。

[④] 陈维、赵可金：《城市外交的内陆模式——以"一带一路"中的中国内陆城市为例》，载《国际观察》，2017年第1期，第69—83页；范磊：《城市外交的"西宁现象"：内陆城市品牌的构建与传播》，载《公共外交季刊》，2019年第2期，第69—76页、第124—125页。

模式等。①具体而言，王义桅认为，在城市外交这个层面，北京作为首都有着天然的优势，其作为国际性交往中心，仅在2017年就承接了超过80场的大型国际会议，同时2008年奥运会的举办以及2020年冬季奥运会的承办也进一步提高了其国际化程度。②范磊认为，西宁在进行"世界凉爽城市"这一城市品牌的建设中取得了长足的进步，其在2012年、2014年、2016年、2018年连续四次获得国际友好城市合作交流奖便是最好的证明，③除此之外，西宁还举办了三届"世界凉爽城市专家研讨会暨凉爽城市国际论坛"，九届"丝绸之路沿线国际友城峰会"，进一步深化了对外合作。④山东作为沿海大省，在深入融汇"一带一路"倡议的背景下有着发展城市外交的独特机遇，青岛市利用打造国际城市的机会推动对外经贸发展，提振城市经济，并取得了良好的效果。⑤广州市是国内城市外交发展较早、进展比较突出的城市之一，早在清代，"广州十三行"就承担了主要的对外通商职能，此后广州也一直作为对外交流的前沿，新中国成立以来，尤其是改革开放之后，乘着政策的东风，广州通过建立

---

① 杨勇：《全球化时代的中国城市外交——以广州为个案的研究》，暨南大学2007年博士学位论文；范磊：《"一带一路"视阈下的山东城市外交：比较优势与路径选择》，载《东亚评论》，2018年第1期，第193—212页。

② 王义桅、刘雪君：《"一带一路"与北京国际交往中心建设》，载《前线》，2019年第2期，第39—42页。

③ 范磊：《城市外交的"西宁现象"：内陆城市品牌的构建与传播》，载《公共外交季刊》，2019年第2期，第69—76页、124—125页。

④ 参见青海省人民政府外事办公室网站，2018，西宁市荣获"2018中国国际友好城市交流合作奖"，http://wsb.qinghai.gov.cn/html/4350/560929.html（2020年6月26日读取）。

⑤ 范磊：《"一带一路"视阈下的山东城市外交：比较优势与路径选择》，载《东亚评论》，2018年第1期，第193—212页。

友城关系、开展多边交流、承办亚运会等多种措施推动了经济的进一步发展①。

在展开机制层面,赵可金提炼出,要想发展好城市外交,中国必须在创造城市精神,健全外交体制,通过改变内外互动机制、统筹协调机制、央地协调机制以实现运行机制革新等三大方向下足功夫。②汤伟则抓住"一带一路"与城市外交的着力点,具体指出了城市外交的两种方式:一是发展友好城市关系,二是借力于不断创立的城市间协作平台,例如丝绸之路市长论坛、海上丝绸之路沿线港口城市联盟等形式。③不论是作为城市发展抑或是对外交流的新形式,城市外交都有着深远的影响。

从微观层面来看,可以助力城市进一步走向世界,提高国际化程度,增强自身的国际话语权。④从中观层面来看,地方服从于中央外交战略,并形成积极的联动,将有利于国际外交任务的完成。⑤从宏观层面来看,城市外交的发展将对"一带一路"的推进形成支撑、构建保障、架起桥梁。同时既可以做好政策润滑的中介角色,也可以提供智力支持,助力"政策沟通、设施联通、贸易畅通、资

---

① 杨勇:《全球化时代的中国城市外交——以广州为个案的研究》,暨南大学2007年博士学位论文。
② 赵可金:《中国城市外交的若干理论问题》,载《国际展望》,2016年第1期,第56—75页、第154—155页。
③ 汤伟:《"一带一路"与城市外交》,载《国际关系研究》,2015年第4期,第59—68页、第154页。
④ 周鑫宇:《"城市外交"的特殊作用》,载《世界知识》,2015年第7期,第73页。
⑤ 汤伟:《"一带一路"与城市外交》,载《国际关系研究》,2015年第4期,第59—68页、第154页。

金融通、民心相通"的五通发展。①

（三）本文研究

通过对已有文献的回顾，笔者发现，现有研究的切入层面多是整体理论建构或是针对具体城市展开研究，这种探索是非常有价值、有意义的。不过，将城市外交与具体国际事件相结合，对其形式、特征、效果的细化研究相对而言仍比较少，而且现有研究在效果分析上更注重政治经济，对于舆论的关注较少，或可成为一个补充视角。因此，笔者拟将城市外交与新冠疫情这一国际事件相结合，对中意城市间的沟通交流进行总结分析。

三、新冠疫情中的中意城市外交

在传统外交形式受疫情影响难以展开的背景下，中国和意大利两国着眼于城市外交，通过多形式的慰问鼓励与互赠抗疫物资等形式展开了深入的沟通与交流，体现了两国深厚的情谊。

（一）多形式的慰问鼓励

疫情暴发初期，中国面临着巨大的防控压力，不仅武汉，整个湖北地区也都成为了重疫区，同时全国也面临着较高的传播风险。面对如此严峻的抗疫形势，不仅意大利中央政府表示了慰问，各大

---

① 储斌、杨建英：《"一带一路"视域下城市外交的动力、功能与机制》，载《青海社会科学》，2018年第3期，第47—53页、第87—89页。

城市市长或议长也采取录制视频或者撰写亲笔信等方式对中国进行慰问，突出了城市之间联系的深厚。

帕多瓦市市长乔达尼、阿斯蒂市市长拉塞罗、巴里市市长安东尼奥·迪卡罗、热那亚市市长马可·布奇均表示，中国人民在抗疫斗争中并不孤单，有意大利人民的支持和鼓励，并愿意在各个领域展开合作。①除此之外，疫情的传播加剧了国际上不合理的恐慌，使澳大利亚、美国等地出现了针对华人的非理智的歧视事件，个别人认为是中国人传播了病毒，并对中国污名化。此举给当地的华人带来很大困扰，为了维护自身合法利益，意大利佛罗伦萨的一位华人青年发起了以"I am not virus"（我不是病毒）为宣传标语的活动为自己正名，随后得到了意大利其他地区华人的声援，②而在此阶段，意大利各城市也释放出了对华的友好与善意。佛罗伦萨市市长纳尔代拉在推特上发起"拥抱一个中国人"行动，并首先上传了自己的视频，号召佛罗伦萨人民摒弃偏见，用拥抱传播爱意，破除歧视，维护团结；③罗马市市长拉吉、都灵市市长阿彭蒂诺、米兰市政府劳动

---

① 参见中国驻米兰总领事馆网站，2020，疫情无情人有情——来自意各界的慰问，http://milano.china-consulate.org/chn/zxhd/t1739757.html（2020年6月20日读取）。中国日报中文网，2020，"至暗时刻，广州雪中送炭"——广州援助意大利5个友城防控物资全部抵达，http://ex.chinadaily.com.cn/exchange/partners/82/rss/channel/cn/columns/80x78w/stories/WS5e775d04a3107bb6b57a811a.html（2020年6月20日读取）。

② 新浪网，2020，中国女孩意大利街头举"我不是病毒"字板 许多人上前拥抱，http://news.sina.com.cn/c/2020-02-13/doc-iimxyqvz2494806.shtml（2020年6月20日读取）。

③ twitter. 2020. https://twitter.com/globaltimesnews/status/1224661041495212032 (accessed 20/06/2020).

局局长塔嘉妮都采取前往当地中餐厅用餐的方式，用亲身行动对华人华商进行支持和慰问，破除污名化谣言。①虽然这些行为严格意义上是个人层面的，但是因为其市长、局长等特殊的政治身份，所以也具有了代表政府、代表国家发声的意味。

在中国疫情得到初步控制之后，意大利疫情以惊人速度迅速暴发，从意大利自2月21日发现第一例新冠肺炎确诊病例到3月27日确诊病例的数量超过中国，仅用了一个多月的时间。②此时，中国城市针对疫情形势也向意大利友城表示了慰问：2月26日，上海市政府外办副主任刘光勇会见了意大利驻沪总领事陈琪，对意大利疫情形势表示了慰问，并愿意加强合作。③3月12日，北京市市长陈吉宁向罗马市市长拉吉致慰问信。④此外，多城市都在援助的物资中写上譬如"守望相助，同舟共济""相知无远近，万里尚为邻"等鼓舞人心的诗句和谚语，支持当地人民抗疫。对抗新冠疫情是一场涉及科技、资源、制度、治理、舆论的综合性战役。城市之间的相互

---

① 参见中国驻意大利大使馆网站，2020，驻意大利大使李军华会见罗马市长，http://it.chineseembassy.org/chn/sbyw/t1743398.htm（2020年6月20日读取）。中国驻米兰总领事馆网站，2020，疫情无情人有情——来自意各界的慰问，http://milano.china-consulate.org/chn/zxhd/t1739757.htm（2020年6月20日读取）。

② ANSA. 2020. Coronavirus: Italy passes China for infections. https://www.ansa.it/english/newswire/english_service/2020/03/27/-coronavirus-italy-passes-china-for-infections-_a437c3a2-351f-4925-90b0-3fbf7a691498.html (accessed 25/06/2020).

③ 参见上海市人民政府外事办公室网站，2020，刘光勇副主任会见意大利驻沪总领事，http://wsb.sh.gov.cn/2020wsdt/20200609/2181d367c04c469584574088f04426a7.html（2020年6月25日读取）。

④ 参见北京市人民政府外事办公室网站，2020，陈吉宁向部分友城致慰问信，http://wb.beijing.gov.cn/home/yhcs/sjyhcs/zxdt/202003/t20200316_1715991.html（2020年6月25日读取）。

鼓励，虽只是言语，却不止于言语，更像春风一般抚慰了人们的心灵，给战斗在抗疫一线的勇士们继续斗争的信心与决心。

（二）互赠抗疫物资

抵抗这样一个突如其来且之前并未被人类所了解的疫情，最需要的，也是最紧缺的，就是抗疫物资。不仅口罩、防护服等预防设备紧缺，治病救人的医疗设备，如呼吸机、人工肺等也难以满足骤然而起的需求。中国疫情暴发初期，湖北多家医院物资不足，向全社会求援。后期意大利疫情形势愈发严峻，也出现了医护人员在毫无保护设备的情况下继续工作的情形，令人心疼。在这种大多数国家抗疫物资都有一定缺口的背景下，中意城市之间秉持着互帮互助的精神，互赠抗疫物资，体现了人间大爱。

总的来说，意大利捐赠的物资并不多，但考虑到疫情传播的紧张形势，以及意国内相关制造力的短缺，佛罗伦萨市于2月份向南京、宁波等地援赠的25万枚医用口罩，也充分展现了意大利的决心和爱心。

中国对意大利的援助规模则更为庞大，持续时间也更长。据不完全统计：3月18日，上海市援助米兰市和伦巴第大区的12.5万枚医用口罩、苏州市援助威尼斯市的2万枚医用口罩启程，并于次日成功抵达；3月20日，长沙市捐赠佛罗伦萨市，广州市援助意大利帕多瓦、热那亚、米兰、巴里、都灵五城的40万枚医用口罩和400只额温枪均于3月23日前成功抵达；3月25日，河北威县援助莫尔费塔市的1万枚医用口罩启程；3月27日，郑州市援助那不勒斯市的5万枚医用口罩启程。4月，北京市援助罗马市、济南市援助洛迪省、福州市援助佩斯卡拉市的抗疫物资相继成功抵达；当月18日，南京市等捐赠佛罗伦萨市的21万枚医用口罩、1万副手套及2,000套防护服在当地进行交接。[①]5月13日，石家庄市援助帕尔玛市的2万枚医用口罩、5,000套防护服启程。[②]此外，成都、徐州、彭州、南阳等地也都向各自的友城捐赠了物资。东西南北中，可以说整个中国都行动了起来！在物资极其短缺的情况下，多一个口罩、多一套防护服或许就能少一个病患；多一台呼吸机、多一个人工肺也许就能拯救一条生命。

互赠抗疫物资的行为加强了各城市之间的联系，相关领导也对于该行为表示了感谢。罗马市市长拉吉将北京捐赠的抗疫物资详细列到了其个人网站上。[③]威尼斯市市长，那不勒斯市市长路易吉·德玛吉斯瑞斯、市议员高迪尼·马可，都灵市市长阿彭蒂诺则分别在个人社交媒体上表达了对于各自友城慷慨捐赠物资、扶忧济难行为的真诚感谢。[④]

可以看出，疫情期间城市外交的形式，具有较强的突发性、

[①] 参见中国驻佛罗伦萨总领事馆网站，2020，驻佛罗伦萨总领事王文刚出席中方捐赠防疫物资交接，http://firenze.china-consulate.org/chn/zxhd/t1771533.htm（2020年6月25日读取）。

[②] 除去南京援助佛罗伦萨，其他各城市捐赠物资的时间、种类和数量等具体信息，参见各城市对外事务办公室官方网站。

[③] 参见北京市人民政府外事办公室网站，2020，意大利罗马市市长在官方网站公开感谢我市慷慨捐赠，http://wb.beijing.gov.cn/home/yhcs/sjyhcs/zxdt/202005/t20200511_1894021.html（2020年6月25日读取）。

[④] 参见郑州市人民政府外事办公室网站，2020，携手抗疫 共克时艰——郑州援助欧洲两座友城防疫物资启运，http://zzfo.zhengzhou.gov.cn/wsdt/2371700.jhtml（2020年6月25日读取）。

实用性、情谊性。意大利城市对于中国的援助主要体现在慰问与支持层面，是一种精神鼓励；而中国则更偏向于物资的支援。两者没有高低之分，都是致力于构建人类命运共同体的大爱行为。虽然总体而言，城市外交仍然是为了服务城市和国家利益，但是，也凸显了大灾大难面前人类超越种族、肤色、文化的情谊。

四、新冠疫情中的中意城市外交效果

疫情期间，中国和意大利的城市外交实现了积极良性的互动，卓有成效。在地方和国家维度推动了国家互信和友好。在世界维度，改善了中国的国际形象，有利于"一带一路"倡议的推进。

（一）推动国家互信和友好

中意城市外交的开展，在两个维度上取得了较好的效果。

地方维度，压实了中意基层民众的互信友好。一般而言，网络自媒体是现代能够较为精确反映民意的社交媒体，普通百姓可以在上面发表自己的观点和看法。因此，为了验证疫情期间中意城市外交的实际效果，笔者对双方的自媒体信息进行了筛选。意大利部分，通过对中国驻意大使馆相关推特和脸书的评论进行筛选，可以看出，"Grazie Cina!"（意大利语的"感谢中国"）成为了刷屏热词。[①]

---

① 参见中国驻意大利大使馆的脸书和推特主页，https://www.facebook.com/pg/chineseembassyitaly/posts/?ref=page_internal, https://twitter.com/AmbCina/status/1260520335226679299, https://twitter.com/AmbCina/status/1248284591229669382, https://twitter.com/AmbCina/status/1245023149818814472（2020年6月28日读取）。

中国部分，通过对微博中涉及中意疫情期间互帮互助的博文以及下方的评论进行筛选，发现绝大部分的微博动态以及评论是真诚且友好的。[1]此外，在国外的知识分享与问答网站"Quora"上有一个"意大利人如何看待新冠疫情期间中国对意大利的援助"的问题，下面的高赞回答所展现的都是对于中国人的感谢与敬佩，回答者纷纷表示中国在意大利最需要的时候伸出了援手，而西方个别国家非但拒绝帮助意大利，反而仍在忙着抹黑中国。这些人中有记者、大学生、公司职员、医生，他们来自各行各业，具有很强的代表性。[2]这表明总体而言，中意之间的基层舆论是不断向好的。

此外，从意大利人民在疫情期间的种种行为也可以管中窥豹，看出地方民意的向好趋势。疫情期间，意大利那不勒斯一位18岁的小姑娘欧若拉创作了一幅漫画，画中中国医生和意大利医生于意大利领土南北端一起努力，守护国家人民的平安；[3]罗马一处居民社区的普通民众在隔离期间，为了感谢中国对于意大利的援助，自发唱起了中华人民共和国国歌；[4]援助意大利的医疗组表示，其所到之处

---

[1] 参见微博，意大利女孩作画感谢中国援助，https://s.weibo.com/weibo?q=%23意大利女孩作画感谢中国援助%23（2020年6月28日读取）；中国驰援意大利防疫物资运抵都灵，https://s.weibo.com/weibo?q=%23中国驰援意大利防疫物资运抵都灵%23（2020年6月28日读取）。

[2] Quora. What do Italians think of the Chinese help for Italian COVID-19? https://www.quora.com/What-do-Italians-think-of-the-Chinese-help-for-Italian-COVID-19 (accessed 07/06/2020).

[3] 参见环球网，2020，外媒：意女孩画漫画向中国援意专家表感谢，https://oversea.huanqiu.com/article/9CaKrnKqbF7（2020年6月7日读取）。

[4] CGTN. 2020. Italians play Chinese national anthem to thank China for its aid. https://news.cgtn.com/news/2020-03-15/Chinese-national-anthem-played-during-Italian-balcony-concert--OSzcwkrIL6/index.html (accessed 07/06/2020).

都会有意大利人竖起大拇指或鼓掌,对他们的救助行为表示支持;[1]意大利威内托大区维琴察市的一家机械修理厂门前降下了欧盟旗帜,升起了中国国旗。[2]

在城市外交中,因为外交的执行落到基层,普通民众的交往沟通便是对外交往的一个非常重要的组成部分,而此时双方的一些理念与行为的共通之处,譬如相同的生活方式、相同的兴趣爱好等等便可以拉近彼此的距离,营造情感共鸣,减少隔膜感,产生认同感。通过这种方式构建起来的友谊往往是最为坚固和持久的。

国家维度,推动了中意双边关系的进一步发展。为了对两国关系是否发生了良性变化进行验证,笔者选取了两国官方或影响力较大的媒体对于双边关系的相关表述。疫情暴发以来,中意两国互动频繁。习近平主席在3月14日、16日同意大利总统马塔雷拉、总理孔特的通话中提到中国愿同意大利开展合作,对抗疫情,并相信会在共同抗击疫情的战斗中巩固传统友谊,深化合作内涵。[3]此外,王毅外长在3月10日同意大利外长迪马约的通话中展望了中意关系的美好前景,并表示愿意继续加强合作。意大利外长迪马约在当地

---

[1] 参见腾讯网,2020,首批援意医疗专家组组长梁宗安答封面新闻:意大利人举起大拇指欢迎我们,https://new.qq.com/omn/20200503/20200503A0DU6C00.html(2020年6月7日读取)。

[2] 参见环球网,2020,意大利人降下欧盟旗帜 挂起中国和俄罗斯国旗,https://3w.huanqiu.com/a/21eee3/3xYKyTKoDqw?agt=8aaaa20(2020年6月7日读取)。

[3] 参见中国共产党新闻网,2020,习近平就意大利发生新冠肺炎疫情向意大利总统致慰问电,http://cpc.people.com.cn/shipin/n1/2020/0316/c243247-31634502.html(2024年11月28日读取);中国政府网,2020,习近平同意大利总理孔特通电话,https://www.gov.cn/xinwen/2020-03/16/content_5492094.htm(2024年11月28日读取)。

时间3月24日接受意大利国家广播电视台采访，表示中国是第一个采取各种方式对意进行援助的国家。他谈到"当初嘲笑我们加入'一带一路'的人们，现在应该承认，对于这份友谊的投入让意大利有能力治病救人"。同日，意外交部官方网站发表了采访的全文。[1]疫情期间，他还多次谈到中国物资增援的实施情况，凸显两国合作的事实。[2]意大利杂志 *Adriaeco* 在题为《意大利—中国：合作再次发展》的评论文章表示，这次抗击疫情使中意关系再上了一台阶，并在未来有着继续加深合作的美好前景。[3]这种良性互动表明，抗击疫情的共同努力使中意两国的关系变得更加密切了。

（二）改善形象，推进战略

如果我们将视野扩大，在地区和全球层面，中意城市外交的开展有利于改善中国的形象并助力"一带一路"建设。一直以来，由于西方个别政客以及媒体的恶意抹黑，中国在国际上一直被误解攻击，在舆论场上居于不利的地位，这在客观上给中国深度融入

---

[1] Di Maio. 2020. The masks will arrive. Even diplomacy saves lives. https://www.esteri.it/en/sala_stampa/archivionotizie/interviste/2020/03/di-maio-emergenza-mascherine-risolta-anche-la-diplomazia-salva-vite-il-fatto-quotidiano/(accessed 07/06/2020).

[2] ANSA. 2020. 1.5mn masks from China, says Di Maio. https://www.ansa.it/english/newswire/english_service/2020/03/24/coronavirus-1.5-mn-masks-from-china-says-di-maio_78064459-950a-43bb-b1e1-ff20c45baa25.html (accessed 27/06/2020). ANSA. 2020. 6mn masks from China, says Di Maio. https://www.ansa.it/english/news/politics/2020/03/27/6-mn-masks-from-china-di-maio-3_bc571389-320f-4030-bcb5-bc9ac826147f.html (accessed 27/06/2020).

[3] Adriaeco. 2020. Italia-Cina: cooperare per tornare a crescere. https://www.adriaeco.eu/2020/05/08/italia-cina-cooperare-tornare-crescere/(accessed 27/06/2020).

国际，建立国际新秩序的战略造成了不利影响。例如，"一带一路"的重大项目缅甸密松水电站项目的停滞，虽然是因为当地一些民间力量的阻挠，例如"克钦发展网络组织"以及克钦邦的民族势力，[①]但究其深层次原因，两国之间缺乏基层交流，当地民众受西方错误宣传影响较深，存在固有偏见也是重要因素。

此次的城市外交，中国选择深扎基层，坚持"共商、共建、共享"的精神，拿实际行动说话，有力地回击了西方的所谓价值观输出、"口罩外交"的污蔑，向世界展现了中国负责任的大国形象，国家外交的主要目标是珍惜情谊、广交朋友，为构建人类命运共同体而努力，而不是所谓的"国强必霸""债务陷阱"。这一客观变化，有利于增进中国同国际"朋友圈"的信任感，进而推动"一带一路"的持续推开，单就这一框架下的中意合作来看，近期，吉林省与意大利艾米利亚-罗马涅大区汽车产业合作、[②]中意先进制造联合实验室的项目就已经陆续展开，[③]在意中资企业也逐渐恢复了正常的生产生活秩序。

[①] 张根：《缅甸政府何以说"不"：中国企业投资缅甸安全风险的个案分析——以密松水电站搁置事件为例》，载《红河学院学报》，2016年第14期，第99—104页。

[②] 参见中国驻意大利大使馆网站，2020，李军华大使出席吉林省与意大利艾米利亚-罗马涅大区汽车产业合作交流视频会，http://it.chineseembassy.org/chn/sbdt/t1779296.htm（2020年6月25日读取）。

[③] 参见中国驻意大利大使馆网站，2020，李军华大使出席"中意先进制造联合实验室"2020活动启动视频会，http://it.chineseembassy.org/chn/sbdt/t1785625.htm（2020年6月25日读取）。

五、总结与思考：疫情下城市外交的特征及其优势

城市外交作为一种新兴的外交方式，又值此疫情传播的特殊时期，呈现出了鲜明的特征与优势。城市对接，资源互补，即时高效；包括社区、企业、慈善组织在内的多社会力量的加入更加激发了城市外交的活力；同时，值得注意的是，疫情下的城市外交更多的是以双边活动为主。

（一）即时高效

疫情传播的初期，形势非常严峻，对于一些危重病人，要想从死神手中抢人，就必须争分夺秒，时间一点也不能浪费。这也对援助资源的动员以及运输提出了极高的要求。传统形式的国家动员虽然有集中力量的优势，但客观来说，因为涉及区域广，物资规模大，需要各方协调，所以动员效率较低。城市之间的对接，因为资源体量小，距离疫情一线较近，则可以进一步克服此类问题，以较快的速度组织好疫情所需资源，并进行点对点的运输。前文所述的抗疫期间运送的物资多是当天或次日抵达，时间较长的，也未超过半个月。在目的地投放上，基本都是精确送往了所需的医院与社区，效率较高。

（二）多社会力量嵌入

疫情期间的城市外交，真正实现了多社会力量的嵌入。虽然相比于国家，城市募集物资的效率较高，但短时间内单靠当地政府的力量也还是有一定难度的。在意大利城市所提供的援助中，当地华人

华侨社区、中资合资企业以及非政府慈善组织的介入起了很大的作用。他们和政府工作人员通力合作，克服重重困难，将物资运抵疫区。佛罗伦萨市的捐赠就得到了当地中意企业家的大力支持。[1]

同时，因为多元力量的加入，使得疫情期间城市外交的范围被极大地延展开来，一直以来的"外交无小事"的原则使得不少城市在外事层面不敢放开手脚，所以大部分的城市外事办公室，其最主要的职能是为所在行政区内的公务员办理出国签证，对外交流、增进友谊的原有定位反而旁落。而疫情下的城市外交极大地释放了社会的活力，按照"嵌入式外交"理论向下分析，[2]越来越多的社会群体对于城市外交活动的嵌入，使得这些城市对外交往的能力提升，同时内生性的需求也被激发了出来。需要注意的是，虽然这里的社会力量具有很强的私人性质，但物资的捐献仍是以城市的名义开展，所以仍应属于城市外交的范畴。

（三）双边活动为主

不同于以往，此次疫情期间的城市外交，双边互有反馈的形式较多，譬如苏州市和佛罗伦萨市、张家口市与博尔扎诺自治省，不论友城友谊的长短，都互相捐赠了大量物资。[3]疫情前城市外交的

---

[1] 参见中国驻佛罗伦萨总领事馆网站，2020，领区侨界齐奋斗，共献爱心战疫情，http://firenze.china-consulate.org/chn/zxhd/t1745463.htm（2020年6月26日读取）。

[2] 赵可金：《嵌入式外交：对中国城市外交的一种理论解释》，载《世界经济与政治》，2014年第11期，第135—154页、第160页。

[3] 参见河北省人民政府外事办公室网站，2020，张家口市积极向疫情严重国家的我市国际友城捐助防疫物资，https://hebwb.hebei.gov.cn/single/376/4150.html（2024年11月27日读取）。

开展，为了提高效率，多将注意力集中在友城关系之外的国际城市组织上，利用多边平台，召开会议，开展交流。而在疫情传播这一重大突发性公共卫生事件的背景下，友城关系被再次激活，且被抬到了更高的位置，事实证明，城市的双边关系具有更强的稳定性与持续性。而国际组织则受限于诸多因素，在特殊时期无法较好地发挥其应有的作用。

习近平总书记近日在政治局常委会会议上的讲话中强调，面对严峻复杂的国际疫情和世界经济形势，我们要坚持底线思维，做好较长时间应对外部环境变化的思想准备和工作准备。[①]未来一段时间，我国所要面临的国际舆论可能并不轻松，面对这种新变化，更要有新思路、新方法。而对内可以深挖国内需求，对外可以构建友谊纽带的城市外交也许可以成为新时期下中国外交工作的破局之处。

[①] 中央党校（国家行政学院）习近平新时代中国特色社会主义思想研究中心：《做好较长时间应对外部环境变化的准备》，载《人民日报》，2020年5月13日，第09版。

第五部分

城市治理的模式比较

越南智慧城市建设模式与治理效果
——以河内和乐高科技园区为例[①]

余笑笑 李 猛

【摘要】 随着全球化程度加深与信息技术发展,运用信息技术提升城市治理已经成为新兴国家城市发展的重要目标。越南在20世纪初便积极参与智慧城市的建设,在河内构建以和乐高科技园区为代表的第一批高科技产业园区,进而推动智慧城市的建设。通过园区管理委员会统筹规划,逐步将资金投入形式从国内预算拨款转至以引进外资为主,优化园区内部产业结构以形成溢出效应,缓解河内人口负担且缓解交通压力。

【关 键 词】 越南 智慧城市 城市治理

【作者简介】 余笑笑,北京外国语大学国际关系学院2024级硕士研究生;李猛,北京外国语大学国际关系学院副教授。

一、引言

"智慧城市"这一概念,随着十年信息变革中4G普及、5G研发与物联网技术的逐步发展,以及全球化大背景下各国合作不断加深,已经成为各国内中型以上的城市与国际性都市接轨、扩大其实力与影响力的重要战略。作为城市建设发展的前瞻性道路,智慧城市的智能化成果与大数据信息也是推动城市治理的一大机遇。目前在东盟之中,越南是首先响应智慧城市建设的三大国家之一[②],并通过

[①] 编者注:本文写作于2024年。
[②] The ASEAN Secretariat. (2019). Statistical Yearbook of ASEAN 2019, 62.

225

物联网信息的发展与完善，使国家在全球营商环境中的总体排名提升至70名[1]。

在智慧城市政策的逐步落实发展过程中，以河内和乐高科技园区为主要试点项目的智慧城市不仅体现越南的基本国情，也显露受限于本土经济结构的局限性。越南河内的智慧城市发展为发展中国家城市运用新兴科技构建现代化城市，进行信息化城市治理提供了良多经验。

二、城市治理逻辑框架与智慧城市内涵

（一）城市治理逻辑框架

作为城市建设中必不可少的一项重要环节，城市治理不仅需要灵活联系城市政府与居民，更需要社会组织与企业的支持与配合[2]。在对照西方发达国家成熟的城市化发展与城市治理信息化的前提下，发展中国家的城市治理在紧跟时代前沿技术的同时，也必须同样重视本土化的效果，结合自身实际情况而适度调整。

唐亚林教授认为，城市治理方式与逻辑框架发展变化，考虑到劳动力、资本、物流、技术与资源这类生产要素的集聚效应[3]，逐渐形成了"以区域特大城市为核心的城市连绵地带——大都市区，

---

[1] World Bank Group. (2019). Doing Business 2020: Comparing Business Regulation in 190 Economies, 4.

[2] 郭会明、于相宝主编：《智慧城市建设运营模式研究》，北京理工大学出版社2016年版，第103页。

[3] 吴标兵、林承亮：《智慧城市的开放式治理创新模式：欧盟和韩国的实践及启示》，载《中国软科学》，2016年第5期，第55—66页。

由此引发了对城市治理模式的深刻转型：在面对城市区域空间扩大、基于城市行政区域权限的各种利益诉求等多因素叠加与强化，城市治理模式不得不从分割的治理体系走向以协调与合作为核心的多元主体共同参与的新兴城市治理模式。"[1] 利用智慧城市所构造的数据库与城际物联网，可以有效解决城市问题[2]，并及时调整治理的方法，以谋求达到城市治理的效用最大化。

（二）智慧城市定义、内涵与发展

"智慧城市"（Smart City）这一概念是2010年由IBM正式向各国提出的一大世界发展愿景，旨在信息化社会背景之下，通过运用物联网、云数据等基础设施和技术重新整合城市资源、划分城市功能区域并将不同功能区紧密联系，以实现全面透明的互联与社会智能化。该项政策建设方向依附于数字革命后端各项信息技术的发展方向，主要是将现代城市生产要素整合统一以解决城市治理问题。[3]

目前，智慧城市虽然受到多方关注，但其内涵与涉及范围依旧比较模糊，根据不同学者的侧重领域，智慧城市政策也随着时代科技的发展而逐步被诠释[4]。针对智慧城市概念中所包含的核心要素，可以延伸出几点针对城市治理的核心议题：

---

[1] 敬乂嘉主编：《科技创新与城市治理》，上海人民出版社2014年版，第67页。

[2] 夏志强、谭毅：《城市治理体系和治理能力建设的基本逻辑》，载《上海行政学院学报》，2017年5月18日，第11—20版。

[3] 刘淑妍、李斯睿：《智慧城市治理：重塑政府公共服务供给模式》，载《社会科学》，2019年第1期，第26—34页。

[4] Batty, M., Axhausen, K. W., & Giannotti, F. etc. (2012). Smart Cities of the Future. *The European Physical Journal Special Topics*, 427-512.

第一,"智慧城市"主要依托于信息通信技术的应用。以信息技术为支撑,结合传统城市治理模式进行革新,智慧城市可以提供密集型高科技产业的平台,帮助提高政府的治理能力,高效解决城市问题[1];第二,环境保护是城市发展进程中必须面对的重点与难点。智慧城市可以通过技术支持提供良好的基础设施并健全共享机制,推动建设绿色和谐的现代化城市[2];第三,治理主体多元化也是城市化推进过程中的主流趋势,而智慧城市的构建与完善同样需要不同城市主体进行参与,加强政府本身治理能力,发挥政府引导作用,鼓励公众与社会组织的积极参与[3],也是智慧城市政策推行所探讨的主要议题。

经过了十年的逐步发展与全球化联系不断加深,"智慧城市"已经成为了国际性城市发展与扩大实力影响力的大方向,其体系与标准也随着物联网的发展而不断细化与全面化。2019年,获得多数认可的智慧城市的定义包含智慧能源管理技术、智慧交通系统普及、智慧安全管理、智慧校园、智慧经济与智慧生活等。根据IBM预估报告显示,发展至2020年,智能城市产业预计将成为一个价值4,000亿美元的市场,在全球拥有600个城市。麦肯锡的研究显示,到2025年,这些城市的GDP预计将占全球的60%[4]。

---

[1] Batty, M., Axhausen, K. W., & Giannotti, F. etc. (2012). Smart Cities of the Future. *The European Physical Journal Special Topics*, 427-512.

[2] 张露:《大数据时代的智慧城市安全建设研究》,载《科技创新与应用》,2020年第15期,第42—43页。

[3] 雷明:《大力提升基层应对重大公共危机的能力》,载《社会科学报》,2020年3月26日,第001版。

[4] IBM, https://www.ibm.com/cn-zh(2024年9月27日读取)。

根据普华永道智慧城市的数据来看,到2025年,河内将成为世界上增长最快的城市之一。尽管从2007年到2017年国内生产总值从两位数下降到个位数,但在2019上半年,河内依然吸引了超过53亿美元的国际直接投资(FDI)项目,使其成为越南最大的外国直接投资目的地[1]。

参照智慧城市的发展框架与城市治理逻辑框架,越南河内作为发展中国家的重点城市,是最早投入物联网建设,并推进治理信息化的城市之一。尽管最初与发达国家的国际性都市有着较大的差距,但是在逐步摸索了十年的智慧城市建设中,越南也同样利用大数据环境,使得河内在近几年已经完成了智慧城市的初步建设,并且通过灵活套用智慧城市的核心提议与发展路径,以和乐高科技园区为重点项目,突出了智慧城市政策对城市治理信息化的作用与影响。

三、越南河内智慧城市建设

(一)"智慧城市"建设顶层设计与预期治理效果

越南作为东南亚主要国家之一,随着1986年革新开放与国际化程度不断加深,其政府也将发展重心逐步转向了创新科技,将智慧城市作为越南经济今后最重要的发展动力[2]。2018年8月,越南政府通过了《2018—2025年越南可持续智慧城市发展提案》,将河内与

---

[1] IBM,https://www.ibm.com/cn-zh(2024年9月27日读取)。
[2] 王德春:《一些国家智慧城市建设的做法及其重要启示(上)》,载《智慧中国》,2015年第3期,第74—77页。

胡志明两大城市划分为第一批智慧城市并构建规划，希望通过智慧城市在多地区的落实将北部、南部及九龙江平原地区联系紧密。政府在智慧城市发展方面不仅给予计划支持，也同样通过不断出台的政策落实跟进。

河内作为越南的政治首都，在经济贡献方面仅次于胡志明市。然而，由于其古老的历史、复杂多样的地理位置与政治更迭，河内在经历过长期抵制城市现代化之后，在20世纪初转变固有观念，谋求由点及面的城市化，并最终成为具有一定国际影响力的大都市[1]。在河内千年庆典（2010年）时，河内为重新带动越南经济革新并且跟进全球化进程，政府积极响应"智慧城市"的提议，首先确立了和乐高科技园区，拟通过园区内部科技产业集聚带动城市其他功能区基础设施建设与经济发展，提供智慧城市政策推进与技术示范投资加强等次生效应。

从顶层设计方面，越南河内智慧城市建设主要依靠两大计划以推进园区发展：越南社会经济发展计划与空间计划。

其一，越南社会经济发展计划是由国家一级的社会经济规划系统构建、越南中央统一部署的社会经济发展计划。该计划主要分为两部分：十年"经济社会发展战略"和对应细化而成的两个连续性五年"经济社会发展计划"。

《十年战略纲领》是在1986年革新开放之后提出，一直沿用至今的国家发展路径。在2011年召开的越南第十一届全国代表大会上，

---

[1] TỔNG CỤC THỐNG KÊ GENERAL STATISTICS OFFICE, TƯ LIỆU KINH TẾ-XÃ HỘI 63 TỈNH, THÀNH PHỐ TRỰC THUỘC TRUNG ƯƠNG（越南国家统计局：63省市统计对比），2020, 121-167.

通过了第三个此类战略——《2011—2020年经济社会发展战略》。该项战略内所有政策所明确的共同目标是"沿着社会主义路线加速国家工业化和现代化，为2020年基本成为工业化国家奠定基础"。

根据越南《2011—2020年经济社会发展战略》，越南将加快经济结构调整，在2011年至2015年期间实现国内生产总值（GDP）年均增长7%至7.5%，人均GDP达到2,000美元；2020年GDP争取达到2010年的2.2倍，人均GDP达到3,000美元[①]。同时，第十一届党代会确定了总体战略目标：力争到2020年，越南将从根本上成为现代工业化国家；政治社会稳定民主；人民的物质和精神生活得到了明显的提升；越南在国际舞台上的地位继续提高；为下一阶段的进一步发展奠定坚实的基础。为了实现所确定的目标，大会一致通过了战略中提出的发展指导方针，例如：完善市场经济体制，以指导社会主义；确保宏观经济稳定；动员和有效利用资源；发展工业，建设现代化，提高质量，增强竞争力[②]，为工业国家奠定基础；以现代、高效、可持续的方式全面发展科技产业；大力发展高价值、潜力大、具有竞争力的服务业；快速健全以交通基础设施为主的城市建设，着力发展河内与胡志明市的智慧城市建设，为其他城市建设与

---

① Chiến lược phát triển kinh tế - xã hội 2011-2020（越南共产党第十一届全国代表大会：2011—2020年经济社会发展战略），24 September 2015, http://tulieuvankien. dangcongsan.vn/ban-chap-hanh-trung-uong-dang/dai-hoi-dang/lan-thu-xi/chien-luoc-phat-trien-kinh-te-xa-hoi-2011-2020-1527.

② Project for Studying the Implementation of Integrated UMRT and Urban Development for Hanoi in Vietnam. Final Report Main Text Part I: TOD Concept Plans, November 2015.

城市治理提供经验与模板。①

十年战略和五年计划都属于规划和投资部（MPI）的管辖范围。中期计划委员会是获授权的主要政府机关，负责与参与拟订计划和编制最后文件的有关机构进行协调。在越南十一大所确立的第九个五年计划（2011—2015年）中，确定平均增长率目标在2011—2015年五年间保持7.0%—7.5%；GDP结构中，高科技产品和高科技应用占GDP的35%，通过培训的劳动力比例为55%。五年期间的社会资本投资占GDP的40%。政府预算动员达到GDP的23%—24%。到2015年，人均GDP应约为2,000美元②。在计划中，其主要任务提及针对国家内部的城市建设，需要动员和有效利用资源，逐步建设现代基础设施；继续完善市场经济体制，积极引进外资以推动经济结构的转变；发展和提高教育和培训的质量和人力资源的质量；发展科学、技术和知识经济③。

---

① Đại hội đại biểu toàn quốc lần thứ XI Đảng Cộng sản Việt Nam（越南共产党第十一届全国代表大会会议报告），25 September 2015, http://tulieuvankien.dangcongsan.vn/ban-chap-hanh-trung-uong-dang/dai-hoi-dang/lan-thu-xi/dai-hoi-dai-bieu-toan-quoc-lan-thu-xi-dang-cong-san-viet-nam-5.

② Nghị quyết Đại hội đại biểu toàn quốc lần thứ XI Đảng Cộng sản Việt Nam（越南共产党第十一届全国代表大会决议），24 September 2015, http://tulieuvankien.dangcongsan.vn/ban-chap-hanh-trung-uong-dang/dai-hoi-dang/lan-thu-xi/nghi-quyet-dai-hoi-dai-bieu-toan-quoc-lan-thu-xi-dang-cong-san-viet-nam-1524.

③ Báo cáo đánh giá kết quả thực hiện nhiệm vụ phát triển kinh tế - xã hội 5 năm 2011-2015 và phương hướng, nhiệm vụ phát triển kinh tế xã hội 5 năm 2016-2020（2011—2015年五年社会经济发展任务执行情况评估报告及方向，2016—2020年五年社会经济发展任务），31 March 2016, http://tulieuvankien.dangcongsan.vn/ban-chap-hanh-trung-uong-dang/dai-hoi-dang/lan-thu-xii/bao-cao-danh-gia-ket-qua-thuc-hien-nhiem-vu-phat-trien-kinh-te-xa-hoi-5-nam-2011-2015-va-phuong-huong-1599.

其二，空间计划具体指越南2013年颁布的建筑法。该项法则旨在通过具有法律效力的条款规划区分不同层级不同区域，以此协助智慧城市政策中关于功能区域落实并推进智慧项目规范化，属于国家地方一线的空间规划体系。

根据《2013年建筑业法则》第13条，建筑规划分为以下四类：区域建设规划、城市规划、特殊功能区规划和农村规划。其中，统领区域建设规划需要各地方政府积极响应，形成北部、中部与东南部的区域效应。河内在北部一直保持着先锋带头作用，希望通过高科技园区的示范效应以带动城市规划建设。高科技产业园区也同样属于政府所划分的特殊功能区规划，相关智慧项目（数字金融中心、金融试点方案与航天技术园区等）在《2013年建设法》第二章第三节中，规划了以下功能区：（1）区域经济；（2）工业区、出口加工区、高新技术园区；（3）生态旅游区；（4）保护区、历史文化区；（5）研究区、训练区和运动区；（6）空港港区；（7）核心基础设施节点分区。

同样，河内作为越南历史古都与行政中心，其智慧城市的多方面区域划分参照了功能区规划。高科技产业园区作为智慧城市的技术集合中心，同样也涉及其他方面的辐射作用。河内政府在确立和乐高科技园区之后便建立了和乐高科技园区委员会，以贯彻越共会议政策指示，作为河内智慧城市的试点总项目确立空间规划体系。

（二）河内"智慧城市"建设特点分析

河内作为越南首都与行政中心，早在2011年便于市区中部开展智慧能源系统的项目建设。和乐高科技园区（HHTP）成立于1998年，是越南第一个高科技园区，也是目前该国最大的高科技园区，与西贡高科技园区和岘港高科技园区是仅有的三个国家级高科技园区，在河内城市发展规划中一直占有极为重要的战略地位。

1. 充分发挥地理位置优势、教育辐射面广

该园区项目位于河内西部地区，总面积15.52平方公里。项目中包含了教育与科技产业，也同样囊括了一般性功能区域：部分居民住宅与写字楼等基础服务区域，专为技术型人才与专家提供的居住设施以及娱乐和体育中心，二类计划中所包含的服务中心与住宅区域总面积为1,586公顷，并划分为不同功能的小区。和乐高科技园区位于河内以西25公里处，距内排机场（Noi Bai）42公里，距松泰港20公里，距彩兰港和海防深水港150公里。园区与城市周边产业联系紧密，与周边地区之间交通架构便利[1]。利用目前越南各主要公路与河内城市各地区之间构成资源运输的专门渠道[2]。

教育资源整合方面，和乐高科技园区坐落在河内国立大学（Hanoi National University）旁边，并且与其他学术机构来往密切。河内国立大学和其他教育和培训机构位于园区附近，提供研发能力和熟练劳动力。越南太平洋大学与哥伦比亚大学和法国科技大学之间都有深度积极的合作[3]，在园区内也举办了多次学术讲座。和乐高科技园区在建成之后一直都十分重视教育联系程度与技术交流，希望

---

[1] Leducq, D., & Scarwell, H. J. (2017). The New Hanoi: Opportunities and Challenges for Future Urban Development. *Cities*, 72(A), 11.

[2] HHTP. Vision and mission. http://hhtp.gov.vn/en/about/vision-and-mission-21.html (accessed 07/09/2024).

[3] Leducq, D., & Scarwell, H. J. (2017). The New Hanoi: Opportunities and Challenges for Future Urban Development. *Cities*, 72(A), 70-81.

可以掌握河内主要教育资源成为国家研发中心和技术孵化器、高技能劳动力培训中心，以推动完善现代化科技城市的基础设施和服务促进高科技生产和贸易。在园区内，不少高等学校与全国范围内的其他高校交流密切[1]，园区内学校也与同区域内专业对口的科技、服务产业之间有实习参观等活动，联系紧密。这使得科技园区辐射范围不仅覆盖城市，对国家范围内都有一定的影响。

和乐高科技园区教育辐射面广泛，园区内部学校潜性教育资源水平上升，也同样满足了园区内部人口就业需要与相关产业的招工需求。和乐高科技园区努力打造知识经济，通过高科技教育资源整合，以促进智慧城市内部多要素集群发展。

2. 倚重外资引进与周边国家带动

伴随着越南经济增速上涨与逐步完成城市基础设施建设，园区的招商投资呈现出政府帮扶背景下，以大型国际集团投资为主要力量，国内集团辅助支持的特点。

越南在亚洲国家范围内是增速最快的经济体之一，国际货币基金组织（IMF）于2020年5月12日表示，受到新冠疫情的影响，越南国家经济增速放缓至2.7%，但2021年仍预期增长恢复至6.5%[2]。尽管经济增速一直保持亚洲前列，但是由于越南国力基数较低，并不能达到厚积薄发的效果，国家实力与经济存储量仍在亚洲国家中不占

---

[1] Việt Nam News. 2020. Project to better research and education at Việt Nam-Japan University inked in Hà Nội. https://vietnamnews.vn/society/592401/project-to-better-research-and-education-at-viet-nam-japan-university-inked-in-ha-noi.html (accessed 07/09/2024).

[2] HHTP. 2020. FDI capital keeps flowing into VN. http://hhtp.gov.vn/en/tin-tuc/fdi-capital-keeps-flowing-into-vn-1620.html (accessed 07/09/2024).

优势。在国家背景的影响下，尽管和乐高科技园区的项目搭建每年都由委员会上报政府批拨预算，但是很大程度上依旧依赖国外的直接投资与技术引进。

和乐高科技园区成立的最初目的是成为越南国内高科技产业集群的制造、研发和创新领头项目，但是由于启动困难和基础设施不完善，园区最初凭借国家财政的专项拨款难以达到科技园区的标准，由于国家实力积弱，不具备同国际都市发展数字化建设的硬性条件，无法通过园区的招牌吸引到国外实力较强的投资者。所以自园区建立之后，河内政府一直致力于建设低效能的基础设施，最初主要依靠与美、日、韩等国间的国际合作，通过贸易协定等其他形式带动国外投资。韩国韩华集团（Hanwha Group）、日本电产株式会社（Nidec Corporation）与尼桑集团（Nissan Techno）针对科技产业进行了主要投资[①]。

园区大部分地区虽然并不具备较为完善的基础设施，但是大量的原始土地与廉价丰富的劳动力成为越南河内高科技园区的一大优势，有利于跨国投资进行较为彻底的改造与长期建设。其中，丰富而廉价的劳动力资源，是中国等外国电子元件制造业进行国内基本厂房替代的主要考虑因素之一。河内和乐高科技园区在初期曾吸引了富士康（Foxconn）、英特尔（intel）、松下（Panasonic）和三星（Samsung）等科技巨头的投资。政府希望通过吸引外国科技领袖的投资，越南可以受益于知识溢出效应和先进技术。因此，和乐高

---

① 越南政府官网，http://www.chinhphu.vn/portal/page/portal/chinhphu/trangchu (2024年9月7日读取)。

科技园区也根据投资的水平和性质，采取各种鼓励措施来吸引外国投资。

在河内主要城区实现了基本工业化之后，和乐高科技园区拥有了继续发展的基础与后备资源动力，成为外国直接投资（多为电子产品制造商）的主要目的地。因此，自2010年之后，和乐高科技园区配备了更高质量的基础设施，共吸引了90个投资项目，投资总额近86万亿越南盾[1]，并开始发挥其最初作为技术中心的影响力。尽管胡志明市是越南的经济与金融中心，但在2019年第三季度，和乐高科技园区超越了胡志明市高科技园区，成为越南最受欢迎的投资产业园区，外资投资总额近6.9万亿越南盾。园区不断进步与完善也带动了原有投资集团的加码投入与新跨国公司的关注[2]。

受越南政府政策与对日对美的外交活动影响，越南在2017年通过了相关优惠政策以呼吁日本高科技企业针对和乐高科技园区进行投资，并争取将和乐高科技园区建设成为"科学之城"。2019年10月中旬，瑞典爱立信公司与越南科学技术部于和乐高科技园区内

---

[1] 越通社，2020，Viettel计划2020年在和乐高科技园区开工建设高科技工业生产厂项目，https://zh.vietnamplus.vn/viettel-计划2020年在和乐高科技园区开工建设高科技工业生产厂项目/108047.vnp（2024年9月27日读取）。

[2] Khac Minh. (Trans.). Des métropolisations en concurrence: le développement des périphéries urbaines de la région de Hô Minh Ville (Vietnam) sous l'effet de la création de zones industrielles（竞争中的大都市：越南胡志明市周边城市的发展），U. F. R. DE GÉOGRAPHIE ÉCOLE DOCTORALE DE GÉOGRAPHIE DE PARIS: ESPACES, SOCIÉTÉS, AMÉNAGEMENT（巴黎地理博士学院：空间，社会，环境），2020, 04.

成立物联网创新中心[①]，旨在通过物联网建设为通信企业、高校教育与研究中心提供同等科技力平台，以协助各类创新型企业推进产品应用。2020年3月，河内市同日本协力机构举行座谈会，希望由政府层面加快带动既有合作项目的进度。国内集团投资方面，越南Vingroup集团于2019年6月着手在和乐高科技园区内建设智能手机生产厂，希望通过更高标准的生产线条件打磨国产品牌；而在2020年1月初，越南军用电子电信公司（Viettel）也着手与和乐高科技园区管理委员会建设高科技工业生产项目。

尽管园区一直保持在国家的先进行列，但总体上看，和乐高科技园区依然比较依赖国外投资引进以获取资金与技术支持，除却国家强制掌控的资源与产业项目以外，多数项目都需要外部力量推进。

3. 园区内部企业多优惠且投资流程简单化

和乐高科技园区委员会在2006年之后出台了针对企业落地开厂的优惠政策，不仅为了吸引外资，也为了吸引国内创新企业发展以跟进国际科技水平。自2018年起，优惠政策主要是减免目标企业（电子零件、物联网信息技术等）所得税以及提供优惠税率。越南的标准企业所得税税率是20%。享受税收优惠资格的期限，按项目第一年应纳税所得额计算。如项目头三年没有应纳税所得额，则按项目第四年计算。新投资项目将从应纳税所得额的第一年开始享受四年的企业所得税减免。在接下来的九年里，投资享受10%的优惠税率。完整的激励措施持续13年，但只能在项目的前15年内实施。

---

① 越通社，2019，越南物联网创新中心正式问世，https://zh.vietnamplus.vn/越南物联网创新中心正式问世/94423.vnp（2024年9月27日读取）。

例如，如果一个项目直到第五年才有应税收入，它就不能享受最后三年的优惠税率。对采用高新技术的大型投资项目，从开工之日起30年内，享受10%的税收优惠。

除了优惠税率和免税，园区还简化了投资程序，简化了雇用外国工人的程序。此外，园区的管理人员将协助与有关政府当局联络，并取得必要的文件和许可证。

根据2008年《高新技术法》第21/2008/QH12号和2006年《高新技术法》第27/2006/QD-BKHCN号的规定[1]，要适用园区的激励措施，投资必须符合一定的标准，以确保它们是高科技项目。园区主要关注四个领域：信息技术、生物技术、新材料技术和自动化技术。此外，园区管理层还列出了优先投资产品和符合投资条件的产品清单。参与研发工作的劳动力中，至少有5%的人必须拥有大学学历或更高。在越南进行研究和开发工作的总费用，包括技术和工程基础设施的建设，必须至少占年度营业额的5%，或在越南进行的研究和开发活动的费用（如人力成本）的1%。此外，生产线上三分之一的技术必须是自动化的。操作还必须符合越南的卫生、环境和技术标准。

四、城市治理效果与后续政策调整

和乐高科技园区发展本身作为河内智慧城市建设计划的重要先锋试点区域，其发展与结构转型、政策调整，不仅是为改善区域内

---

[1] Leducq, D., & Scarwell, H. J. (2017). The New Hanoi: Opportunities and Challenges for Future Urban Development. *Cities*, 72(A), 103.

水平，更是对城市区域治理具有一定的溢出效应。通过对投资项目扩大与结构迁移，不仅带动城市其他区域的外资技术下沉，加强河内城市内部的交通联系，更是对全面构建智慧城市作出了重要贡献。

（一）"智慧城市"政策下城市治理效果

1. 减轻疫情负面影响，吸引外资形成技术溢出

2020年1—4月间，越南吸引了价值约123.3亿美元的外国直接投资，相当于去年同期记录数字的84.5%（包括对新项目的认捐、补充资本和股权收购）。外商直接投资支出51.5亿美元，同比下降9.6%。在和乐高科技园区公布的数据中，2019年，在18个接受外国投资的行业中，制造业最具吸引力，约为60亿美元，其次是电力生产和分配，为39亿美元，批发和零售为7.76亿美元，房地产为6.65亿美元[①]。

专家将越南2020年第一季度的投资总额下降归因于新冠病毒的影响，但依然保持着积极态度，因为总体上看，越南的总体投资依旧高于2016—2018年公布纪录的平均值，与该地区其他国家相比只是略有下降。越南计划投资部外国投资局前局长潘友胜（Phan Huu Thang）表示，新冠病毒疫情减缓了包括越南在内的世界各国经济增长和外国吸引力。然而，越南有效的疾病控制赢得了国际社会的高度赞赏，这被认为是帮助这个东南亚国家在大流行之后吸引更多

---

① HHTP. 2020. Viet Nam ready to welcome FDI waves. http://hhtp.gov.vn/en/tin-tuc/viet-nam-ready-to-welcome-fdi-waves-1625.html (accessed 07/09/2024).

外国投资的重要推动力①。日本贸易振兴机构（JETRO）最近进行的一项调查显示，在越南，有65.8%的日本企业报告盈利或没有亏损，而63.9%的受访企业着眼于在未来1—2年内扩大生产和经营活动。该机构驻胡志明市首席代表平井慎二（Shinji Hirai）认为，目前越南政府已经能够较好控制疫情情况并有效降低损失，这会对外国直接投资（包括来自日本公司的投资）产生新的助力②。

随着新冠肺炎疫情防控取得初步成效，政府同步实施支持工商界克服困难的政策，也将成为促进越南近期对外直接投资的一个有利因素。在疫情发生之后，随着越南卫生管控减轻与全面恢复生产，河内产业园区及其城市内其他城区的投资计划也继续保持了积极向上的态势。尽管在三月初欧洲因为疫情时间差扩散影响，间接影响到了越南与欧盟自由贸易协定（EVFTA）流程，但是越南规划与投资部门依然较为自信，依旧认为越南会成为国外投资方的目的地。

和乐高科技园区管理当局正准备向来自潜在投资者的项目颁发投资证书，如越南企业KOVA Paint和日本电产株式会社③。韩华集团于2018年开始引进二轮投资，预备发展韩华航空的发电机生产，并

---

① HHTP. 2020. ADB: Viet Nam still remains among fastest-growing economies in SA despite COVID-19. http://hhtp.gov.vn/en/tin-tuc/adb-viet-nam-still-remains-among-fastest-growing-economies-in-sa-despite-covid-19-1621.html (accessed 07/09/2024).
② 越通社，2020，河内市与日本国际协力机构联合加快合作项目的进度，https://zh.vietnamplus.vn/河内市与日本国际协力机构联合加快合作项目的进度/111384.vnp（2024年9月27日读取）。
③ 同上。

考虑将初期的工厂转移投资到周边市镇,继续享受更为廉价且丰富的劳动力资源。和乐高科技园区也同样积极配合新一轮投资合作项目推进,把其他的初期产业向周边城市转移,以推进园区内部的产业结构革新。

大体上看,近年来河内政府不断革新,积极扩大商业投资与促进一体化,和乐高科技园区虽然也因为新冠疫情受到了一定的影响,但仍是国外对越南进行投资的首选目的地。在此基础上,由于十几年的产业发展,园区内逐渐趋于饱和状态,一些在园区初期搭建的低技术工厂与一些后续投资技术性较强但涉及污染等多方面问题的产业开始逐步向河内其他城区及其周边市镇地区迁移,这不仅缓解了河内城区内部的环境压力,优化园区产业结构,也同样形成技术溢出效应,带动河内周边市镇的工业化程度提高,也推动周边城市的经济发展。

2. 联动次区域治理,减轻就业压力,优化城市治理结构

和乐高科技园区经过十几年的发展,已然成为河内最为重要的城市治理与新城市区域配备的试点区域,主要利用其较为完善的现代化智慧结构与技术性基础设施的优势,帮助河内政府减轻就业负担,缓解交通压力。

针对就业方面,越南和乐高科技园区除了引进新项目与科技企业工厂以解决就业问题之外,也同样出台了一系列福利政策,通过改善园区员工福利并扩大产业规模等形式推动城市人口就业,缓解首都河内的就业压力。

作为首都的重点科技园区与国家的重点引资区域,和乐高科技园区在河内智慧城市区域治理中所发挥的溢出效应一直受到园区委员会与政府的重视。2017年6月20日，政府更依法通过了《关于和乐高科技园区专用机制和政策的政府号法令》[1]，针对园区建设与产业结构转型提供政策支持。园区内部也一直在发展中不断优化调整方法，以发挥智慧城市的试点影响，缓解河内政府的治理压力。

2019年，园区又公布了上调园区最低工资的政策。该项政策规定，自2020年1月1日起，全区最低工资标准将比2019年提高15万—24万越南盾[2]。该法令规定，本地区最低工资标准适用于合同工。政策内所规定的区域最低工资是指在正常工作条件下完成简单工作并完成劳动规范的员工所获得的最低工资，至少比技术工人的区域最低工资高出7%。这一政策的出台，不仅改善了园区内低技术型员工的工资水平，也同样配合外资办厂吸引了首都外来居民迁移就业。

除了解决就业压力，和乐高科技园区也同样为构建河内智慧城市的信息化社会做出了贡献：在园区内扎根发展的外国企业，延伸至河内城市与周边市镇，也带动了相关技术的扩大与普及；而园区内部不断完善的科学技术发展计划与战略评估，也同样为城市各区域提供了智慧城市的模板与经验。

2019年初，在政府指导下，和乐高科技园区发布了关于园区进一步发展的多方面决议。其中针对科学技术的投资提出了更为详细

---

[1] Hanoi governance. (2019). Decision: On functions, duties, rights and organizational structure of Hoa Lac Hi-tech Park management board affiliated to the ministry of science and technology.

[2] HHTP. 2019. Region-based minimum wage to increase from January 1, 2020. http://hhtp.gov.vn/en/tin-tuc/region-based-minimum-wage-to-increase-from-january-1-2020-1615.html (accessed 07/09/2024).

的要求：园区重点扶持科技和高新技术企业孵化，开展创新型创业；积极接收科学技术，并向其他城区分享、推广和转让技术；按照法律规定提供培训并考核高新技术人才；为企业提供孵化、培训、技术转让、创新创业等方面的咨询和服务，提供高新技术人才。

（二）城市治理政策与智慧城市建设调整

尽管高科技园区作为河内智慧城市的缩影，反映出了河内作为中水平城市仍有局限与不足之处，但是根据近五年内越南年鉴与河内经济报告对比，科技园区的产业比重依旧保持在稳定增长的前列，且外资投入与资本占比一直处在产业前三的水平，证明园区的发展确实着力于国家发展现实情况，为经济发展与科技水平提高作出了明显的贡献。河内政府也在保持科技园区已有成效的基础之上，针对其内部可利用的信息资源进行再整合分配，通过迭代变革对河内的城市整体治理进行更为细致的规划，越南政府也为此在越共十二大会议上重申《至2020年高科技园区发展总体规划及2030年愿景》，并且在党代会上提到了2018—2025年智慧城市发展规划。

在2015年十大规划中，越南政府总理批准了《至2020年高科技园区发展总体规划及2030年愿景》[①]。该项政策加强基础设施建设，将数字技术应用于城市治理。越南工商会主席武进禄（Vu Tien Loc）表示电子政府的规划需要通过高科技园区来体现，以点及面，

---

① Perkins-Eastman. 2011. Hanoi capital master plan to 2030. https://zh-cn.perkinseastman.com/projects/hanoi-capital-master-plan-to-2030/ (accessed 07/09/2024).

通过平台的创建与完善，以扩大至城市范围。在胡志明市于2019年发布了跟进中央决议的智慧城市规划方案后，河内也出台了第66号方案：将和乐高科技园区的全方位规划目标定位到2025年，以推进国家参与实施《全面与进步跨太平洋伙伴关系协定》（CPTPP）。从政府发布的66号方案来看，城市旨在通过应用技术启动政府电子政务，通过高科技园区实验智能交通系统、智能电网与智能水管理系统。河内政府希望以高科技园区的良性治理，运用区块链技术与5G技术规划以实现城市内区域治理。

根据《越南2018—2025年智能和可持续城市发展战略总体规划》（Master Plan for Vietnam's Smart and Sustainable City Development Strategy in the 2018-2025 Period），到2020年，政府应建立发展智慧城市的法律政策框架，包括应用ICT技术法律框架、发展地理信息系统（GIS）为基础的城市空间数据基础设施以及建立国家城市数据库等，并为部分城市发展及试点投资作好准备；到2025年，越南旨在参照河内等一批城市经验的基础上，实施发展第二批试点智慧城市的第一阶段：完成针对高科技产业与生活信息化的法律框架立法工作，建立发展与和乐高科技园区类型相同的试点项目、完成城市基础照明、交通、供水及排水、电力及电网、自然灾害预警系统以及通信设备基础设施等相关国家级优先标准的建设，并且在试点一阶段完成之后计划将有效经验推广到其他行业与领域中。

根据该规划，到2030年第一个试点阶段完成时，河内、胡志明市和岘港都将完成第二阶段建设并成为中心城市，且在这三个城市之外，其他城市将通过借鉴该模式，在越南北部、中部和南部地区以及湄公河三角洲地区建立一个智能城市联盟网络。为了实现这一目标，越南将在2025年之前实施智能城市发展试点项目的第一阶段。在此期间，将完成试点发展计划的法律框架，以及城市管理、照明交通、供水和排水、废物收集和处理、电力和电网、自然灾害预警系统和ICT基础设施的法律框架。目前，越南邮政通信集团（Vietnam Posts and Telecommunications Group）、越南军用电子电信（Viettel）、美国微软和IBM以及日本的富士通（Fujitsu）正在部署30多款智能城市模型与智慧项目[①]。该项总体规划为越南国内外投资者提供了较为明确的战略方向，也为和乐高科技园区吸引了大批外资以调动资金支持城市治理合作发展。

五、结论

今年作为越南第十个五年计划的收尾之年，也同样是越共十三大与2016—2020五年计划的关键时期。河内政府一直将和乐高科技产业园区视为带动城市信息化的重要试点区域。在十几年的开发与建设中，尽管一直过度依赖国外集团的资金与技术投入，基础设施仍不能与发达国家国际性都市的高科技园区相提并论，但是和乐高科技园区的规划与发展一直都符合越南的资源与经济发展水平，结合河内政府的地理位置与实际经济情况以推进科学技术的引进与推广。根据其城市治理的实际效果，高科技产业园区对智慧城市的建设依旧有重要影响：无论是在功能区域间的信息联系紧密的直接影

---

① Vietnam Real Estate. 2010. Hanoi Master Plan by 2030 and Vision to 2050. http://vnre.reic.vn/2010/03/hanoi-master-plan-by-2030-and-vision-to.html (accessed 07/09/2024).

响,还是涉及资本流入在分配与解决就业压力等溢出效应上,都有着明显的成效。产业转型升级,为河内智慧城市的第二阶段建设提供新的动力,也为周边城市的第一阶段建设提供学习路径。

智慧城市治理模式的中欧比较：以罗马尼亚为例[①]

赵亮员　薛　品

【摘要】 智慧城市从概念到现实，在中国和欧洲都已历经数十年的发展和实践。本文考察了东欧国家罗马尼亚近年智慧城市的发展策略和实践，并选取该国一市为例，考察了政府、市场和社会在治理结构中的角色，并结合中欧差异提出了有关智慧城市治理的几点思考。

【关 键 词】 智慧城市　治理模式　罗马尼亚　比较分析

【作者简介】 赵亮员，中国社会科学院大学社会与民族学院副教授、中国社会科学院大学数字中国研究中心研究员；薛品，中国社会科学院民族学与人类学研究所副研究员。

【基金项目】 国家社科基金一般项目"超大城市社会治理数字红利及其差异研究"（项目号：24BSH021）。

智慧城市概念的最初提出距今已有20多年，与其相近的概念还有数字城市等。2008年以来，智慧城市在全球的城市化实践中走向前台。欧洲的智慧城市发端于2009年。2012年7月，欧盟委员会启动了"智慧城市和社区欧洲创新伙伴关系"计划，该计划将行业的利益相关方聚集在一起，使他们可以分享经验和成功案例，共同面对当前面临的挑战，从而促进能源、交通和ICT基础设施方面跨领域的创新，该计划还明确支持智慧城市项目的开发和实施。[②]

[①] 编者注：本文写作于2020年，2024年有更新。
[②] 维也纳工业大学智慧城市研究团队报告，http://www.smart-cities.eu/（访问时间：2024年11月6日）。

从2013年开始，欧盟在各个发展计划中制定了面向2020年的发展规划，如为实现智慧、可持续和包容性增长的《欧洲2020战略》和《资源效率欧洲》计划中，都涉及智慧城市的相关目标和任务。罗马尼亚受益于2007年加入欧盟，近年经济保持中高速增长。作为中东欧第二位人口大国，罗马尼亚面临着城镇化加速和数字化转型的现实挑战。[1]其智慧城市发展路径和治理结构也呈现了自身的特点。

一、研究背景

国内学者对智慧城市的关注以技术层面、城市发展层面和社会层面为主[2]。欧洲的智慧城市研究一方面强调新技术的作用，注重智慧城市的系统性，认为技术的扩散和可用性影响了城市的发展和组织。新技术和服务，特别是交通、能源和信息通信技术领域的新技术和服务，是实现智慧城市可持续发展的重要手段。另一方面，注重价值导向，如透明度、责任感、灵活性、可持续性、竞争力、标准等。[3]具体项目中注重关于数据隐私、绿色节能、生活质量等价值理念。本文主要从治理层面讨论智慧城市。鉴于罗马尼亚智慧城市

---

[1] 罗马尼亚人口1,900万，在中东欧地区仅次于波兰。按购买力平价计算的年人均国民收入为2.83万美元，和中国一样处于中高等收入国家行列。但城镇化水平低，仅达54.1%，贫困发生率高达23.6%。（世界银行2017年数据）

[2] 刘洪民、刘炜炜：《智慧城市建设理论与实践研究综述》，载《浙江科技学院学报》，2020年第32卷第2期。

[3] Androniceanu, A., & Ivan, M. (2012). Smart City—A Challenge for the Development of the Cooperation Mechanism Between European Cities. *Proceedings of Administration and Public Management International Conference*, (8).

的发展理念和政策都深受欧盟影响,有必要对欧洲(欧盟)的智慧城市理论与实践做一梳理。

(一)治理的学术视角

有研究考察了"智慧城市主义"和智慧公民,揭示了欧洲"以公民为中心"的智慧城市的新自由主义逻辑。研究对相关人士进行了大量的访谈,通过考察欧洲智慧城市和社区创新伙伴之间的关系发现,跨越国家的创新合作组织在多层面上发挥作用,将各种形式的新自由主义城市主义联系起来,同时促进在日常空间中发挥新自由主义公民身份的政策议程和项目。尽管其试图将智慧城市重塑为"以公民为中心",但智慧城市主义仍然植根于务实、工具性和家长式的话语和实践,而不是社会权利、政治公民身份和共同利益的话语和实践。在国家和公司定义的约束框架内优先考虑的是市场主导的城市问题解决方案,而不是以公民、社会、政治权利和共同利益为基础。该研究还借鉴并扩展了在规划和更新计划中的参与性开创性工作[1],以创建"智慧公民参与的脚手架"概念工具,用以揭示智慧城市形塑公民的各种方式。[2]可见,虽然欧洲的人文主义传统比较重视个人权利和福利,但在智慧城市的治理结构中,作为重要参与方的"智慧公民"并不是一个定义清楚和践行良好的群体。

---

[1] Arnstein, S. R. (1969). A Ladder of Citizen Participation. *Journal of the American Institute of Planners*, 35(4), 216-224.

[2] Cardullo, P., & Kitchin, R. (2018). Smart Urbanism and Smart Citizenship: The Neoliberal Logic of 'Citizen-focused' Smart Cities in Europe. *Environment and Planning C: Politics and Space*, 37(5), 813-830.

利益相关者视角将治理的主体扩大进行审视。该理论将智慧城市治理过程中的利益相关者分为公共利益团体（直接的决策者）、市政当局（直接的决策者）、公用事业和公共服务提供商（实施智能城市解决方案以提高城市和公共服务效率，直接的决策者）、学术和研究机构（间接的决策者）、金融组织（直接的决策者）、本地企业主（直接的决策者）。理解这些利益相关者的观点和目标时，需要从规范、描述和工具三个方面进行理解。从参与角色角度，可以将利益相关者分为内部利益相关者（政治和公共行政，公共公司和公共机构）和外部利益相关者（公民、非居民、非政府组织、学术和研究机构、私人公司、政党和基金会等）。[1]还有研究强调知识对智慧城市的推动作用，以克卢日-纳波卡的智慧城市过程为例，借鉴知识经纪人干预模型（KBIM），讨论了科技园、大学等知识中心作为催化剂和经纪人，将研究结果与政策和实践联系起来，并使某些研究组合与政策和实践的需求相匹配的角色。[2]鉴于创新在智慧城市发展中的重要作用，也有杂志尝试组织创新生态、技术进步和社会挑战之间的关联的讨论。[3]

鉴于现有关于智慧城市的研究过于强调二分法，如技术主导或

---

[1] Roblek, V., & Meško, M. (2020). Smart City Knowledge Management: Holistic Review and the Analysis of the Urban Knowledge Management. *The 21st Annual International Conference on Digital Government Research*.

[2] Porumb, E. M., & Ivanova, N. V. (2014). Development Through Knowledge Economy: Cluj-Napoca–A European Smart City. *Management Dynamics in the Knowledge Economy*, 2(3), 453.

[3] Appio, F. P., Lima, M., & Paroutis, S. (2019). Understanding Smart Cities: Innovation Ecosystems, Technological Advancements, and Societal Challenges. *Technological Forecasting and Social Change*, 142, 1-14.

整体战略、双螺旋或四螺旋协作模型、自上而下或自下而上的方法、一维或集成干预逻辑，有学者通过考察欧洲四个智慧城市的案例，提出了有助于克服这些二分法的战略原则。[1]鉴于世界各地都在建设智慧城市，因此可以说这是一项全球战略。有研究比较了意大利和中国智慧城市的差异，指出智慧城市的不同治理模型会改变实施路径和目标优先级。[2]罗马尼亚学者对智慧城市的关注多集中在行业维度，所以已有文献多集中在技术层面，社会治理层面的文献不多。有学者关注现有治理结构与新技术之间的不匹配问题，指出现有的组织架构都是基于工业文明的，因此迫切需要在实施智慧城市解决方案之前重组城市治理流程，以期与信息化革命相适应。[3]

（二）政策与实践视角

智慧城市的内涵本身具有多重维度，如产业维度、技术维度、社会维度等。欧洲考察智慧城市常见的框架包括：经济、环境、人口、居住、流动性、治理等六大模块。欧洲三大主要文件（《欧盟2014—2020年凝聚政策》《欧洲数字议程》和《欧洲城市议程》）从不同角度对欧洲城市的未来发展核心问题进行了讨论，分别是凝聚力

---

[1] Mora, L., Deakin, M., & Reid, A. (2019). Strategic Principles for Smart City Development: A Multiple Case Study Analysis of European Best Practices. *Technological Forecasting and Social Change*, 142, 70-97.

[2] Dameri, R. P. et al. (2019). Understanding Smart Cities As a Global Strategy: A Comparison Between Italy and China. *Technological Forecasting and Social Change*, 142, 26-41.

[3] Baltac, V. (2019). Smart Cities—A View of Societal Aspects. *Smart Cities*, 2(4), 538-548.

社会、信息通信技术和城市规模。

欧盟层面与智慧城市相关的战略或项目有三大类。其中第一类是2020战略中所描述的可能影响发展的长期趋势，如社会变化、全球化、生产力发展、信息和通信技术等，确定了三个优先事项（智慧、可持续和包容性增长）和七个旗舰计划。[①]

罗马尼亚的智慧城市建设注重以市民为中心，而不是以技术或电子政务为中心，关注人本，主张提升市民的生活质量。目前已开展智慧城市的城市，多是讨论如何结合ICT技术，从道路交通、停车出行、能源、电力照明等市政设施开展，涉及城市基础设施运转和生活服务送达等方面。

二、罗马尼亚智慧城市发展的路径和现实

（一）全国战略和行业标准情况

罗马尼亚目前尚无统一的智慧城市战略规划。2016年，通信和信息社会部发布了《罗马尼亚智慧城市指南》（《为了智能社会的智慧城市——面向未来的指南》）。该指南提供了一个内部工作参考和评估的工具，向公众介绍智慧城市概念、解决方案、相关技术和最佳实践。指南的宗旨是利用智能技术，对公民生活质量、环境保护、营商环境等领域的可持续发展产生积极影响。为此，通信和

[①]《2020年欧洲：智慧、可持续和包容性增长战略》中提到相关的旗舰计划包括：创新联盟、欧洲数字议程、移动中的青年、资源高效的欧洲、全球化时代的工业政策、新工作和技能议程、减少贫困平台。资料来源：http://www.cstec.org.cn/CSTECU-ploadFiles/file/20190401/15541089527779905.pdf（访问时间：2024年11月6日）。

信息社会部建立了"数字罗马尼亚"工作组,并成立咨询委员会,将经济数字化、电子通信和邮政服务的发展以及通过技术提高社会包容性和经济参与度方面的相关专业知识相结合,以推进该国包括智慧城市在内的数字化建设。可见,罗马尼亚智慧城市建设是放在有关数字化的框架下推进的。

按照通信和信息社会部发布的指南,"智慧城市"的定义主要有两种。一种是将智慧城市视为可通过数字和电信技术提升传统网络和各种服务的效率,使得公民受益于营商环境完善的社区。第二类定义是将智慧城市视为可通过整合信息和通信技术为更有效利用资源和基础设施以满足居民需求的城市。无论哪种定义,居民受益都是最终的目标。对于智慧的内涵,指南也提到了需要满足的原则,包括:尊重整体环境与生活,尊重法律社区及成员,审慎利用可调配的资源并将其回收,减少对非再生能源的依赖,提高社区成员在社区问题解决过程中的参与度,在个人和社区层面实现可持续、协调和合理的发展。评估指标方面,指南提到"(关于社区可持续发展的)ISO37120/2014标准",主要涉及城市服务和生活质量指标。至于涉及的领域,指南认为智慧城市有一个活跃和开放的内涵,其外延随着技术、城市和管理的创新发展不断拓展。现阶段主要涉及领域包括:基础设施与电子通信、绿色能源与环境、公共安全、电子医疗、教育与旅游、智能管理、智慧商务。

(二)实务层面的推进情况

罗马尼亚的智慧城市建设体现出社会强政府弱的特点。虽然通信和信息社会部发布了《智慧城市指南》,但仅作为行业参考,并无具体的全国层面统筹计划。具体实施中，各市政厅和专业协会扮演了主要角色。如罗马尼亚智慧城市协会（ARSCM）组织研修课程和定期研讨会，颁发年度智慧城市产业奖，在多个城市进行"智慧城市大篷车"活动以宣传智慧城市理念和项目，针对高中和大学生的智慧城市项目竞赛，发布《智慧城市公共采购指南》（2017）,《罗马尼亚2030年宪章》（2020）等。通过培训、发布政策倡议、举办研讨会等活动为政府、城市管理者、产业界和公众等各类利益相关者参与智慧城市建设搭建了互动平台。该组织发布的《罗马尼亚2030年宪章》为2030年的罗马尼亚实现高水平数字化提出了愿景。2019年，罗马尼亚有蒂米什瓦拉、克卢日-纳波卡、雅西等主要城市实施了330多个智慧城市项目。据某咨询公司发布的数据，至2020年6月，全国有87个不同规模的城市已实施或正在实施594个智慧城市项目。这些项目按照欧盟分类标准分布在六大类（见表1）。智慧交通（Smart Mobility）比例最高，反映出公众对交通运输业安全与健康的日益关注。智慧治理项目达到130个。其次是智慧居住、智慧经济。最后是智慧环境和智慧民众。

表1 罗马尼亚2019年智慧城市项目统计

城市	项目总数	智慧经济	智慧交通	智慧环境	智慧民众	智慧居住	智慧治理
	594	84	188	42	29	121	130
阿尔巴尤利亚	106	24	17	8	8	24	25
克卢日-纳波卡	54	4	20	7	3	12	8
蒂米什瓦拉	26	5	9	1	1	6	4
阿拉德	19	2	5	1	5	1	5
雅西	19	2	5	1	0	7	4

（续表）

城市	项目总数	智慧经济	智慧交通	智慧环境	智慧民众	智慧居住	智慧治理
布拉索夫	18	1	6	1	1	3	6
布加勒斯特（4区）	18	2	7	0	0	5	4
奥拉迪亚	17	1	8	1	0	4	3
锡比乌	16	5	5	0	0	2	4
皮亚特拉尼亚姆茨	15	1	6	2	0	3	3

资料来源：Vegacomp Consulting。

从城市和区域看，不同城市的智慧城市推进路线有差异。如特兰西瓦尼亚地区的克卢日曾获"欧洲青年人之都"和"欧洲运动城市"的称呼，目前正在申报欧洲创新之都。如果获批，将是中东欧第一个赢得这一殊荣的城市。该市注重构建产学研一体的创新生态系统，打造囊括制造业和知识产业在内的数字经济。当地高校云集，特兰西瓦尼亚IT集群作为当地的创新生态引领者，试图打造升级版的智慧城市，即明智城市（wise city）的概念。相比智慧城市，明智城市不仅注重技术，或者使公共行政数字化，而是注重所有能够提高市民生活质量的项目。蒂米什瓦拉在公共服务方面走在全国前列，如智慧路灯照明项目；城市提醒提供公共交通和突发事件的及时告知等。一些传统文化资源丰富的城市如布拉索夫近年也在探索传统文化的智慧化。智慧城市建设较活跃的城市还包括阿尔巴尤利亚、雅西等，前者主要在居住和管理领域，后者主要在电子政务领域。资金来源方面，不同地域依赖的资金也不同，主要有公共财政投入和市场投资两种。中国的不少企业也参与其中，如华为、中兴、大华、海康威视等，内容以电力、交通、智慧停车、视频监控等基础设施智能化为主。

从智慧城市建设的各个维度看，与欧盟其他城市相比，罗马尼亚的两座城市在智慧环境、智慧治理维度达到或接近平均水平；交通和经济、民众维度智慧化程度较弱。[1]有学者将智能治理维度的内涵界定为：参与和包容、透明度和信息获取、公共和社会服务、多层治理、市政的有效管理、自然条件的吸引力等六个领域，并从政治意识、公共和社会服务、管理的效率和透明三个指标进行测量。[2]根据该模型，罗城市在公共和社会服务维度得分要高于其他两个维度。

三、智慧城市的治理策略：以克卢日为例

特兰西瓦尼亚地区的克卢日省克卢日-纳波卡市是罗马尼亚西北部最大的城市，也是全国高教重镇，[3]较早开展了智慧城市建设，并依托本地优越的高等教育和研发资源，打造了其创新优势，即一种知识经纪人干预模型（KBIM）[4]。高校和研发院所积极参与创新平台的活动，私营企业投入资金并具体运作项目，各类服务支持公司提供技术转化、投融资、创业和经营管理的培训和研讨。

---

[1] 维也纳工业大学智慧城市研究团队，http://www.smart-cities.eu/（访问日期：2024年11月6日）。
[2] 维也纳工业大学智慧城市研究团队，http://www.smart-cities.eu/?cid=2&ver=4（访问日期：2024年11月6日）。
[3] 克卢日-纳波卡是罗马尼亚人口第四大城市，也是该地区的经济中心，大都市区有50万居民，有12所大学和80,000名学生（2020年数据）。
[4] Porumb, E. M., & Ivanova, N. V. (2014). Development Through Knowledge Economy: Cluj-Napoca–A European Smart City. *Management Dynamics in the Knowledge Economy Journal*, 2(3), 453.

（一）企业层面：主要推动力和践行者

企业层面引领该市创新发展是重要特点。本地IT部门有15,000多人工作，拥有近1,300家IT企业，主要集中在外包和流程优化上。该市不断提高IT行业的创造力，加强创新和开发新产品，并创建了克卢日IT产业集群（Cluj IT Cluster）。创新集群作为市场化导向运作的公司，同时也是一个开放的平台，囊括了不同公司集团和大学开发的各类智慧城市和创新项目，如公共行政信息化、交通/交通网络、卫生健康网络、公用事业基础设施、教育文化网络、经济和商业实体网络、基于"下一代住房"概念的居住等，通过信息交流、业务合作伙伴关系和经济发展来提高该市的竞争力。该集群还发起了另一个名为"创新城"的项目。该项目已经得到地方当局（市政厅、省议会、国家西北地区发展局等）的支持。克卢日创新城项目计划打造一个高科技产业园，建设高度现代化的综合大楼，致力于发展数字技能，鼓励国内外各类创新企业和科技公司设立运营和研究基地，成为初创企业和创新的枢纽，推进该市数字化转型进程。

创新集群关注智慧城市的治理因素，包括城市的数字化转型，公共管理的战略，以及如何为城市居民提供更易操作的互动技术解决方案，方便税款支付、搜寻停车位、测量空气质量、便利出行、参与政府预算等的智慧解决方案。该集群还关注治理中的包容元素，如为城市的老年人启动了培训计划，培训他们学会与公共行政部门互动时如何使用新技术。集群的理念是，城市的现代化最终是为了公民的利益。智慧城市项目的目的在于，基于专业知识和前沿技能的协同，为社区提供创新的IT解决方案。

（二）政府的角色：统筹谋划及公共服务智能化

虽然私营公司和社会层面的社会组织在智慧城市领域更活跃，但这并不意味着政府置身事外。相反，政府（包括市政厅）在统筹各方、政策引领、公共项目实施等方面也做了大量的工作。

1. 国家层面及本地的统筹

西北地区发展局作为主管地区发展的政府部门，和当地政府一起，在区域交通、智慧城市、经济发展、环境保护等领域为公民提供服务以增加福祉。西北地区发展局启动了"区域交通与智慧城市战略合作伙伴关系（2021—2027）"，来自西北地区的9个城市签署了合作伙伴关系协议。

2. 成立相关决策咨询机构并推进公共服务智能化

重视战略规划。克卢日-纳波卡市政厅成立了创新和信息技术咨询委员会，该委员会与当地政府和大学追踪当今世界该领域最新发展进程，为创新和信息化战略提出具体建议，以建立一个可促进发展的创新生态系统，并推进从"克卢日制造"到"克卢日发明"的转型。

重视公共服务领域的数字化和智能化。市政厅开发了53种以上的数字应用，内容涵盖在线城市规划证书、政务互动程序、在线表格填报等。值得一提的程序包括市中心的智能停车系统，可实时发出可用停车位信号，并允许驾驶员轻松在线上付款。可用于公共交通、城市导游和城市管理服务的应用程序"我的克卢日（My Cluj）"，公民可就遇到的问题与官员互动，并访问各类行政文件。

3. 打造创新生态

为了解决公共问题并促进可持续发展，克卢日-纳波卡正在推动创意产业和大学领域的"经济引擎"。商业机构、区域发展机构、大学、公共管理机构和公民社会一起参与，解决城市发展中遇到的问题，并通过关注五个主要领域来提高公民的生活质量：交通运输、公民参与、能源、基础设施、互联网。

4. 注重平等和包容性

地方公共行政部门重视创新的包容性。创新的各个维度不是排他性的而是包容性的，强调要让所有公民都感受到数字化提升的好处。当然，前提是要注重通过教育培训提升公民信息素养，也就是"智慧公民"，因为没有智慧的公民智慧城市发展也会遇到障碍。

（三）社会层面：公民参与的意义

社会协同参与是克卢日智慧城市治理的一个亮点，充分体现了公民参与的意义。虽然地方政府是基础设施更新和智能化的重要力量，但这些措施如何更好体现公民的需求和愿望，成为当地文化中心和市政厅公民创新与想象中心的共同关切，为此，他们联合设立了文化创新中心，该中心与城市的其他主要参与者（大学、技术和商业集群、民间团体、文化部门）合作，通过收集和分析数据，建立未来情景并测量实验性干预措施对社会和经济行为的影响，研究、测试各类解决方案，以解决主要的城市挑战，例如城市流动性、住房和工作等。[1]创新中心在某种意义上承担了政府的咨询师的

---

[1] 该中心是文化中心倡导成立的一个非政府组织，致力于文化和城市发展。中心的使命是与其他部门合作，为社会转型和发展作出贡献。克卢日文化中心有70名成员，包括地方文化组织和机构、克卢日大学、俱乐部和商业集群、民间社会组织、地方和区域行政管理机构。

角色，将公民、学术界、商业和文化部门的资源和知识汇集起来，支持地方政府跟上城市转型和发展。

下面以两个项目为例说明市民如何参与智慧城市项目设计。第一个项目是通勤工具选择。创新中心开发了三个在城市交通方面的公民参与项目，进行了数据挖掘和分析。通过社区干预行动，市民表达了他们对更好公共空间利用的期待和想象，如何能够吸引人们更多待在本地并减少通勤到市中心的频率，项目组也得以更好地了解了市民如何做出交通工具的选择。第二个项目是该市首创的"在线参与性预算程序"，由居民投票决定财政预算资助的项目。当局在民众投票支持的126个项目中选择了15个实施，主要集中在公园绿地改造、智能垃圾收集装置、停车位、青年中心、电动踏板车租赁、自行车道等日常出行和生活领域。

凭借企业、政府和市民之间的良性互动的治理结构，克卢日–纳波卡在智慧城市建设方面超越了首都布加勒斯特。除了发达的大学环境、工业园区和西部重镇特兰西瓦尼亚地区中心的地理位置外，良好的治理结构是其智慧城市建设成功的重要条件。

可见，罗马尼亚的智慧城市路径重视数据开放、以人为本、技术革新和资源集约利用，这与欧洲智慧城市的治理理念是一致的。国内学者也指出，智慧治理主要指城市整体与城市内部的管理，涉及包括公众、企业以及公共机构在内的主体，依靠以大数据为基础的ICT技术来实现服务传递和联系，使得城市能够作为一个有机体高效运行。[1]与此同时，智慧城市在罗马尼亚的发展也暴露出国家

---

[1] 刘杨、龚烁、刘晋媛：《欧美智慧城市最新实践与参考》，载《上海城市规划》，2018年第1期。

顶层设计不够的特点，缺乏长远和全局战略，同时系统化不够，碎片化有余。各地的智慧城市建设基本还是以市为单位推进，横向协作和纵向指导均不多。这种治理结构虽然让市场各方和公众能够更好参与进来，激发了社会活力，但在落地实施和推进节奏等方面暴露出短板。

四、小结与讨论

通过考察欧洲尤其是罗马尼亚的智慧城市发展历程及治理结构，结合中国智慧城市的治理，提示我们需要从技术和社会两个方面来思考"智慧城市"的未来。

（一）技术层面

首先，智慧城市本身是多学科的结合，智慧城市治理需要多主体的协同参与和良性互动。"智慧治理"过程需要将技术治理与公共治理结合起来，借助"智慧"的技术来实现治理的"智慧化"。李晴等人从公共管理和行政管理的角度考察智慧城市治理，强调只有将智慧城市的技术优势与政府治理的制度优势有效结合，实现智慧赋能与融合发展，才能化解技术治理和行政管理之间的矛盾，有序推进城市治理现代化。

"智慧治理"过程还需要注意对接和互操作化，如分布在不同行业和场景下的智慧模块和数据之间如何对接、传输、共享。因为城市管理的条块格局，不同行业和场景的智能化需要共享才能发挥最大效用。制度设计上，要有开放平台的系统架构。针对当前城市治理中存在多部门各自为政建设和应用信息资源，导致资源碎片化和行政效率不高等问题，强化技术标准化和服务标准化，实现数据格式、设备接口和数据资源兼容共享，对服务标准、类型、数量和质量等作出统一规定，消除"数字鸿沟"和"信息壁垒"。[1]

在借重技术的过程中，应尤其注意相应的风险和社会伦理。技术在带来便利的同时，也增加了现代社会所面临的风险。从PEST框架看，现代城市治理涵盖政治、经济、社会等方方面面，随着信息技术革命的加快推进，技术尤其是数字领域的创新迭代速度往往快于政治、经济和社会的发展。这给经济和社会生活带来便利的同时，也必然带来更多的潜在风险和挑战。必须看到，更高水平的自动化、更多传感器以及更多人工智能和"感知"信息处理器，可能会对社会、经济和政治条件产生负面的影响。基于此，西方国家对"人脸识别"这种技术的大规模运用比较谨慎，甚至在规制框架出台之前禁止使用。再比如，智慧城市各个项目中产生了海量个体化的数据，如何尽可能少地搜集私人信息，并在及时分享和处理的同时确保数据安全和保护隐私，需要良好严格的标准和实施规范。

如某位学者谈到，"大量的所谓智慧社区项目里，普遍缺乏对'社区'人性化的认知，而片面追求对社区的自上而下管控，尤其是'安防'。不少智慧社区项目都错误地理解了社区的应用场景，而将'安防布控'作为社区治理的首要任务，不恰当地将高清相机、人脸识别、实名制的门禁等等有可能侵害业主和社区居民隐私的技术

---

[1] 李晴、刘海军：《智慧城市与城市治理现代化：从冲突到赋能》，载《行政管理改革》，2020年第4期。

和设备部署在居民的日常居住及活动场所，创造高度封闭的社区空间，破坏小区与社区的交往融合，以及影响社区居民的通行，创造出一个又一个制造社会割裂的堡垒，与住建部创造开放小区、打破隔离的倡导背道而驰。"[1]

（二）社会层面

城市发展的目标是人性化和可持续发展的城市，数字化或智慧化只是手段。"智慧城市的建设不仅需要计算机、云计算、物联网、大数据等技术和时髦的概念，还需要正确的城市观。"[2]智慧城市如果没有正确的人文理念为指引，则很有可能会误入歧途。智慧的城市治理，需要考虑一些社会价值维度的因素：（1）包容、平等、以人为本。对弱势群体的包容，对"社会凝聚力"的关注，对弱势群体和少数群体的不排斥，如注重儿童、青少年、老人和弱势群体（既有社会经济地位弱势，也有信息素养等可及性方面的弱势）。作为互联网原住民的年轻一代更可能享受到智慧城市的"数字红利"，但老年人也不应该被数字化排斥。疫情期间，包容的必要性更是凸显出来。可以说，如果一位不会用二维码的老年人在城市寸步难行，这显然不是"智慧城市"的应有之义。（2）可持续原则。注重纳入绿色环保、低碳节能等因素。（3）隐私保护和数据伦理因素。在推进智慧城市、数据产业和人工智能产业发展过程中，若想建立全面、均衡、现代化的治理框架和治理体系，数据权利和在应用

---

[1] 国匠城对北京城市规划研究院茅明睿研究员的采访：《登上中国工程科技论坛的十位青年学者——茅明睿》，载《规划师杂志》，2018年9月7日。
[2] 同上。

层面的"边界意识"必然是重要考虑因素。[1]

(三)简单比较

虽然智慧城市在罗马尼亚等欧洲城市已是较为成熟的概念,实践层面也较为活跃,但与中国的智慧城市发展路径相比,两者体现出了一些明显差异。

首先,从治理层面看,欧盟大多数试点城市采用了更为松散、开放的智慧城市治理方式,而所有中国试点城市均成立了由城市主要领导挂帅的智慧城市领导小组,智慧城市推进力度和统筹协同能力更强。这种做法有可能打破行业壁垒,构建权力均衡、利益优化、资源共享的整合机制和发展环境。欧盟在数据治理,尤其是开放数据共享体系方面的经验值得借鉴。发达西欧国家电子政务解决方案和服务已颇具规模,在本轮智慧城市建设过程中,目前更重视能源管理和交通管理的智慧化。[2]中国的智慧城市建立了部级协调机制,高级别的协调和统筹机制凸显了治理方面的制度优势。[3]此外,智慧城市与其他的数字化和智能化领域,如智能电网、智慧交通、智能农业等其他在欧洲并未纳入智慧城市概念中讨论的产业和领域相关联,有利于带动全国其他领域的数字化和智能化水平提升。在

---

[1] 董一凡:《欧洲"智慧城市"的边界意识》,载《环球时报》,2020年6月1日,第014版。
[2] 中华人民共和国工业和信息化部:《中欧智慧城市合作白皮书(2014年)》,来源:中国信通院网站,http://www.caict.ac.cn/kxyj/qwfb/bps/201804/t20180426_158196.htm(访问时间:2024年11月6日)。
[3] 唐斯斯、张延强、单志广、王威、张雅琪:《我国新型智慧城市发展现状、形势与政策建议》,载《电子政务》,2020年第4期。

当前强调"精细化治理"的背景下,智慧城市实践中"技术赋能"于制度治理,实现融合式治理。[①]

其次是推进模式的差异。在欧洲推进模式中,欧盟或世界级组织作为指导单位,通过一系列国际性会议发表一系列战略、章程、基金计划和立法文件来规范和支持欧洲智慧城市建设,相关欧洲城市、地方政府等相应专职机构依据文件展开智慧城市相关项目与合作,并得到相关基金计划的资金支持。同时,企业与公众作为投资者和参与决策者共同参与。中国的智慧城市大多自上而下,以政策激励为主;同时,也在鼓励和引导自下而上的市场导向创新,智慧城市甚至整体城市建设的推进正由完全政府决策、政府投资的模式转向政府引导、多方投资(政府、企业、社会)、多方决策(智库、公众、政府、企业等)的多元合作模式,形成良性互动。在中国推进模式中,政府及智库担任政策引领、规划研究、专家咨询的角色,设定智慧城市建设的发展理念和目标,引导试点城市发展。欧洲智慧城市项目的选取和推进几乎都由相应专职机构主导。这类平台或由政府相关职能机构来担任,或是政府与企业合作,之后由具有研究机构背景的组织来居中协调。由于欧洲整体法制较为完善,政府对各类项目实施的管控力度很强,所以城市建设比较规范化。但管控力度过强导致商业创新力度较弱。资金模式方面,欧洲偏向

[①] 李雪松:《新时代城市精细化治理的逻辑重构:一个"技术赋能"的视角》,载《城市发展研究》,2020年第5期。

协同投资，中国从政府包办向协同投资转型。[①]

总体上看，智慧城市治理结构和推进模式的差异来源于政府在智慧城市建设中的角色差异。中国的治理模式显示出了效率和绩效，欧洲在参与式设计、人本主义、安全考量等方面的做法也值得中国借鉴。

[①] 冯奎、彭璐，2017，智慧城市之别：欧洲与中国，载《中国经济导报》2017年6月30日B03版，网页来源：http://www.ceh.com.cn/ep_m/ceh/html/2017/06/30/B03/B03_68.htm.（访问时间：2024年11月6日）。

适应性治理视角下的特区经济发展
——以汕头经济特区为例[1]

郭鋆儿　史泽华

【摘要】 1979年，汕头同深圳、厦门、珠海一道成为我国首批经济特区。四十年后，其他三个特区皆已发展出自己的特色和优势，改革成效卓著。而汕头不仅在知名度方面远弱于前三者，甚至未能进入全国百强城市。本文从适应性治理的视角出发，对改革开放以来汕头经济特区中央政策的本地化过程进行分析回顾和解读。文章认为，实事求是、因地制宜，正确识别影响政策实施的关键因素，并且为这些因素发挥积极影响创造条件，是特区地方政府成功将中央政策本地化的关键。也正是由于经过长时间实践和探索后对这些原则的深入理解和科学把握，才使得汕头特区在经历了初期的繁荣期和中期的衰退期两个发展阶段后再次获得了崛起的机遇。

【关 键 词】 适应性治理　经济特区　汕头　本地化

【作者简介】 郭鋆儿，法国巴黎政治学院2023级硕士研究生；史泽华，北京外国语大学国际关系学院教授。

【基金项目】 本文为北京外国语大学"双一流"学科建设项目"'一带一路'国际信任机制构建及优化路径研究"（项目号：YY19ZZA02）的阶段性成果。

改革开放四十多年来的实践证明，经济特区政策是成功的，其中最知名的是从一个无名小渔村发展到国际大都市的深圳。然而，正因为深圳太过成功，国内外对于中国经济特区的研究往往都只集中于这个"完美典范"，其他三个特区，特别是相对落后的汕头，

---

[1] 编者注：本文写作于2020年，2024年有更新。

相形见绌。

汕头的先天客观条件并不差。在进入第一批经济特区名单以前，汕头是广东省第二大经济体。它位于香港和高雄的中点，于1861年开埠，是19世纪中国与西方贸易的重要港口，并且逐渐成为交通运输和商品分销中心。[1]20世纪70年代末，汕头拥有297万的人口和5,162万元的经济规模，位居四个被选定地区之首。[2]这与小渔村深圳和不发达的珠海相比，独具"硬优势"。

然而，进入21世纪以来，汕头的发展并不景气，甚至某种程度上被其他三个特区以及广东省的很多新兴城市远远抛下。2015年，汕头在广东城市经济中只位列第13位。这种发展态势，促使更多的人开始对汕头经济发展中"人的作为"问题进行深入的反思。也即作为地方经济发展的领航者，地方政府怎样才能将中央政策导向与地方实际情况相结合，为本地的长期、稳定、持续发展提供合格的政策支持。

一、适应性治理与经济特区政策适应性问题的源起

（一）适应性治理的概念

适应性治理最初属于环境治理的概念，指在面对快速的环境

---

[1] Cai, B. (2017). The Research on the Stagnant Development of Shantou Special Economic Zone Under Reform and Opening-Up Policy. *University of Pennsylvania Scholarly Commons.*

[2] [韩]최의현. (2004). Rethinking the Economic Performance of Chinese Special Economic Zones. *Journal of East Asian Economic Integration*, 8(2), 291-318.

变化和高度复杂的社会生态系统下，协调资源管理体制而产生的一种新兴形式。[1]由于这一理论能够有效地解决高度复杂的问题，因此后来被引介到了"高度复杂"的政治学领域。事实上，环境治理和政治科学在适应性治理的适用条件上有很多相似点：（1）两者的政策实践皆处于快速变化和高度复杂化的系统的限制之下；（2）迅速的形势变化包括金融危机、经济发展或者突发公共卫生事件，对应着"快速的环境变化"；（3）与当地文化、地缘战略和发展条件相关的高度复杂化的当地社会系统则对应着"高度复杂化的社会生态系统"。而且，管理和分配资源本身就是政治主要功能的一部分。

适应性治理的政治实践并非近年才有，甚至在中国很常见。例如，中国共产党长期坚持的实事求是原则中便蕴含着丰富的适应性治理理念。通俗地讲，就是把政策同当地实际情况结合，因地制宜地制定和调整政策。正是凭借这一原则，中国实现了社会的长期稳定和经济的长周期高速增长。在精准扶贫工作中，习近平总书记也强调，"扶贫攻坚就是要实事求是、因地制宜、分类指导、精准扶贫。"[2]基于中国的实践，石绍成和吴春梅将"适应性治理"定义为"地方政府按照恰适性逻辑进行的弹性治理。"[3]基于研究的便利性，本文把对经济特区的适应性治理分解为对中央政策的灵活性设计和地方政策的适应性形成两个环节，并把以地方政府为核心的第二个

---

[1] Chaffin, B. C., Gosnell, H., & Cosens, B. A. (2014). A Decade of Adaptive Governance Scholarship: Synthesis and Future Directions. *Ecology and Society*, 19(3), 56.
[2]《习近平的扶贫故事》，载《人民日报》，2020年5月20日，第01版。
[3] 石绍成、吴春梅：《适应性治理：政策落地如何因地制宜？——以武陵大卡村的危房改造项目为例》，载《中国农村观察》，2020年第1期，第44—60页。

环节作为分析重点，也即政策的本地化过程。

在央地关系结构中，中央政策往往具有全局综合平衡的特点，而地方政府需要在"目的优先"原则的指引下创新政策形式，促使中央政策目标"落地"。这一过程中，地方政府的自主性和能动性往往会成为政策偏差产生的根源，特别是如果关系处理不当的话，甚至会出现"政策替代"格局。为保证这种中央和地方政策的连续性，有学者总结出七条原则：整合预见性的分析，多方利益相关者审议，自动的政策调整，决策权下放，增加可变量，促进正式政策审查以及持续观察。[1]这七条原则作为政策本地化过程的基本准则，同时在一定程度上也可以作为判断政策本地化成功与否的标准。

（二）经济特区政策适应性问题的缘起

经济特区是特殊的，正如其名。1979年，十一届三中全会刚闭幕不久，第一批经济特区成立，旨在进行市场经济试验，为进一步的改革作准备。它们是政策试验田，"负责政策创新和试验"[2]。

从外部环境看，所有经济特区在发展初期大多依赖于外资和港澳台资金。因此，经济特区对于任何全球层面的风险都异常敏感，包括财政危机、金融危机以及国际冲突等等。从内部条件看，经济特区的发展是国家发展的一部分，当时在人口、资源和技术方面并

---

[1] Bizikova, L., Swanson, D., Tyler, S., Roy, D., & Venema, H. D. (2018). Policy Adaptability in Practice: Lessons Learned in the Application of the Adaptive Design and Assessment Policy Tool (ADAP Tool) to Examine Public Policies in Canada in the Context of Climate Change. *Policy Design and Practice*, 1(1), 47-62.

[2] 陶一桃、张超：《近十年中国经济特区研究综述》，载《中国经济特区研究》，2017年第1期，第188—203页。

不比国内一些老工业基地和城镇具备更多的优势。正是由于这些特点，特区政策比其他区域的政策更具实验性和灵活性，也即所谓的"船小好调头"。

在四个经济特区的建设中，深圳遥遥领先。在特区建设初期，面对人民币和外汇券在特区受港元排挤的问题，为了避免深圳过分受港元波动影响，中央和深圳政府曾在1984年考虑发行特区货币。然而随着下半年经济环境变紧张，深圳特区出现了通货膨胀的倾向，中央开始从宏观层面进行收缩，及时重新调整，搁置发行特区货币，同时广东省政府认真反思经济工作指导思想的偏差问题以及急功近利、重商轻工问题，及时调整，才有了后来特区经济工商并重的扎实格局。

基础条件优于其他三个特区的汕头，发展却没有深圳这么顺利。特区政策实行了四十多年，汕头从最初的广东经济前三甲跌落到了后来的十名以外。为何会出现这样的问题呢？有学者认为，正确识别影响政策实施的关键因素，并且为这些因素发挥积极影响创造条件，是一项政策取得成功的重要条件。[1]从国际经验看，印度经济特区"失败"的原因之一就在于决策者对印度经济的短板了解不够，从而忽略了影响发展的关键因素。[2]某种程度上说，正是由于汕头政府对影响本地经济发展的关键优势和劣势条件认识不足，进

---

[1] Bizikova, L., Swanson, D., Tyler, S., Roy, D., & Venema, H. D. (2018). Policy Adaptability in Practice: Lessons Learned in the Application of the Adaptive Design and Assessment Policy Tool (ADAP Tool) to Examine Public Policies in Canada in the Context of Climate Change. *Policy Design and Practice*, 1(1), 47-62.

[2] Tantri, M. L. (2012). China's Policy for Special Economic Zone: Some Critical Issues. *India Quarterly*, 68(3), 231-250.

而在中央特区政策本地化的过程中产生了过多的偏差和失误，才导致了这样一种尴尬的局面。

二、特区政策本地化与汕头经济特区发展

1979年以来，汕头经济特区的发展大体经历了三个阶段（见表1）。

表1 汕头经济特区发展三个阶段

年份	阶段	特征
1979—1991	繁荣期	• 优势：利用中央拨款，结合当地实际发展需求和产业特征，分片进行基本建设；成立汕头经济特区顾问委员会，助推"高效率、高风尚、高效益"特区建设 • 劣势：对基础设施建设的重视不够；对自身利弊条件认知不足
1992—2013	衰退期	• 优势：依靠前期政策惯性实现经济增长，并在90年代两次进入"中国城市综合实力50强" • 劣势："一分为三"的行政规划调整；市场秩序不佳，走私造假泛滥；1997年亚洲金融危机的冲击
2014—	复苏期	• 优势：对前期政策经验的总结和反思；积极融入"一带一路"建设；成立华侨文化合作试验区；充分利用文化和侨乡优势 • 劣势：依然存在区位条件、发展空间、人居环境三块短板；交通等基础设施依然不足

（一）第一阶段（1979—1991年）：经济繁荣期

成为第一批经济特区后的前十年，汕头政府很好地推动了中央政府特区政策的本地化。其中包括：充分利用中央给的有限拨款，结合出口加工区不易赚钱和改善投资环境的急迫需求这一实际情

况,制定和实施了"开发一片,建设一片,投产一片,获益一片"的开发建设方针[①];率先创立的"三三四""二二六"等住房改革模式,在全省得到推广。所有这些创新性和适应性政策都为经济的快速繁荣作出了贡献。1986—1990年,汕头地区生产总值的年均增长速度达到18.4%。[②]在产业结构方面,汕头特区在发展工业的同时,还根据当地亚热带季风气候条件抓农业生产,成立农业发展联合公司。此外,汕头政府还充分利用了汕头的侨乡优势,在1984年成立了汕头经济特区顾问委员会,聘请了香港地区21名委员。在1984年沿海开放城市和经济特区投资洽谈会上,顾问委员会和许多华侨、港澳台同胞一起为汕头签约引进17亿美元的投资总额,占整个洽谈会签约引进投资总额的三分之一。[③]

在这个阶段,汕头政府的政策本地化遵守了因地制宜制定、调整政策的原则,取得了理想的效果。在特区的基本建设上,用有限的拨款一步一步、量力而行地建设,初步具备了投资环境;充分利用文化因素,发挥侨乡优势,成立汕头经济特区顾问委员会。这些措施带来的成就同时也让汕头政府对自身实力充满信心,想要更大的空间施展拳脚。1990年,汕头政府向中央提出要求扩大特区范围。此前,汕头特区已经两次调整范围,但仍是最小的经济特区。[④]

[①] 黄兰淮:《经济特区建设要从实际出发》,载《党校教学》,1985年第3期,第22—23页。
[②] 数据来源:汕头市统计局。
[③] 黄兰淮:《经济特区建设要从实际出发》,载《党校教学》,1985年第3期,第22—23页。
[④] 李宏新:《1991:潮汕分市纪事》,广东人民出版社2012年版,第41页。

(二)第二阶段(1992—2013年):经济衰退期

这一阶段,汕头经济经历了表面上的繁荣和实际上的衰退,直到1997年亚洲金融危机彻底暴露,汕头经济进入低谷。进入21世纪,随着汕头政府不断摸索,汕头经济开始缓慢增长。汕头经济实际上的衰退同前一阶段适应性治理的不足以及这一阶段进一步的失误有关。

首先,前期不够重视基础设施建设,导致经济发展后劲不足。有印度学者认为,相对于经济特区的激励优惠政策,基础设施的发展以及有效的管理机制和监督机制更是经济特区政策是否能成功的核心因素。[1]汕头在第一阶段的交通运输和邮电通信基础很薄弱:一无铁路、二无深水港口泊位、三无高级公路、四无现代化的邮电通信设施,已成为制约汕头经济发展的重要因素。[2]与之相比,厦门市很好地实践了"要想富,先修路"的理念,先利用政策优惠吸引外资,然后把增加的政府收入用在基础设施建设上,开拓发展空间,节约物流成本,进而对外来投资产生更强的吸引力。而对基础设施建设的低估,让汕头在可持续发展中变得脆弱,并在第二阶段经济发展中受到极大的束缚和制约,实体经济无力推动,经济泡沫则越积越大。

其次,行政规划的再调整导致了特区经济空间的压缩及与周边城市的同质化竞争。1991年上半年,中央在收到汕头政府扩大特区

---

[1] Tantri, M. L. (2012). China's Policy for Special Economic Zone: Some Critical Issues. *India Quarterly*, 68(3), 231-250.

[2] 杜松年、吴勤生主编:《汕头经济发展战略研究》,广东人民出版社1984年版,第249页。

范围的要求后派了调查小组到汕头进行实地考察，最后提出了"扩大特区范围到整个汕头市区，最多只能再带一个县"的要求。这个要求是基于"特区只能带一个县"的不成文规定，"而其他经济特区已形成事实先例，汕头特区显然很难例外"。如果把特区范围扩至整个汕头市，"那么结果就是汕头经济特区带一个经济特区市区和非经济特区的八县一市"。[①]1991年4月6日，国务院在关于扩大汕头经济特区范围的批复中，提到在汕头经济特区范围扩大后，现行汕头市的行政区划需作相应调整，且汕头市原承担的财政、外汇上缴任务和对原所辖各县的补贴不变。[②]在这种情况下，为了减轻财政负担，潮汕和揭阳作出"牺牲"，从汕头分离。1991年下半年，汕头市被划分成三市：汕头、潮州和揭阳。[③]与此同时，汕头的经济特区区域扩大至整个市区，是调整之前特区面积的四倍。然而，出发点是好的政策却实际带来了长期的坏影响，与潮汕、揭阳两地的分离破坏了汕头快速发展的基础。

潮州和揭阳提供廉价劳动力，支撑汕头的劳动密集型工业。把潮州和揭阳分离出去以后，汕头的经济发展基础被削弱，竞争力明显下降。此外，这三个城市都受潮汕文化的影响，它们在文化上是"一家人"。分离以后，海外侨资不再集中于汕头，而是被潮州和揭阳分散。这样，三个城市分开后，汕头除了政策优惠再无其他优势，与其他两地的同质化竞争反而进一步加剧。

第三，对贸易的过度依赖导致了经济结构的脆弱性。在汕头当时

[①] 李宏新：《1991：潮汕分市纪事》，广东人民出版社2012年版，第44—45页。
[②] 《国务院关于扩大汕头经济特区范围的批复》，国函〔1991〕20号，1991年4月6日。
[③] 《中华人民共和国国务院公报》，1991年第45号，第1574页。

的国民经济结构中，贸易因为有优惠政策以及传统优势加持，成为汕头经济的支柱之一（见图1）。但是，这同时导致了汕头经济太过于依赖贸易，经济结构脆弱，抵御外部风险能力低下。面对贸易增长所带来的巨大红利，汕头政府陷入了"目标替代"的困境，无视中央政府关于一边追求经济增长、一边优化经济结构的要求，丧失了难得的历史机遇。

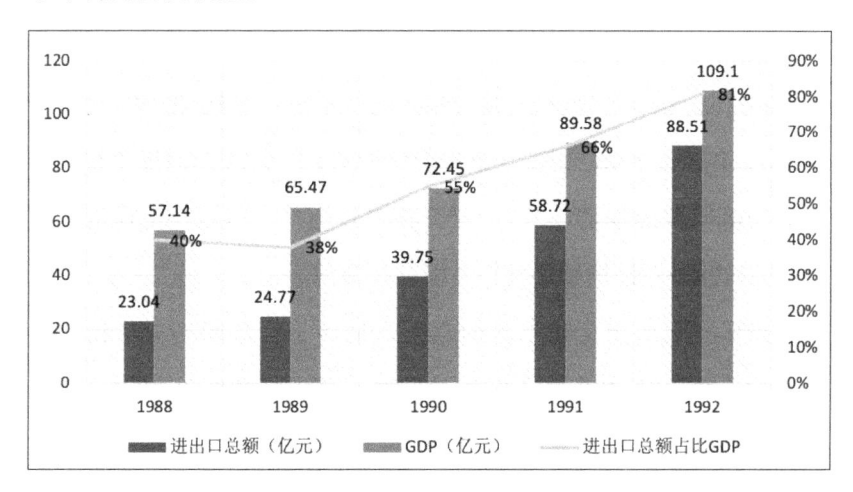

图1　1988—1992年汕头进出口总额占汕头国内生产总值比例

资料来源：汕头市统计局。

第四，不重视市场秩序的构建，让汕头经济的信誉度严重下滑。通常情况下，城市经济发展到一定阶段后，都会打造出一张城市"名片"。而它的背后，是"声誉"产生"信誉"的逻辑。汕头快速发展的基础在1991年因行政调整被削弱后，很多人开始利用政策漏洞进行走私造假违法活动。在当时GDP优先的发展理念影响下，地方政府对一些违法和扰乱经济秩序的活动监管不力，一定程度上导致了经济发展呈现出表面繁荣的景象。①

1992年以后,国家提升了产业发展的门槛,更加重视高新技术引导和环境保护原则,这对于一些严重依赖传统工业部门的地区来说,无异于戴上了紧箍咒。而在汕头,为了完成经济增长目标,对造假贩假、走私贩私的监管不到位。地方领导的发展思路很大程度上影响了特区发展路径,包括由于政府监管不力造成的违法行为泛滥、信用缺失等问题。从1992年到1998年,汕头经济增长率最高达到了24.7%。汕头于1992年和1997年两次进入"中国城市综合实力50强",位列全省第三名。②有外国学者认为,汕头是通过走私才实现了经济指数的暴增。③这一结论存在片面性,但也一定程度上点明了彼时汕头在经济秩序管控方面存在漏洞。

最后,对历史文化因素的忽略,加速了优势向劣势转化的步伐。汕头拥有优质的外资资源——海外潮人。特区设立的目标是吸引海外侨资,尤其是东南亚国家的侨资。当时,80%的海外潮人在东南亚定居,其中泰国最多。④潮汕文化对团结和人际关系极为看重,他们用"胶己人(即自家人)"来描述自己。他们把所有的潮汕人,无论来自哪里,都视作自家的成员。更确切地说,他们

---

① Rosenthal, E. (2000). China's Fierce War on Smuggling Uproots a Vast Hidden Economy. *New York Times*, Section A, Page 1.

② 郑惠玉:《改革开放30年汕头经济特区若干重大问题的思考》,选自《2008年中国经济特区论坛:纪念改革开放30周年学术研讨会论文集》,第77—81页。

③ [韩]최의현. (2004). Rethinking the Economic Performance of Chinese Special Economic Zones. *Journal of East Asian Economic Integration*, 8(2), 291-318.

④ 杨晓英、杨晓娜:《新视角下的潮汕文化精髓与影响》,载《广东省社会主义学院学报》,2014年第3期,第75—80页。

看重的团结仅限于潮汕人。强调人际关系重要性的谚语，如"一日同行，百日人情"，在潮汕方言中也十分常见。作为潮汕文化的中心，汕头自然是投资焦点。但1991年特区被一分为三后，海外潮人的祖籍认同感和返乡投资欲望也受到了很大的影响，恶性竞争增加，经济合作减少。

以上问题随着1997年亚洲金融危机的爆发和泰国等投资来源地遭受重创而一一暴露出来。而90年代，中央开始严打走私造假。1996年6月26日，省政府办公厅转发省打假办《关于深入开展打击生产和经销假冒伪劣商品违法行为的意见》，确定当年广东省"打假"的重点地区是汕头、潮州、揭阳、湛江、茂名、广州和佛山等7个市。[1]1994年1月，全省各级工商行政管理机关组织开展一次清理整顿市场、严厉打击走私贩私活动的统一大行动。[2]双重"打击"让汕头经济的衰退彻底暴露。从1998年到2002年，汕头的"真衰退"完全显现。2001年，汕头的国内生产总值甚至出现了负增长。

（三）第三阶段（2014—）：经济复苏期

进入第三阶段，汕头政府总结前两个阶段的实践经验，摸索出适合本地情况的发展道路，并取得了初步成效。2014—2018年，汕头经济稳步增长，多项经济指标增速列广东省前列（见图2）。汕头积极融入国家"一带一路"建设，增加对外交流合作。2014年国务院批复汕头华侨经济文化合作试验区发展规划。2021年，汕头将举

---

[1]《广东省志》编纂委员会编：《广东省志（1979—2000）7经济管理卷》，方志出版社2014年版，第450页。
[2] 同上，第452页。

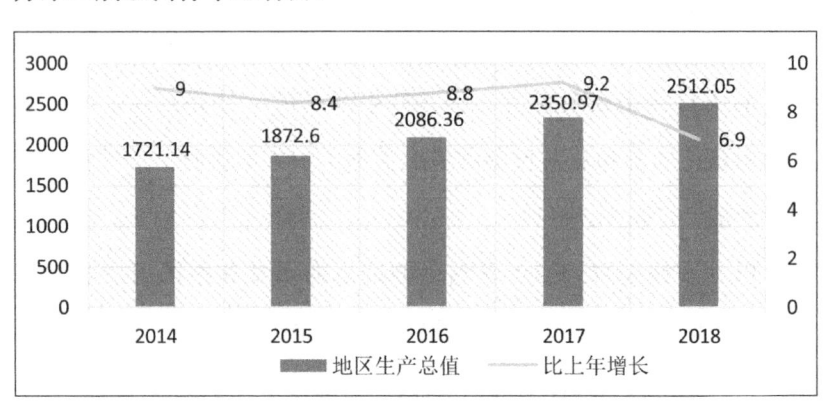

办第三届亚洲青年运动会。

图2　2014—2018年地区生产总值及增长速度

数据来源：汕头市统计局：《2019汕头统计年鉴》，第5页。

取得这样的成绩离不开汕头政府发展观念的转变。一方面，汕头政府正确认识自身条件和外部形势，结合国家大政方针调整自己的定位，把地方政策目标同国家政策目标结合，及时抓住机会；另一方面，汕头政府注重发挥自身的文化侨乡优势，通过大力抓交通、建平台、造环境来补区位条件、发展空间、人居环境三块短板，增强汕头后续的发展劲头。这些转变带来了适应性治理的成功实践，集中体现在汕头华侨经济文化合作试验区的建设上。

三、汕头华侨经济文化合作试验区：适应性治理的成功尝试

2014年，国务院正式批复汕头华侨经济文化合作试验区（以下简称华侨试验区）的发展规划，标志着汕头经济生命的重新开始。汕头华侨试验区针对海外华人与华侨，以"开放、务实、包容、精细、

进取、诚信、互助、感恩、奉献"[1]为文化精神，以文化为纽带重振城市声誉，为经济创造新的发展机遇。新的"目标地方化"举措包括：

（一）积极融入"一带一路"建设

在"一带一路"倡议中，汕头被认为是"面向海外华侨华人聚集发展的创新平台"和"21世纪海上丝绸之路的重要门户"，而华侨试验区被看作汕头践行这一使命的关键尝试。目前，华侨试验区是"国内唯一以'华侨''试验区'命名的国家级发展平台，是适应国家对外开放新战略布局的新生产物。"[2]在2014年国务院批准汕头设立华侨经济文化合作试验区后，该试验区被国家发改委列为全国5个中欧区域政策合作试点地区之一，与西班牙安达卢西亚签订了"一对一"结对合作协议。2018年1—10月，汕头对"一带一路"沿线部分地区市场贸易实现较快增长，进出口总额169.3亿元，增长4.5%。[3]

（二）充分利用海外华人华侨资源

华侨试验区将"推动海外华侨华人与祖国经济深度融合发展"

---

[1] 其中"开放""务实""进取"和"诚信"是对潮汕文化的新发展。刘国华、高建文：《潮汕文化精神与汕头华侨试验区的发展》，载《韩山师范学院学报》，2017年2期，第30—34页。

[2]《广东省人民政府关于华侨经济文化合作试验区发展规划（2015—2030年）的批复》，粤府函〔2015〕344号，2015年12月23日。

[3] 数据来源：汕头市人民政府，https://www.shantou.gov.cn/cnst/jdhy/hygq/xwfbh/content/post_1357208.html（2020年7月4日读取）。

为新时代的重要使命。目前，在我国5,000万海外华人华侨中，接近1,500万是潮汕人，其中340万祖籍在汕头。同时，在华商500强中，超过30%在东南亚国家，而那里80%的华人华侨是潮汕人。2015年，共有34个潮商登上福布斯全球华人富豪榜，其中三个进入前十。[1]汕头华侨试验区以新的政商环境吸引这些海外潮汕人回乡投资创业。

试验区自启动之际已经得到了许多海外潮汕人的响应。比如泰国中华总商会投资开发的"中泰（汕头）华侨中心"项目，将被打造成为泰国中华总商会华商基地、华侨文化产业基地、国际华侨体验社区。[2]2015年9月，全国首个以"华侨"为核心概念的区域股权市场板块正式落户试验区，截至2017年10月，"华侨板"累计挂牌企业486家。"2017年，华侨未来城、万侨智汇城、潮商产业创意园等8个侨资重点项目落户试验区，总投资达1,500亿元"。[3]

此外，2020年6月《关于支持汕头华侨经济文化合作试验区高质量发展的若干意见》指出，要加快集聚爱国奉献华侨华人人才，通过支持设立华侨华人文化创意产品交易市场，支持建设潮汕、客家方言教育培训中心，支持举办华侨华人经济文化国际交流合作会议或论坛以及支持规划建设华侨文化资源展示平台等举措，加强与

---

[1] 陈瑞娟、陈泽松：《浅谈潮籍华侨华人与华侨经济文化合作试验区建设》，载《广东省社会主义学院学报》，2018年第2期，第56—61页。

[2] 张锐，2018，中国（汕头）华侨经济文化合作试验区推介在意举办，http://www.oushinet.com/qj/qjnews/20180913/301073.html（2020年7月4日读取）。

[3] 李刚：《广东汕头加快建设华侨经济文化合作试验区——以侨为"桥"引才筑巢》，载《人民日报》，2018年1月16日，第2版。

华侨华人的文化交流与合作,建设人才高地。①

(三)以同城化建设减少无效竞争

汕头华侨试验区充分利用潮汕文化传统中的积极因素,以"齐心协力振兴家乡"的口号,重新推动汕头、潮州、揭阳三地经济的一体化整合。2016年,三市同城化建设开始,致力于打造一个实力强劲的粤东中心。

2019年7月,广东省政府提出,要加强汕头、湛江两个省域副中心城市建设,充分发挥汕头华侨经济文化合作试验区、汕潮揭临港空铁经济合作区、揭阳滨海新区、潮州港经济开发区等重要平台作用,大力推进汕潮揭同城化发展。②2020年5月,广东省委和省政府印发《广东省建立健全城乡融合发展体制机制和政策体系的若干措施》,提出健全都市圈,率先实现城乡融合发展的机制,点名潮汕揭都市圈。③为了加强三市一体化建设,首先要加强粤东交通一体化。目前,"随着潮汕机场、厦深高铁、汕揭、潮揭高速公路建设的推进,粤东交通立体网正在形成,已具备共同合作、协调发展的

---

① 《广东省人民政府关于支持汕头华侨经济文化合作试验区高质量发展的若干意见》,粤府〔2020〕33号,2020年6月24日。
② 广东省人民政府门户网站,2019,省委省政府印发意见 构建"一核一带一区"区域发展新格局 促进全省区域协调发展,http://www.gd.gov.cn/gdywdt/gdyw/content/post_2540205.html(2019年7月19日读取)。
③ 广东省人民政府门户网站,2000,广东省委省政府印发《广东省建立健全城乡融合发展体制机制和政策体系的若干措施》,http://www.gd.gov.cn/gdywdt/gdyw/content/post_2989744.html(2020年7月4日读取)。

基础。"①

（四）通过"走出去"重振国际声誉

华侨试验区既是海外华侨华人回国创业发展的理想洼地，也是中国向外发展的有效跳板和根据地。以华侨试验区为基础，海外潮人协助中国企业、生产、资本、服务"走出去"，推动中国在全球范围内配置资源、布局产业、并购资产、输出资本。②

汕头企业奥飞娱乐已与"一带一路"沿线20多个国家在动画播映、玩具销售等方面开展合作，2016年该公司的海外营收达到10.1亿元，同比增长138.21%。宜华生活科技股份有限公司在'走出去'过程中，已为非洲加蓬共和国提供了1,000多个就业岗位。③《关于支持汕头华侨经济文化合作试验区高质量发展的若干意见》中提出，要充分利用举办第三届亚洲青年运动会的体育设施举办一批具有影响力的国际国内体育赛事，进一步"走出去"。④

---

① 罗勉，2014，汕潮揭一体化提速，http://gd.people.com.cn/n/2014/0516/c123932-21224808.html（2020年7月4日读取）。
② 陈瑞娟、陈泽松：《浅谈潮籍华侨华人与华侨经济文化合作试验区建设》，载《广东省社会主义学院学报》，2018年第2期，第56—61页。
③ 刘坤、吴春燕，2017，[一带一路·合作共赢]汕头：以"侨"为桥，https://epaper.gmw.cn/gmrb/html/2017-04/22/nw.D110000gmrb_20170422_3-01.htm（2024年12月1日读取）。
④《广东省人民政府关于支持汕头华侨经济文化合作试验区高质量发展的若干意见》，粤府〔2020〕33号，2020年6月24日。

结 论

适应性治理的根本要义在于"实事求是"和"因地制宜"。由于自身的特殊性和复杂性以及快速变化的外部环境,经济特区在将中央政策本地化的过程中尤其需要尊重和秉持适应性治理原则。从汕头经济特区一波三折的发展历程可以看出,适应性治理的成功与否严重依赖以下条件:是否正确识别影响发展的关键因素并且为其创造条件;是否有足够的内生动力变量;是否考虑并充分利用历史和文化因素。2014年汕头华侨经济文化合作试验区成立以来,汕头经济已经开始了复苏步伐,在积极融入国家"一带一路"建设、充分利用海外华侨华人资源、推动文化同根的汕潮揭三市同城化建设以及"走出去"和国际声誉的重振中都取得了初步的成效。这表明,当地政府已经在汲取过去经验教训的基础上找到了一条适合本地发展的"因地制宜"之路。

城市民生公共物品供给的困境与革新
——基于城市集聚性的反思[①]

陈 波 李 岩

【摘要】 规模红利与供给需求构成城市集聚性的双重维度。改革开放以来，中国在高速城市化过程中实现了生产要素集聚的城市规模红利，但也面临着人口集聚而引发的民生公共物品需求与满足之间巨大差距的困境。民生公共物品以受众身份类别而非产品属性的供给逻辑混淆，叠加着政府兜底而非政社互动的供给主体错配，进一步加剧了城市的民生公共物品供给困境。PPP模式应用于民生公共物品供给是一条革新途径，但需要明确以可收费的民生公共物品为供给目标、以生产与供给相分离为供给基础、以政社互动为供给机制，政府需要根据自身的财政支付能力和专业管理能力策略性地选择相应的操作模式。

【关键词】 城市集聚性　民生公共物品　供给逻辑　供给主体　PPP模式

【作者简介】 陈波，北京外国语大学国际关系学院讲师；李岩，北京科技大学文法学院讲师。

引　言

城市化是人类社会不断发展的重要空间进程，城市也是中国工业化和现代化转型的重要空间载体。中国在改革开放后经历了快速的城市化进程，实现了从"乡土中国"向"城乡中国"的跨越，并

[①] 编者注：本文写作于2020年。

朝着"城市中国"的方向迈进[1]。在此过程中，城市空间属性从最初的生产性、建设性，增添了越来越多的"生活性"和"消费性"，城市经历了从"工业建设容器"到"经济增长机器"的转变[2]，也将进一步转变为人民群众追求美好生活的"生活空间"。

城市区别于农村的核心特征在于其集聚性，人口与生产要素在有限地理空间中的集聚不仅能够通过分享、匹配和学习实现规模经济，提升生产水平，实现经济增长，还可以重构资本循环过程从而成为消耗资本剩余的重要场所[3]。但与此同时，城市集聚起来的还有人的公共物品与服务需求，无论是从量级还是多样性的角度看，城市的公共物品需求都不是农村参照物可比的。人们对于美好生活的实现需求不断驱动着农村人口向城市迁移，构成了城市化的重要驱动力，而这也给城市治理，尤其是城市民生公共物品的供给提出了巨大挑战。

从英国、美国等先发国家的经验来看，其在城市化初期面临着严重的公共物品供给需求与能力的鸿沟，造成了城市环境恶化、生活质量低下、犯罪率攀升等诸多治理难题。为了破解这项难题，欧美国家开始探索与社会资本合作的方式供应城市公共物品。中国于20世纪80年代开始探索PPP模式（Public-Private-Partnership），自此以后，PPP模式在我国逐步发展起来。财政部于2014年发布《关

---

[1] 刘守英、王一鸽：《从乡土中国到城乡中国——中国转型的乡村变迁视角》，载《管理世界》，2018年第10期，第128—146页。

[2] 赵俊源、何艳玲：《规模红利与公共服务：中国城市治理过程的"双维互构"及其演进》，载《同济大学学报（社会科学版）》，2020年第3期，第48—59页。

[3] Duranton, G., & Puga, D. (2004). Micro-foundations of Urban Agglomeration Economies. *Handbook of Regional and Urban Economics*, (4), 2063-2117.

于推广运用政府和社会资本合作模式有关问题的通知》（财金〔2014〕76号），首次正式宣布在全国范围开展政府和社会资本合作模式项目示范。有学者将中国的探索称为"中国式PPP"，原因之一在于中国PPP项目的使用领域集中于基础设施行业，市政工程、交通运输、生态建设和环境保护、城镇综合开发这四大行业合计占PPP管理库项目总数的69.3%，占项目总投资额的80.2%，但民生公共物品项目则占比很少[1]。

加强社会治理创新是党的十八届三中全会以来中国国家治理的重要组成部分，而内含于社会治理创新的一项更为具体的改革则是党的十八大就已部署的"改进政府提供公共服务方式"。其中，以政府和社会资本合作模式（PPP）鼓励和引导社会投资，增强公共物品多元供给能力是创新公共服务供给方式的重要路径。相较于政府购买服务模式中相对简明的合作方式，PPP模式更加符合社会治理现代化要求的改革方向。为此，本文将在基于城市性的反思基础上，提出城市的集聚性特征造成了城市治理的基本矛盾，而公共物品供给逻辑的混淆与政社互动的匮乏则进一步加剧了城市民生公共物品供给的困境，在此基础上提出PPP模式应用于民生公共物品供给的概念界定、核心特征与政府策略。这样的反思不仅能够为实现困境突围提供智识贡献，也能够进一步区分"在城市的治理"与

---

[1] 聂辉华、李琛：《中国式PPP项目：数据描述与潜在问题》，载中国人民大学国家发展与战略研究院《政策简报》，2009年，总第74期。

"属于城市的治理"的理论界限,贡献于中国城市政治理论[1][2]。

一、城市集聚性的双重维度:规模红利与供给需求

城市性是城市治理的基础,此前我们并未明晰治理发生的农村场景与城市场景之间的区别,将城市治理等同于地方治理,突出城市的发展型特征与经营性特征[3],忽视了城市治理的社会取向与回应职责[4],没有充分发挥城市中富集的社会资本与市场资源在民生公共物品供给方面的作用。

有学者从比较的角度将城市性界定为"非农村性",这种"非农村性"又可以从城市的空间特征、城市的生活方式、城市的文化心理、城市的社会特性和组织特征等多角度进一步细化[5]。我们可以从城市性的多重维度抽离出其本质,即城市作为一种空间的集聚性特征。正是因为城市的集聚性特征,造就了城市治理的核心矛盾,即规模红利与供给需求之间的同步增长。

回顾新中国城市化发展历程,可以看到城市政府经历了不断追求

---

[1] 赵俊源、何艳玲:《规模红利与公共服务:中国城市治理过程的"双维互构"及其演进》,载《同济大学学报(社会科学版)》,2020年第3期,第48—59页。

[2] 肖林:《"'社区'研究"与"社区研究"——近年来我国城市社区研究述评》,载《社会学研究》,2011年第4期,第185—208页。

[3] 周业安:《地方政府竞争与经济增长》,载《中国人民大学学报》,2003年第1期,第97—103页。

[4] 陈国权、陈杰:《论责任政府的回应性》,载《浙江社会科学》,2008年第11期,第36—41页。

[5] 吴晓林:《城市性与市域社会治理现代化》,载《天津社会科学》,2020年第3期,第75—82页。

规模红利的过程。计划经济时代的城市以发展重工业为中心,其发展布局受到严格的中央计划控制。在特殊的历史条件下,国家不得不施行扭曲产品和生产要素价格的宏观政策环境、高度集中的资源计划配置制度和毫无独立自主权的微观经营机制,只有这样才能人为压低重工业发展的各项成本,降低重工业资本形成的门槛[1]。严格的户籍制度、统购统销制度、农业集体化和人民公社制度限制了人口与生产要素的充分流动,规模红利在这一时期并未得到充分展现[2]。改革开放后,尤其是1992年明确提出建设社会主义市场经济体制的目标后,经济分权改革、分税制改革在事实上形成了横向上的政治晋升锦标赛与纵向上的行政发包制,对地方政府追求经济增长形成了巨大的激励[3]。这种来自体制内的结构性激励,配合着更为宽松的户籍政策与土地政策安排,释放了地方政府扩大城市经济规模的动力,促进了人口与生产要素的空间集聚[4]。此后,住房商品化的改革催生出了城市的消费属性,中国城市政府的经营策略产生了重大转型,即利用工业产出利润投入城市基础设施建设,转变为以土地为核心资产获得城市建设融资进而扩大生产规模的模式。这样的策略导致中国城市的经营性特征更为突出,城市空间由计划经济时代的建设空间转变为资本循环空间与经济增长机器,从而实现了

---

[1] 林毅夫、蔡昉、李周:《对赶超战略的反思》,载《战略与管理》,1994年第6期,第1—12页。

[2] 刘守英、王一鸽:《从乡土中国到城乡中国——中国转型的乡村变迁视角》,载《管理世界》,2018年第10期,第128—146页。

[3] 周黎安:《"官场+市场"与中国增长故事》,载《社会》,2018年第2期,第1—45页。

[4] 陈波、张小劲:《内部激励与外部约束——新一轮城市竞争中的户籍制度改革逻辑》,载《治理研究》,2019年第2期,第88—97页。

中国城市的规模红利。

然而,城市化带来的不仅仅是城市的工业、交通、金融和商业等领域的发展,更重要的是人力资本作为生产要素最重要的组成部分由农村向城市大量地涌入。就像新马克思主义城市理论的观点,城市不仅是生产空间,更是再生产空间;不仅是生产中心,更是劳动力的集聚中心[1]。因而,城市发展的关键不在于劳动力的生产,而在于劳动力的消费。这种消费形式不只是劳动者的个人消费,还包括只能由国家和城市政府提供的公共服务和集体消费品,如住房、教育、医院、社会保障、基础设施等[2]。无限的社会需求与有限的公共物品和公共服务供给能力形成了一对恒久的矛盾:一方面,不断涌入的人口、不断扩大的生产规模都使得对公共服务的需求和要求不断提升;另一方面,生产带来的环境消耗以及分配能力的欠缺也在不断增加公共服务供给成本,这些问题无一不在考验城市政府的治理能力。

在中国改革开放后高速城市化的过程中,我们看到规模红利带来的经济增长与人口集聚带来的需求增长同时发生,如果我们对城市做空间性解读,城市既是经济增长的空间载体,又是一个由国家组织起来用以提供日常生活所需各种服务的系统。城市政府面临的矛盾是:一方面,政府必须提供足够商品化的空间来获得利益;另一方面,却要反市场、反商品化地供应廉价城市空间以降低公共物品供给成本。

---

[1] Saunders, P. (2003). *Social Theory and the Urban Question*. Routledge, 131.

[2] 赵俊源、何艳玲:《规模红利与公共服务:中国城市治理过程的"双维互构"及其演进》,载《同济大学学报(社会科学版)》,2020年第3期,第48—59页。

二、供给困境的原因探析：供给逻辑的混淆与政社互动的匮乏

基于城市集聚性的规模红利与供给需求的同步增长造成了城市治理的基本矛盾。在理想的情况下，良好的公共物品供给与经济增长并不存在矛盾，有学者认为经济因素决定着公共物品供给的质量，拥有更高经济发展水平的地区当然会有更好的公路、学校和其他基本的公共服务[1]。

然而，现实并非如理论预期的那么理想，既有的研究主要从政府的角度探求供给困境的原因。有学者认为政府使用资源的方式需要社会制约，随着经济发展水平的提高和政府资源的增加，地方政府并不一定会提供更多更好的公共物品和服务，供给绩效要取决于政府使用资源的方式。在这个过程中，连带性团体的包容性与嵌入性能够通过道德约束来决定官员使用公共资源的方式，从而导致了公共物品供给绩效在不同地方存在差异[2]。还有学者认为在强政治激励下的政府注意力分配出现了偏差，在政治锦标赛的强激励之下，城市政府将更多的注意力放在了如何通过规模效应拉动经济增长而不是提供更好的公共物品方面。公共服务在官员政绩考核中属于"软指标"，其权重与经济发展等"硬指标"比较起来则相形见绌，导致中国在经济增长方面的成就举世瞩目，但与此同时在政府的公共服务领域，如环境保护、医疗、教育、社会保障、市场监管（如

---

[1] 蔡晓莉、刘丽：《中国乡村公共品的提供：连带团体的作用》，载《经济社会体制比较》，2006年第2期，第104—112页。
[2] 同上。

食品安全）等方面的问题却层出不穷，引发社会各界普遍的抱怨和责难[①]。

值得注意的是，民生公共物品供给的重要性已经被国家所重视，城市政府的政策偏好因为内部激励与外部约束两个维度的变化而得到了重塑：一方面，从十八大以来的意识形态和指导方针来看，克服发展不平衡问题被提到了前所未有的重要位置，强调民生供给和社会公平引发了地方政绩竞争动机的转换与扩充；另一方面，进城务工人员的代际革命、中国人口形势的转变、户籍制度的进一步放宽赋予了人们"用脚投票"的权利，形成了近年来各大城市的"人口争夺战"，公共服务供给水平则成为这场争夺战的核心内容[②]。

因而，在城市政府意识到城市公共物品供给对于实现规模红利的重要性、政治激励开始朝民生供给转变的情况下，我们再来探讨城市公共物品供给的困境，则需要将目光聚焦于政府提供民生公共物品的方式本身，这就涉及政府的公共物品供给逻辑与供给机制。

（一）公共物品供给逻辑——身份类别与物品属性

首先必须要指出的是，公共物品的供给逻辑应该以公共物品属性为基础，而非以供给对象的身份分类为基础。在户籍制度的约束下，城市政府倾向于将公共物品分为两类：一类是排他性公共物品，包括教育、医疗、社会保障和住房保障等；另一类是非排他性

[①] 周黎安：《"官场+市场"与中国增长故事》，载《社会》，2018年第2期，第1—45页。
[②] 陈波、张小劲：《内部激励与外部约束——新一轮城市竞争中的户籍制度改革逻辑》，载《治理研究》，2019年第2期，第88—97页。

公共物品，包括城市基础设施、治安环境、社会秩序、市场信息和文化氛围等。这种排他性与非排他性的区分是基于户籍制度而运行的，即城市政府将占城市实有人口相当大比例的非户籍人口排除在排他性公共物品的供给范围之外，只负担他们的非排他性公共物品供给，从而节省了一部分公共开支，使得城市人口规模增大的总体拥挤效应降低[①]。这在两个层面造成了城市公共物品供给的困境：一方面，城市内部公共物品供给因身份而形成了二元格局；另一方面，在由户籍人口受益的排他性公共物品供给方面，政府不区分公共物品属性而形成的兜底式供给不仅增加了政府的财政负担，而且也无法满足专业性和多元化的服务需求。

对于公共物品，传统经济学认为，由于政府公共物品（服务）的非排他性或（和）非竞争性导致市场失灵，私人部门无法自发通过价格机制获得公共物品（服务）的成本补偿，往往不愿参与公共物品（服务）的提供。所以通常情况下，"市场无法有效地提供公共物品"，"公共物品原则上应该由公共部门（政府）来提供"[②]。

但在实际生活中，物品并非仅仅分为私人物品和公共物品，兼具私人和公共两种属性的社会物品需求也大量存在（见表1），这也就意味着跨越私人物品的市场原则和公共物品的政府原则，或者将两者相融合的物品供给逻辑就成为需要探讨的理论话题。

---

① 邹一南：《最优城市规模与特大城市户籍管制的自增强机制》，载《中国人口·资源与环境》，2017年第11期，第52—60页。
② [美]E. S. 萨瓦斯：《民营化与PPP模式：推动政府和社会资本合作》，中国人民大学出版社2015年版，第237页。

表1 物品的分类

	易于排他	难以排他
个人消费	个人物品（如食品、衣服、住房）	共用资源（如海鱼、地下水）
共同消费	可收费物品（如有线电视、电话、电力）	集体物品（国防、治安）

物品的特性决定了消费者的支付意愿，也不可避免地决定了生产者的提供意愿。这个问题可以转化为市场逻辑和政府逻辑之间的取舍问题，即政府干预是否必要。物品的特性有两条：排他性和消费形式。由此形成了四种物品的理想类型：（1）易于排他的纯粹个人消费品；（2）易于排他且共同消费的可收费物品；（3）难以排他且共同消费的集体物品；（4）难以排他且可以实现个人消费的共用资源（见图1）。

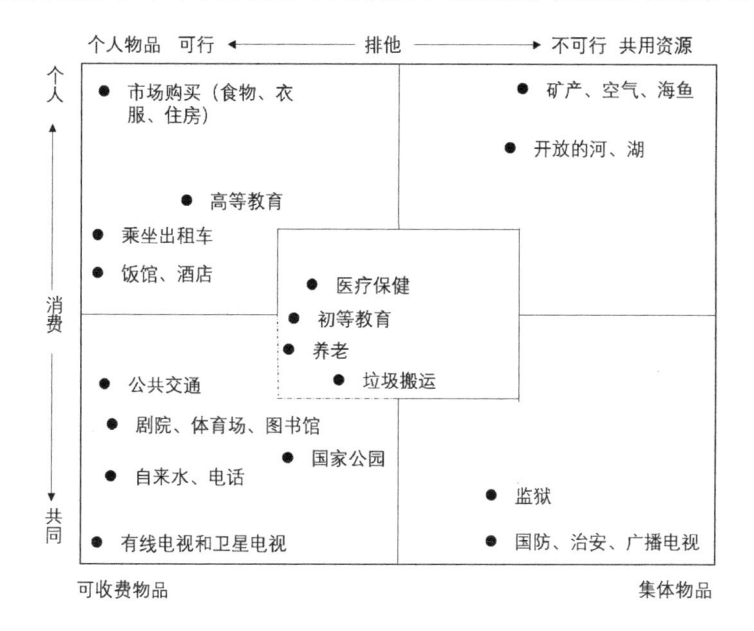

图1 物品分类示意

资料来源：E. S. 萨瓦斯，《民营化与PPP模式：推动政府和社会资本合作》，中国人民大学出版社2015年版，第237页。

如图1所示，依据物品的排他性和消费形式，可以对公共物品做类型学分析，靠近四个角的分别为个人物品、公共资源、可收费物品和集体物品。个人物品和可收费物品能够通过市场来供给，因为实现非排他是可行的，使用者只有付费，提供者才愿意供应物品。从降低使用者成本的角度考虑，如有线电视、通信网络、天然气输送等可收费公共物品的供给需要进行垄断式供给。因此，政府干预是必要的，一方面要创造和鼓励这些垄断从而降低每个使用者分摊的成本，另一方面要防止所有者利用垄断权牟取暴利。

针对可收费公共物品的供给，越来越多的国家开始采用与社会资本合作的方式来进行。一方面，这是因为人们对于公共物品的需求已经大大超出了公共资金所能承受的极限。另一方面，可收费物品受到价格机制的影响，物品的最终消费者或者政府中介可以为它们的使用直接付费。因此，市场机制完全可以被应用到这类物品的供给上。以政府与社会资本合作的方式对此类物品进行供给具有诸多优势，比如通过筹措社会资本，减少政府借贷的需求；实行使用者付费制度回收运营成本；帮助政府发展基础设施，提高公共物品供给水平；通过风险分担机制降低政府风险；通过政府规制保证公共物品供给的公益性。

基于上述讨论，我们可以看到物品的特点决定了其供给的基本逻辑。在现代化进程不断提升人们的物品需求的背景下，易于排他且共同消费的可收费的民生物品需求也不断增长，无论是采用市场供给还是政府供给都不可避免其固有的单一逻辑弊端，这就给混合运用市场逻辑和政府逻辑提供此类物品的模式创造了可行性空间，而以政企合作为机制的PPP模式恰是适配了这样的可行性空间。

（二）公共物品供给机制——政府兜底与政社互动

城市政府如何通过公共物品供给缩小市民需求与市民满足之间的差距则成为人们评价城市治理的关键要素[①]。尽管政府在公共物品供给中占据主导性地位，但从根本上来说，这不仅是一个政府能力的问题，更是一个社会问题，即政府通过与社会连接从而实现有效的协同式公共物品供给。而要发挥政社互动在民生公共物品供给中的作用，则需要从以下三个方面进行反思。

首先，公共物品供给中的政府角色再定位。政府的角色定位，即政府相对于市场主体和社会主体来说，扮演着什么样的角色，这直接决定了政府是采用大包大揽的传统管理模式，还是采用与其他两个主体互动的治理模式。更具体地说，PPP模式蕴含的治理策略体现为通过政社互动来平衡效率与公平之间的冲突，PPP模式中提倡的利益共享、风险分担、物有所值等理念恰是对这个挑战的有效回应。

其次，公共物品生产与供给流程相分离。关于公共物品的供给和生产是否可以分离的问题，传统的社会管理中政府既是生产者也是提供者，这恰好忽视了两者之间的区别。对于政府必须提供的公共物品来说，政府应该是一个安排者，决定由谁来做，为谁而做，做到什么程度和水平，公共物品的生产完全可以通过合同承包、特许经营等方式由社会资本来完成。这实际上也是在现代化的治理当中，政府摆脱生产者和供给者双重身份而导致的财政拮据、效率

[①] 何艳玲、郑文强：《"回应市民需求"：城市政府能力评估的核心》，载《同济大学学报（社会科学版）》，2014年第6期，第56—65页。

低下问题的理念创新①。

最后，政社互动式公共物品供给领域再拓展。随着社会治理体系和治理能力现代化目标的提出，增加民生供给支出就成为一个重要趋势。然而，当前公共支出并不能完全满足民生需求，主要表现为社会治理支出相对规模不稳定，结构也不够合理。以2017年数据为例，中国的公共医疗财政性支出占GDP比重为6.39%，日本、美国、英国、法国的数值分别为10.9%、17.1%、9.6%、11.3%；中国的教育财政性支出占GDP比重为4.14%，日本、美国、英国、法国的数值分别为8.4%、7.2%、14.2%、9.7%②。因此，充分利用社会资本，提高社会治理支出的使用效率就成为一个具有重要现实意义的研究课题。但从横向比较的角度来看，中国的PPP模式应用领域存在明显的结构失衡。例如，加拿大的PPP项目中，交通、医疗、教育的占比分别为25%、37%、6%③。中国的PPP项目中，市政工程项目占比为35%，交通项目占比为13%，教育项目占比为5%，医疗项目占比为4%，养老项目为2%④。与先发国家相比，中国民生类PPP的占比过小。

---

① 李岩、陈波：《PPP模式供给"准公共物品"的意涵与实践逻辑》，载《国际融资》，2020年第9期，第56—59页。
② World Bank. https://data.worldbank.org.cn/indicator?tab=all.
③ 王天义、杨斌：《国际PPP系列丛书：加拿大政府和社会资本合作（PPP）研究》，清华大学出版社2018年版，第49—50页。
④ 聂辉华、李琛：《中国式PPP项目：数据描述与潜在问题》，载中国人民大学国家发展与战略研究院《政策简报》，2009年，总第74期。

三、内涵界定与政府策略：PPP模式应用于可收费的民生公共物品供给

随着现代化进程的持续推进，公众对于可收费物品的需求量越来越大，无论是采用完全的市场逻辑还是政府逻辑，都会出现单一供给逻辑与复合型物品特性之间的不匹配问题，从而无法实现公益性和经营性两个目标的相对平衡。也正因此，试图混合使用两种物品供给逻辑的PPP模式成为诸多国家提供可收费物品的创新路径，这是一种以契约为基础的公共物品供给模式。

（一）内涵界定——可收费民生公共物品的契约型供给

所谓可收费民生公共物品的契约型供给，是指针对民生公共物品中具有排他性的集体消费物品，政府通过释放部分公共物品生产与经营的进入权，谋求社会资本的资金、技术的专用性投入，以利益共享、风险共担的形式完成公共物品的供给任务。在这个概念里，契约型供给有五条特性。

首先，以公共物品的生产与提供的分离为基础。政府是公共物品的提供者，但并非唯一的物品生产者[①]。依据政府在公共物品生产中的角色，可以将之分为两种情况：其一，政府完全退出公共物品的生产，以合同的形式将服务外包给市场上的物品生产者，这是典型的政府购买服务；其二，政府并未完全退出公共物品的生产，

[①] 郑谦：《公共物品供应和生产的分离与"俘获"的发生——对地方"政绩工程"的另一种分析路径》，载《上海行政学院学报》，2011年第6期，第35—42页。

而是在与社会资本合作的过程中，依据双方各自的优势进行明确的分工，这也就是我们所说的PPP模式。

其次，以公共物品生产与经营的进入权为政企合作前提。以公共物品提供与生产相分离为基础，政府赋予社会资本介入公共物品生产和经营的权利，并带动社会资本在特定权限范围内做专用性的物质投入和人力资本投入。社会治理领域的公共物品需要硬件与软件相结合，也就意味着不仅需要物质投入，还需要特定的人力资本投入。然而由于可收费物品多是集体消费品的独特属性，投入的专用性较高，因而需要设置动态的激励机制以提升社会资本的积极性。当然，政府给谁进入权是有条件的，需要社会资本的能力和禀赋能够更好地与物品供给要求相匹配。

再次，以公共物品供给的公正与效率配比为选择合作形式的依据。可收费物品因其双重属性而在供给上面临着深层次目标的内在冲突，一方面它具有排他性，接受价格信号机制的调控，具有一定的营利性，由市场主体来提供可以最大化地发挥市场调节作用；另一方面，为克服垄断性有可能引发的道德风险，需要由权威主体来调控才能保证公正性。因此，在采用契约型供给模式的条件下，需要依据公共物品的公正和效率的配比来选择合作方式。一般来说，可以分为效率优先兼顾公平和公平优先兼顾效率两种配比。在社会公益性目标要求高的项目当中，政府的主导性地位越强，其专用性投入越高，因而也会为合作的社会资本方提供更为周到的补贴机制；在经济营利性目标更高的项目中，社会资本方的活跃程度相对较高，政府的主导性相对较低。

又次，以公众的日常生活场景为发生场域。民生公共物品的供给直接发生在居民的日常生活场景当中，对居民的日常生活产生直接影响。因而此类PPP项目需要直接面临居民的评价与监督，需要直接回应民众的日常需求。这就导致特定的PPP项目提供的集体消费品的受众范围是局部性的，需要在社会资本和政府两方博弈的基础上，加入局部受众组成的具有行动力的社会主体，从而形成三方博弈的局面。因此，此类PPP项目并非单纯地算经济账的项目运作和管理，还需要与基层社会治理、基层民主协商等软性制度密切结合起来，还需要算一笔社会账。

最后，以经营性福利为最终结果。所谓经营性福利主要有三项特征：其一，享受某一福利权利，是福利受惠者通过交换达成的，福利受惠者得到了绝对的状况改善。换句话而言，福利受惠者所付出的"成本"（使用价值）相比其"收益"（交换价值）并不显著，这种成本既可以是货币付费，也可以是出让了部分权利；其二，福利不再体现为无条件的权利，而是有选择性的，毕竟交换意味着双方满足其所需；其三，福利供给者通过交换获得后续回报。

（二）政府策略——PPP模式的类型学分析

以PPP模式为表现形式的民生公共物品的契约型供给在本质上是一种准公共物品的供给机制，其项目成立的前提是政府出让部分准公共物品的生产和经营权，以谋求与社会资本的合作。并不是所有的准公共物品政府都愿意采用这种机制来供给，其决定性因素是政府能力。

我们可以将政府能力进一步分解为两个方面：一方面体现为财政支付能力，即政府对供给某项准公共物品的实际财政支撑能力；

另一方面体现为专业管理能力,这涉及政府为供给某项准公共物品所拥有的专业管理部门、专业管理队伍,以及长期积累的专业管理经验。这两个维度相交形成了四种准公共物品的供给类型。

	专业管理能力强	专业管理能力弱
财政支付能力强	政府兜底	政府采购
财政支付能力弱	融资型PPP	治理型PPP

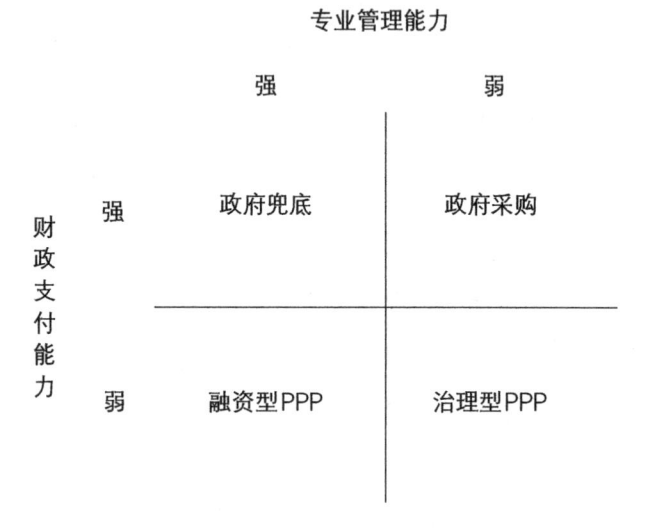

图2 政府能力与物品供给方式类型示意图

资料来源:李岩、陈波,《PPP模式供给"准公共物品"的意涵与实践逻辑》,《国际融资》2020年第9期,第56—59页。

第一种是政府兜底型,即完全由政府来承担准公共物品的生产和供给任务,形成政府的垄断供给。经过40余年的改革开放,我国的纯私人物品已经放开竞争,但部分准公共物品则依然保留着政府兜底的特征,具体体现为决策环节的完全垄断与生产环节的绝对垄断。一方面,城市一般是由公用事业部门决定城市公共物品供给,事业单位又受到上级政府的领导,在此过程中非政府组织、市场主体和社会主体难以参与到决策中去;另一方面,准公共物品的生产仍然采用内生规制的方式,即由大量国有企业和事业单位进行垄断经营[1]。这种政府兜底型的供给模式是计划经济模式在转型期间的延续，随着社会主义市场经济的逐步完善，市场在资源配置中发挥决定性作用，纯公共物品、纯私人物品和准公共物品的界分会更加清晰，政府需要仔细识别准公共物品的边界和内涵，将市场竞争机制和社会资本引入该领域，从而实现准公共物品供给的提质增效。

第二种是政府采购型，这种供给类型源于政府职能转变的改革，政府完全退出该类公共物品（服务）的直接提供，转而履行监管付费的义务。同政府直接投资兴建机构和提供公共服务的传统模式相比，政府通过购买的方式特别是以竞争性购买的方式提供公共服务具有转变政府职能、节约政府开支、保障社会公平等方面的作用[2]。只有在私人部门可以获得相当的成本补偿且有一定盈利，能够提供且愿意充分参与提供的情况下，公共部门（政府）才能完全退出该类公共产品（服务）的直接提供，转而履行监管付费的义务。这是在我国治理现代化进程中的关键改革步骤，不仅能够提升公共物品供给的专业化水平，满足民众不断提升的公共物品需求，而且能够逐步剥离非政府核心功能，促进政府职能转型。需要注意的是，要将政府采购型供给模式与PPP模式区分开来，如果社会资本能够获得的补偿不足或者其本身能力有限，政府部门则不能完全退出物品的生产和供给过程，这就需要政府与社会资本进行类型更为丰富的合作，体现为资金投入、组织架构、风险分担等全过程的合作。

---

[1] 陈小安：《我国准公共产品垄断与竞争性供给改革》，载《经济体制改革》，2006年第5期，第20—24页。
[2] 苏明、贾西津、孙洁、韩俊魁：《中国政府购买公共服务研究》，载《财政研究》，2010年第1期，第9—17页。

政府在此过程中不仅需要出资引导社会资本的参与，还需要设计一系列的制度安排实现与社会资本的合作共赢和风险共担，保障公共产品供给的有效性，而这种合作模式则是最广泛意义上的PPP模式。

第三种是融资型PPP，政府具备某类公共物品生产与供给的专业管理能力，但是碍于财政支付能力而需要社会资本的资金投入。缓解财政压力和提升公共物品供给效率是PPP模式兴起的重要原因，特别是在财政紧缺的情况下，政府和社会资本合作模式作为一种融资机制的工具价值更加凸显出来。但值得强调的是，PPP模式在本质上并不仅仅是一种融资工具，它更是一种由政府和社会资本进行取长补短式合作的重要操作方式，狭隘地将其等同于一种融资工具则有可能加大地方政府债务风险，因此中央对PPP项目制订了严格的论证流程，也通过10%的上限来确保地方政府PPP债务风险总体可控，项目推进量力而行。

第四种是治理型PPP，大量增加的新型准公共物品需求超出了政府专业管理能力和财政支付能力范围，但是又不得不回应普遍存在的民众偏好，政府通过出让进入权的方式谋求与社会资本在契约签订、项目融资、项目监督、财产处置等项目全过程进行合作。相较于融资型PPP，在治理型PPP模式中社会资本的参与程度更高，更加适用于经营性程度更高的项目。

在明确了基于政府能力的PPP类型之后，政府需要进一步根据民生公共物品的细分类型、关涉的责任部门、项目建设目标等具体内容来确定政府与社会资本进行合作的操作细节，即订立具有法律效力的、具有可操作性的合作契约。如图3所示，本文试图对项目类型与成熟的PPP模式之间做出初步的匹配工作，一方面是功能类分下的具体项目类型，另一方面是PPP模式由公营性与私营性相对配比决定的具体PPP模式。

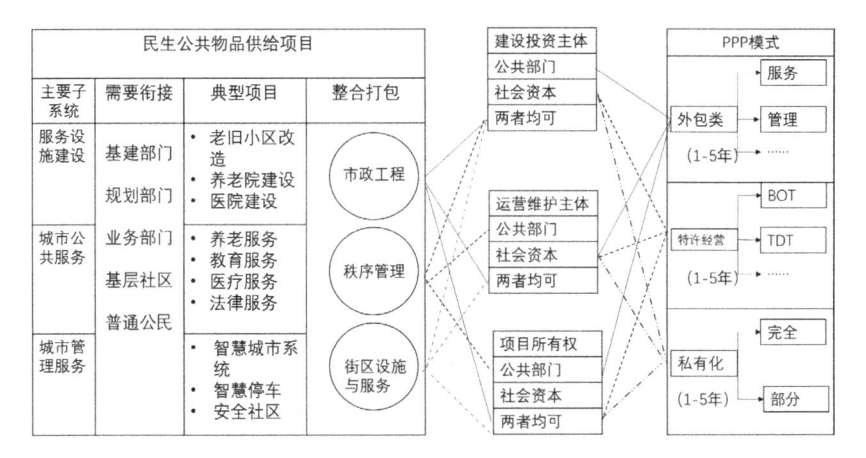

图3　政府能力与物品供给方式类型示意

在此过程中，充分利用PPP模式的优势实现政府、社会资本与城市居民的三方共赢，不仅需要政府提升相应的专业管理能力，还需要社会资本方有能力和意愿履行契约协议。

四、应用难点与政策建议：探索PPP模式供给民生公共物品的中国方案

本文基于对城市集聚性的反思，将其进一步解构为规模红利与供给需求两重维度，改革开放以来中国在高速城市化过程中实现了生产要素集聚的城市规模红利，但也面临着人口集聚而引发的民生公共物品需求与供给之间产生巨大差距的困境。对民生公共物品以受众身份类别而非产品属性的供给逻辑混淆，叠加着政府兜底而非政社互动的供给主体错配，进一步加剧了城市的民生公共物品供给

困境。PPP模式应用于民生公共物品供给是一条突围途径，但需要明确以准公共物品为供给目标、以公共物品的生产与供给相分离为供给基础、以政社互动为供给机制，政府在应用这种模式时需要根据自身的财政支付能力和专业管理能力策略性地选择相应的模式。具体来说，在探索落实过程中还需要聚焦于PPP模式应用于民生类公共物品供给的特殊性，制定具有针对性的PPP操作方案。

（一）应用难点：PPP模式应用于民生公共物品的挑战

首先，城市居民的实际在场。相较于工程建造类PPP项目公私部门的两方合作，社会治理类PPP中居民的参与度大为提升，造成了"三方协调"难题。特别是如老旧小区改造项目，发生于居民的日常生活场景，直接与居民的切身利益密切相关。如何准确识别居民需求，如何在社区中划定公共领域、可开发领域、居民私人领域就成为PPP项目落地的首要前提。同时，平衡政府公益目的、企业的营利目的和居民的生活需求将贯穿于项目规划、运作、运营维护以及最终项目期满后处置资产的全过程。

其次，项目营利性与公益性难以平衡。PPP项目兼具公益性和营利性特征，这种介于公有制和私有化之间的"第三条道路"是政府提供公共服务和公共物品的创新，是一种"经营性福利"的供给方式。比较理想的状况是政府、社会资本和居民实现三方共赢，均从PPP项目中满足自身利益需求。然而过于强调公益性，可能会降低社会资本的参与积极性；如若过于强调营利性则偏离了PPP模式的初衷。

再次，社会资本方对落地地区和行业的选择性。PPP项目数量多、投资额大的地区，通常财政自给率高，且预算赤字率不高，而在部分债务率较高的区域PPP项目投资额并不大。这在一定程度上是因为受制于地方政府的财政承受能力，在财政实力较弱的地区推进PPP项目的空间有限。说明PPP模式只能够有效地缓解财政能力强的地方政府的债务压力，对于政府偿还能力弱、债务压力很大的地区，PPP模式缓解政府债务压力的作用有限。同时，PPP多集中于市政工程和交通运输等项目中，这实际上也体现出其对行业的选择性。在社会治理当中，可能也会出现因地区财政能力差异和行业营利性差异等问题而导致的PPP落地区域与行业的不均，有扩大公共服务空间差异的隐患。

复次，政府的财政支撑能力。超过90%的PPP项目存在政府付费或补贴，政府资金参与PPP项目付费的比例很高[1]。短期内，PPP项目通过引入社会资本在一定程度上降低了地方政府的投资压力，达到了预期的效果，但是随着PPP项目的持续增多，大量的政府付费项目和可行性缺口补贴项目正式执行，未来政府的长期财政支付压力将会越来越大。同时，PPP模式的合同期限跨越几届政府，政府财政支出责任过度后移，会加剧以后年度的财政支出压力，导致代际失衡。后期政府资金压力过大，可能会降低未来地方政府的履约意愿和履约能力，因此可能会导致政府无法按时支付项目费用，增加了后期政府违约的可能。

最后，项目运作过程中的机会主义倾向。由于PPP项目的合同周期较长，运作过程中有可能面临诸多不确定性。与政府内部通过

---

[1] 聂辉华、李琛:《中国式PPP项目：数据描述与潜在问题》，载中国人民大学国家发展与战略研究院《政策简报》，2009年，总第74期。

行政管理方式进行项目运作的方式不同，PPP项目实际上是政府作为合作主体之一与外部企业主体进行平等合作，有可能会出现社会资本逐利动机驱使的机会主义行为，增加政府的外部协调成本，影响公共物品和公共服务的供给质量。社会资本存在的"政府兜底"预期反而会增加政府的财政负担。

（二）政策建议：致力于提升社会治理效能的PPP中国方案

首先，综合发挥PPP模式的"融资+治理"双重功能。PPP模式有两个主要的功能：一是作为融资工具；二是提高社会治理效能。PPP项目的核心目标在于推动政府和企业在公共服务领域探索更为优质高效的合作模式，实现政府资源与市场资源的良性互动，而非单纯地将其作为一种融资工具。对PPP模式以融资为核心目标的功能异化，有可能导致政府PPP项目无实质运营内容、几乎不产生经营性现金流，形式上异化为变相举债的工具，从而增加政府的隐形债务。[1]为此，政府需要加强项目论证分析，充分考量项目综合收益或效率、财政中长期可承受能力，强化财政资金绩效，硬化预算约束，既保证项目有充分的财政能力作为支撑，又能够做到物有所值。

其次，采用项目总成本核算理念，引入项目全周期成本管理模式。鉴于国际经验，英国对于PPP项目的融资模式更倾向于选择PFI（Private Financing Initiative）和PF2（Private Finance 2），运营时限一般为25—30年。中国的PPP融资模式更加多样，运营期以政府的

---

[1] 吉富星、王经绫：《政府和社会资本合作项目优惠政策的有效性——基于三方博弈动态不一致性视角》，载《经济问题》，2018年第12期，第43—49页。

偿付能力来确定，没有统一的规定，周期普遍偏短。这方面可以借鉴英国的经验，将全生命周期的理念运用于PPP项目运作中，以项目的运作规律而不是政府的偿付能力为规定运营时限的依据。从日本的经验来看，PPP项目最为集中的区域是在人口密集、需求量大且财政储备和自主性强的大都市圈，在财政能力弱且缺乏自主性的区域PPP项目则分布较少。这在很大程度上是由于日本PPP项目更加强调政府控制和质量把控。政府要从长远的角度来看项目运作所能带来的直接经济效应和难以直接显现的社会效益。同时也要向社会资本宣传项目的全成本核算理念，项目收益并非仅仅来源于项目的直接收入抑或政府依据可用性或客户需求而得到的政府偿付费用。如果项目在识别阶段即进行了全局性的规划，使特定项目符合社会资本方的整体产业规划，基于特定PPP项目运营一系列相关产业，从而能够充分发挥PPP项目的溢出效应。

再次，创新项目合作模式，探索对PPP项目进行捆绑打包或拆解操作。在优化城市存量资源的高度城市化阶段，进行大建大造的增量式建设已经不合时宜，而优化存量资源则难以保证项目的规模效应和范围效应的发挥。这就需要对PPP项目进行更为精细和灵活的设计。在这方面可以借鉴国际经验，一方面，可以对规模较小的多个项目进行项目捆绑打包，从而能够让特殊目的公司对资源进行更加合理的全局性的配置；另一方面，对具备复合功能的项目进行开发或改造时，由于各项功能之间的公益性和营利性具有差异，又由于社会资本方的资质受限，政府未来可以探索将项目进行拆解，对公益性较强的部分功能采用传统政府采购或政府主导性更强的BTO模式，而对于营利性较强、竞争性更强的部分项目采用PFI或

DBFOM等社会资本方更具自主空间的模式。

又次,将基层协商民主与PPP项目有机结合,提升居民的参与度。十九届五中全会提出,打造"建设人人有责、人人尽责、人人享有的社会治理共同体"。社会治理领域的PPP项目涉及重要的民生保障领域,在PPP项目的遴选和操作过程中必须强调社会治理共同体思维,将PPP项目与社会治理共同体建设结合起来。同时,建议在PPP项目工作机制中引入社工委、民政局等相关部门以及街道社区等基层力量,协商探讨社会治理领域PPP项目的应用创新,凝聚起覆盖PPP管理部门、社会治理相关委办局、市场资本方、基层群众性自治组织的政府-市场-社会各种主体的治理合力,寻求社会意愿和诉求的最大公约数,不断满足人民日益增长的美好生活需要。

最后,完善政府对PPP项目管理机制,建立统一规范的工作流程。概览国际经验,比较成熟的PPP项目管理模式都是遵从统一的归口管理和评价标准等法律法规,避免了PPP项目管理口径标准不一和管理效率的参差不齐。我国PPP实施得比较晚,在具体操作细节上还未形成统一的成熟的标准和工具。PPP项目统一管理和监督以及具体项目运作中的问题应对面临着实操上的诸多挑战。目前,在PPP项目报批等具体操作层面,尚缺乏口径统一的标准,而且经验丰富、流程熟悉、业务能力全面的专家型干部也十分稀缺。政府需优化PPP项目的管理机制,建立统一规范的工作流程。加强项目标准化管理,完善和统一PPP项目实施流程和操作细则。建立试点容错机制,强化社会治理领域PPP项目创新保障。有计划地从干部队伍中选拔优秀人才,进行专业培训,提高PPP项目的管理水平和业务水平。

第六部分

城市治理中的住房问题

协同治理视角下的智利"安居城市"建设成效探析[①]

任婷婷　王益明　李永辉

【摘　要】 本文以协同治理理论为分析框架，通过对智利拉戈斯政府时期推行的旨在减少犯罪和暴力并且对此后智利城市治理具有重要参考意义的"安居城市"项目这一公共政策的实践进行研究，重点对市级政府、社区和社会组织三个主要治理行为体以及其协同治理互动模式展开分析，评价其治理效果并归纳其成功的经验。通过对该项目进行分析可知，在预防犯罪和公共安全治理方面，市级政府、社区、社会组织三方协同治理框架下的城市一级多元参与性机制实现了市政府和社会群体之间的有效合作与协调，是完善城市治理体系和提高治理能力的有效方式，对加强政府城市治理、改善居民生活环境、增进公民治理参与度具有积极作用。

【关 键 词】 协同治理　智利　城市治理　预防犯罪

【作者简介】 任婷婷，北京外国语大学国际关系学院2019级硕士研究生；王益明，北京外国语大学国际关系学院2018级硕士研究生；李永辉，北京外国语大学国际关系学院教授，博士生导师。

公共安全是城市居民最关心的话题之一，拉丁美洲地区的城市是暴力的多发地，因此，犯罪问题是拉美城市的重点治理对象。智利被认为是拉美最安全的国家之一，21世纪以来，与该地区其他国家相比，智利政府在治理犯罪方面的效果显著。2000年初，智利主要城市中的毒品贩运活动频繁，特别是大圣地亚哥市，低收入人群是这一现象的主要参与者。随着智利城市居民越来越关注犯罪暴力

---

① 编者注：本文写作于2020年。

和公共安全问题，治理毒品贩运与犯罪活动逐渐成为政治议程、媒体、学术辩论的优先事项，智利政府也采取了行之有效的治理政策。

作为智利第一个城市安全计划，"安居城市"项目（Comuna Segura Compromiso 100）于2001年开始实施，尽管此项目随着拉戈斯总统[①]在2006年下台而被取代，但是自此以后，预防犯罪和公民安全问题开始被纳入智利城市发展规划中，而且这种治理模式也成为此后各届政府制定城市治理政策的参考样本，在继任的巴切莱特[②]政府推行的"城市公共安全计划"（Plan Comunal de Seguridad Pública, 2007-2010, 2014-2018），皮涅拉[③]政府实行的"和平社区"项目（Barrio en Paz, 2010-2014）中，这种治理模式及其中的大多数核心组成部分都被保留下来并得以延续。认识拉美国家在典型大城市发展过程中治理的实践，尤其是城市公共安全的治理路径和经验，无论是对拉美社会，还是对其他发展中国家的城市治理，均具有重要参考意义。

---

① 里卡多·弗洛伊兰·拉戈斯·埃斯科瓦尔（Ricardo Froilán Lagos Escobar），2000年3月11日正式就任智利总统，2006年3月卸任。
② 维罗妮卡·米歇尔·巴切莱特·赫里亚（Verónica Michelle Bachelet Jeria），2006年3月11日正式就任智利总统，成为智利历史上首位女性总统，2010年3月11日卸任总统职务。2014年3月11日再次当选为总统，2018年3月11日卸任。
③ 米格尔·胡安·塞瓦斯蒂安·皮涅拉·埃切尼克（Miguel Juan Sebastián Piñera Echenique），2010年3月11日正式就任总统，2014年3月11日任满卸任，2018年3月11日再次就任总统。

一、协同治理理论简述

协同治理理论（Collaborative Governance Theory）是一个复合型的新兴概念，是指公共机构、私人机构及公民个人等多元治理主体，通过运用公共权威、协同规则、治理机制及方式来协同运作，并最终形成自组织系统，从而实现公共利益最大化，提升治理水平与能力。[①]这一过程虽然也强调各个行为体之间的竞争，但更侧重于行为体之间的协作，以求实现整体大于部分之和的效果。协同治理理论具有以下几个重要内涵。

（一）治理主体的多元性

主体的多元性是协同治理的前提，协同强调各个行为体之间的有序的运动。除了各级政府机构外，协同治理的治理主体还涉及企业、社会组织、民间团体、媒体、学术共同体、社区、家庭以及公民等各类非政府行为体。在协同治理的过程中，政府通过协商的方式将原先其独自承担的社会责任转移给非政府组织，而后者慢慢承担起原先由政府承担的责任。尽管这些行为体具有不同的利益诉求和行为能力，但在治理的互动过程中，它们能够产生协调合作或是竞争的关系。在上下并行的互动中，各类行为体能在一定领域内展现出其特定的权威性，这使得治理权威的来源多样化。尤其在现代社会中，这一治理方式打破了传统的政府是权威唯一来源的局限。在现代社会，实现一个社会性的目标，往往需要多个行为体通力协作。

---

① 李汉卿：《协同治理理论探析》，载《理论月刊》，2014年第1期，第141页。

(二) 多元主体间的协同与主导

与统治不同，协同治理模式更加注重发挥政府、非政府组织、公民等多元主体间的协调合作。面对复杂的动态和多样的环境，各个行为体由于资源和知识存在差异，当互相之间无法进行资源互补，就容易陷入无序的状态，反之，行为体间通过自愿平等的方式协同合作，进行权力和资源的互动才能推动有序的发展。[1]因此在治理复杂的社会性问题时，行为体之间需要谈判协商和利益交换，在自愿平等与协作的基础上推进治理。协同理论尽管强调要发挥各个行为体的自主性和协同性，但并未否定其中有的行为体居于主导地位，有的处于支配地位，但这有别于单一的统治形式。协同治理过程的实质是公共权力和公共资源的互相协调，政府运用公共权力对社会行为进行引导和规范，各类非政府行为体之间的协同是基于政府机构所确立的目标而展开。在社会性问题的协同治理过程中，政府组织依旧发挥着重要的作用，在目标、机制的确立和价值的引导方面起着不可替代的作用。

其中，如何通过科学的制度设计来实现多元主体的分工协作是核心问题。制度在我国的公共话语体系中有多种表现形式，从宏观到微观可分为体制、机制、法律法规、规则等。其中，机制是与协同治理紧密相关的制度层次。[2]制度和治理体系是推进国家治理现代化的根本，决定着治理效果，也影响着治理结构的合理性。由于

---

[1] 李贝雷、陆婷:《协同治理理论与我国统一战线理论发展的内在契合性探析》, 载《上海市社会主义学院学报》, 2020年第1期, 第39页。

[2] 赖先进:《国家治理现代化场景下协同治理理论框架的构建》, 载《党政研究》, 2020年第3期, 第108页。

协同治理是一种集体行为，行动规则需要被各行为体接受并遵循，在制定规则的过程中，各个行为体之间的协调协作可以促使有序运作机制的形成。在这个过程中，政府虽然有可能不处于主导地位，但一定是规则的最终决定者。

（三）治理方式的多样性

协同治理不再单纯依靠自上而下的行政手段实现社会治理，而是强调在政府与非政府组织之间，在协商对话、相互合作的基础上，引入经济、法律、科技、文化、教育等其他管理和技术手段，根据不同的社会问题发挥各治理主体的自身优势，采取不同的治理方式，从而实现对社会公共事务的综合治理。多样的协同治理方式有利于更加高效的多中心的社会网络的构建。

（四）治理目标的一致性

各类主体的利益与目标的一致性是实现合作和协同效应的基础。协同治理理论强调在相互斗争的力量之间寻找分化与整合的途径，从而达到治理效果的优化。不同互动主体间治理目标的一致是确保其互动方向相同的前提，只有多元治理主体积极配合、一致行动才能有效整合资源，充分发挥各方优势，实现良性治理。

二、智利"安居城市"项目的实施背景

（一）智利的城市犯罪问题

20世纪80年代，智利进行了新自由主义改革，尤其是土地市

场的自由化带来了城市社会结构的变动。城市中心地区土地价格上涨，加深了大城市居民的分化，一是低收入阶层通常集中在城市周边地区，形成了由低收入人群居住的具有社会同质性的社区；二是这些社区的居民主观上也产生了一种强烈的隔离和排外的心理。[1]当然，这些社区也成为一系列严重社会问题的多发地，例如辍学、偷盗、抢劫、公开出售毒品和有组织暴力和犯罪等漠视法律的行为，极大地破坏了城市的治安，与此同时，城市的发展也影响着社会系统的包容性或排斥性。20世纪90年代以来，智利相当大比例的人口，尤其是妇女、老年人以及社会经济地位较低的人群对犯罪表现出高度的焦虑和恐惧。根据智利公共研究中心（Centro de Estudios Públicos）的全国公众舆论调查显示，1990年至1998年期间，犯罪是人们最关心的三大问题之一。[2]

智利于1990年结束了皮诺切特独裁政权（1973—1990），开始走上民主化的道路。在军政府独裁的十几年间，政治暴力是主要表现形式，然而，自90年代起，犯罪暴力已成为公众关注的焦点。内政部2001年《市政统计年度报告》显示，90年代的犯罪率有明显上

---

[1] Francisco, S., Gonzalo, C., & Jorge, C. (2001). Segregación residencial en las principales ciudades chilenas: Tendencias en las últimas décadas y posibles cursos de acción. *EURE*, 27(82), 21-42.（《智利主要城市的居民隔离：近几十年的趋势和可能的行动方针》，载《拉丁美洲区域城市研究》，2001年第27卷第82期，第21—42页。）

[2] División de Seguridad Ciudadana, Ministerio del Interior, Documento Diagnóstico de la Seguridad, Foro de Expertos, Chile, abril de 2004.（智利内政部公民安全司：《智利公民安全分析》，智利公民安全专家论坛，2004年4月。）

升的趋势，涉及暴力的抢劫显著增加[1]。对犯罪问题的治理也成为城市公民最关切的问题之一，1992年公民和平基金会（Fundación Paz Ciudadana）[2]的成立就体现了这一点。在智利，无论是从媒体的持续报道，还是在国家和国际层面进行的各种公众舆论调查结果中，都可以看出全社会对犯罪问题的关注。这些信息对中央和地方一级的政治决策进程产生了影响。

皮诺切特独裁政权结束后，智利迎来了一段民主过渡时期，在艾尔文总统执政期间（1990—1994），智利政府的首要任务是确保武装部队迅速重新融入民主政治秩序。[3]在安全领域，处理恐怖主义和军事独裁期间侵犯人权是当时两大核心问题，基于巩固和完善民主进程的理念，政府主要着手改善政治犯的处境。在弗雷总统执政期间（1994—2000）城市犯罪问题才真正得到政府层面的重视。此后，各届政府都将公民安全问题列入公共议程中，制定了不同的方案来缓解公民的不安全感，逐渐推行治理犯罪问题的公共政策。最初侧重于警察和司法系统工作的改进，但逐渐朝着更全面系统的

---

[1] División de Seguridad Ciudadana, Ministerio del Interior, Informe anual de estadísticas comunales 2001, Plan Integral de Seguridad Ciudadana, 2001.（智利内政部公民安全司：《2001年市政统计年度报告：公民安全综合计划》，2001年。）

[2] 公民和平基金会（Fundación Paz Ciudadana）是1992年成立的一个独立的非营利性研究中心，其资金来自私营公司和自然人的捐款，负责为智利设计、提出、执行和评估公共安全和司法政策，其主要目的是为改善减少犯罪方面的公共政策做出贡献，并与国家和国际机构签订合同、全面协定和长期合作协定。在"安居城市"项目策划中，也参加了内政部的协调和决策过程。

[3] Edgardo Boeninger. (1998). *Democracia en Chile: Lecciones para la Gobernabilidad*. Santiago: Editorial Andres Bello, 390.（《智利的民主：治理的教训》，安德烈斯·贝略出版社1998年版，第390页。）

模式发展，要求全国各级行政单位[1]同社会组织等一起发挥作用。通过制定不同的公共安全干预项目，在中央、省级政府、市政当局的领导下，促进社会组织和社区等行为体共同参与治理，以追求达到更高的安全水平。自1998年起，在政府的推动下，智利开始制定并实施在市政一级促进社会团体参与的举措。[2]进入21世纪后，智利各届政府都十分重视减少犯罪的议题，尤其是预防和减少地方层面的犯罪现象。

（二）安居城市行动启动

智利开展预防犯罪的工作是通过实施不同的项目进行的，由内政部公民安全司制定的在市政一级综合干预的"安居城市"项目就是较为重要的一个方案。[3]2000年，智利内政部、智利公民和平基金会以及智利市政协会（Asociación Chilena de Municipalidades）合作共同签署一项旨在预防犯罪的国家政策——"安居城市"项目。该项目的总经费由内政部提供，2001年开始在智利实施，直到2006年拉戈斯政府下台结束。其主要目标是通过公共和私人行动者的参与，发展社会网络来促进在城市一级跨部门间的协调治理，因地制

---

[1] 智利的行政区划共为三级，全国分为16个大区（Región），下设56个省（Provinca）和346个市（Comuna）。

[2] Dammert, L. (2003). El gobierno de seguridad en Chile 1973-2003. *Experiencias Territoriales*, 14, 271.（《1973—2003年智利安全政府》，载《领土经验》，2003年第14期，第271页。）

[3] 智利内政部公民安全司成立于2001年，负责制定和实施公民安全政策。

宜来预防和控制犯罪。[①]

"安居城市"项目有四大工作主线：一是从预防的角度进行干预，通过对社会风险因素进行干预来完善控制任务；二是立足本土地区进行干预，因为犯罪、暴力等现象在不同城市具有不同的特征；三是以社会参与为基础，由于犯罪现象有多重因果关系，因此干预措施必须考虑到当地，特别是在社区中各行为体的互动情况；四是集中地方社会的资源，对最脆弱的区域和社会群体进行干预，以及对城市居民关切的问题优先进行治理。[②] 2001年，智利首批12个城市落实该项目并逐渐分批次扩展，截至2006年，该项目共在全国70个城市实行。

（三）运行机制

"安居城市"项目在市一级的运作由城市公民安全委员会（Consejo Comunal de Seguridad Ciudadana, CCSC）、城市技术秘书处（Secretaría Técnica Comunal）和市技术工作组（Mesa Técnica Comunal）这三个主要部门来进行。城市公民安全委员会由地方政府代表和社会代表共同组成，前者包括市长、议员、地方警察局、教育局、卫生局、全国妇女事务处等公共部门代表，后者包括社区公民安全委员会、工商协会、家长和监护人城市联合会、妇女组

---

① Fundación Paz Ciudadana, Comuna segura compromiso 100: documento descriptivo Fase 1-2001, 2002, 3-10.（公民和平基金会：《安居城市承诺100：2001年第一阶段描述性文件》，2002年，第3—10页。）

② Lunecke, A. (2005). La prevención local del delito en Chile: la experiencia del programa Comuna Segura. *Ciudad y seguridad en América Latina*, 161.（《智利地方预防犯罪：安居城市方案的经验》，《拉丁美洲的城市和安全》，第161页。）

织、青年组织、教会代表等。城市技术秘书处是由内政部在市政当局安置的公共安全专家组成，负责城市安全状况的诊断，并根据当地的实际需求，协调城市安全项目的设计、实施和监测。市技术工作组的成员包括工程局、社会发展局、城市规划局、公共场所建设等各类技术人员，在秘书处的参与下，在技术上负责城市具体方案的设计，提出投资重点，并协助秘书处进行监测。[1]在运作中，这三个部门与中央政府和市政府都有紧密的联系。

此外，"安居城市"项目在中央和市政两级都设有行政管理单位。中央一级设有管理、规划、咨询和协调单位，其中，内政部的技术团队负责设计该项目，支持其实施并监督每个城市的情况；在地方一级，该项目由城市秘书处管理。随着更多的城市被纳入该项目，从2005年开始，"大区"作为中级管理机构被引入，负责监督多个城市的区域内事务。之后，全国建立了五个大的区域管理机构，这是一个由城市协调员和秘书组成的团队，主要负责确保该项目在城市的正常运作，并建立中央与地方之间的联系。

该项目的推行主要分为三个过程。

第一，城市的选择。智利内政部公民安全司根据凶杀率、暴力抢劫率、家庭暴力率、吸毒流行率和贫困率，从中得出犯罪脆弱性指数并对城市进行选择。这些指标每年都会得到更新，并据此确定城市的排名，综合表现较差的城市将被列入该项目。当城市被选

---

[1] Zúñiga, L. (2010). Conjugando estrategia nacional y política local en seguridad: el caso de Chile. *Serie Documentos Electrónicos Programa Seguridad y Ciudadanía*, 3-4. (《国家战略和地方安全政策的结合：智利的情况》，安全与公民方案电子文件系列，第3—4页。)

定后，内政部与每个市政当局签署各自的合作协议来确定双方的义务。内政部负责永久性的技术援助，分配用于城市秘书处的设备和管理等资源，以及为安全项目提供资金。市政当局则有义务根据内政部的要求成立城市公民安全委员会，建立市政主导的技术小组，以及为城市秘书处的运作提供物质条件并支持该项目的设计和执行。

第二，城市安全诊断。对于入选该项目的每个城市都会给予诊断以确定城市的安全状况，投入的需求和需要处理问题的优先级，同时与一系列的犯罪情景预防和社会预防措施联系起来，如公共空间规划、城市环境设计和邻里盯防机制等。安全诊断涉及投诉统计、受害情况调查等定量方法和公民对话、自我诊断和社区参与性分析等定性方法的结合。基于当地的诊断和社会群体的能力的变化，诊断结果也会不断更新，从而有助于确定年度资金的投入。该项目的供资期限为一年，寻求与公共和私营组织建立伙伴关系机制以实现其随后的可持续性。

第三，落实城市安全计划。城市安全计划是地方管理公民安全的主要途径，也是一种具有本地特色的安全策略。市政当局负责规划，起领导的作用，各行为体之间建立伙伴关系并达成协议，采取协调行动避免重复工作，从而实现共同的目标。在城市一级制定诊断方案和实施安全计划是有效预防暴力和犯罪的基本方式。

三、"安居城市"的多元主体

（一）地方政府

由于犯罪通常发生在地方一级，因此地方政府有必要采取行动并与其他行为体接触以制定一致的战略和计划，在预防城市犯罪中发挥领导作用。地方政府的领导作用首先体现在资金的管理和分配上。内政部根据社会人口统计数据，为每个城市分配相应的资金，项目资金由各市政府管理。"安居城市"项目特别设立了社会安全项目竞争基金（Fondo Concursable de Proyectos Comunitarios de Seguridad, FCPCS）用于政府购买服务，促进社会公共安全产品的生产。其中，市政府是公共服务的购买者、监督者和评价者，社会力量成为与市政府平等的合作者、部分公共服务的生产者和提供者，也是社会治理的主体之一。申请的社会组织需要经过市技术小组的分析研究后，才能得到资金分配。项目实行的前三年，资金主要用于社会组织提出的竞争性项目，受益的社会组织执行其相关任务。自2005年以来，为了更好地集中资源解决问题，资金分配方式有所调整，确定了三类基本投资形式：一是市政当局重点投资项目，占总资金的30%，这些项目是城市安全委员会确定的需要优先处理的问题，由专门机构招标或由本市直接执行，主要涉及家庭暴力、邻里调解、校园暴力以及儿童和青少年犯罪四个重要领域；二是大部分用于竞争性基金，通过资助社会组织申请的相关项目以促进社会群体参与，改善当地的安全状况，但社会组织只能在情境犯罪预防、社会心理干预和促进安全三个方面申请项目基金；三是本地奖励基金。自2005年起，大约10%的资金用于资助市政当局提出的具有高度影响力并管理良好的安全项目。[1]

---

[1] Beyer, H., & Vergara, R. (2006). *Delincuencia en Chile: determinantes y rol de las políticas públicas*. Santiago, Pontificia Universidad Católica de Chile, 10.（《智利的犯罪：公共政策的决定因素和作用》，圣地亚哥：智利天主教大学，2006年，第10页。）

地方政府的领导作用也体现在协调管理上。地方一级的城市公民安全委员会的建立有助于各类参与主体表达安全关切，并协调市政当局打击犯罪的行动。城市秘书处和技术工作组负责协调城市具体预防犯罪项目的设计、实施和监测，在城市治理实践中发挥其协调功能。其中秘书处在行政上依托市政当局，但响应内政部的技术标准和要求，在协调市政当局和警察之间的关系方面发挥积极作用。

地方政府的领导作用还体现在推动开展多方面的治理任务，对直接或间接与犯罪、暴力和恐怖的发展有关的风险因素采取行动。城市安全子项目大致分为三类：一是开展活动或培训，包括健康、文化、艺术、体育等娱乐活动以及教育或职业培训，对风险群体如年轻罪犯、受暴力侵害的妇女等进行社会心理教育等；二是基础设施项目，包括城市公共空间的规划和修复，道路、水电、照明、监控等基础设施建设，改善城市棚户区的住房条件等；三是构建社会安全网络的综合项目，如促进社会群体直接参与协助警方并建立预警系统，提供紧急服务。[1]这些以全面提高城市公民生活质量为落脚点的子项目能有效地治理城市犯罪问题。

（二）社区

作为由共享同一环境并相互影响的人们所组成的群体，社区是"安居城市"实践中参与设计和执行具体项目的关键行为体。作为非正式的控制系统，社区的参与改变了传统以警察维护公共安全为重

---

[1] Dammert, L. (2007). Perspectivas y dilemas de la seguridad ciudadana en América Latina. *Ciudadanía y Violencias*, 2, 235. (《拉丁美洲公民安全的前景和困境》，载《公民与暴力》，2007年第2期，第235页。)

点的模式。研究表明，犯罪水平与社区内普遍存在的社会条件之间存在着重要的联系，因此在"安居城市"项目中，强调公民安全问题属于社区的每个居民。其中，社区领导人要参与查明问题和执行相关倡议，与此同时，促进社区居民在政治和社会领域积极参与，社区居民可以选择其代表并直接或间接影响公共安全议程，或者在社会参与方面围绕着特定或具体利益采取协调行动。

社区参与安全治理的四大领域包括维系警察和社区关系、建立社区安全组织、规范和管理公共空间的质量和使用、建立公私伙伴关系。有组织的社区是安全社会的基础，各个社区组织由于更了解本地居民的问题，因此在信息传递、加强回应、促进政府与市民互动等方面具有重要作用。该项目还提出了促进邻里良好共处的任务，例如组建冲突调解组织或构建社区调解系统等。

（三）社会组织

参与该项目的组织包括青年组织、妇女组织、预防协会、文化组织、体育组织和教会等其他众多社会组织。超过1万个社会组织申请参加该项目，城市安全委员会选择了近40%并且对这些社会组织进行适当的技术培训。[1]

社会组织是众多城市安全任务的承担者，社会组织在提供公共物品或服务中具有其特殊的优势。首先，社会组织更贴近民众，有更高的回应性，能够关注到政府难以顾及的公共服务需求，因此

---

[1] Ciudades para un Futuro más Sostenible: Programa Comuna Segura (Chile), 12 julio 2004, http://habitat.aq.upm.es/dubai/04/bp2609.html.（《面向更可持续未来的城市：智利安居城市方案》，2004年7月12日）

社会组织与民众的心理距离更近，更能够建立信任和联系。其次，社会组织的行动灵活。不同于政府组织，社会组织对新出现的复杂多变的社会问题反应快速，且不容易受到组织内外部的架构约束。与社区相比，它属于正式组织，具有相对较大的活动范围和较强的解决问题能力，能在较短的时间内应对问题并发挥其技术资源优势。此外，社会组织还具有沟通优势。既能同政府保持较为密切的联系，又能深入社会民众中；既可以传达政府机构的政策信息，又可以整合并反馈所代表利益群体和社会大众对相关政府机构的要求（见表1）。

表1 主要行为体的协同治理要素

	地方政府机构	社会组织	社区
治理目标	预防城市犯罪 提高公共安全		
治理方式	行政手段，财政手段	技术资源	宣传教育
主要作用	机构间协调 确定优先级	代表沟通 执行项目	参与规划 执行项目

四、"安居城市"的多元主体协同机制

"安居城市"项目的推行实现了地方政府机构和多种社会主体在预防城市暴力和犯罪方面的有效合作与协调。

第一，建立了多方决策的互动机制，特别是加强了社会主体和地方公共机构之间的沟通和协调。该项目在各城市落实是由城市公民安全委员会、城市技术秘书处和市技术工作组这三个部门主导的。其中，城市公民安全委员会是关键，作为一个多方就安全问

题进行对话和互动的重要平台，它不仅是政府和警察以及社会代表就公共安全问题进行对话的场所，而且也是城市公民参与决策的平台。一方面，它负责对城市安全状况进行评估，确定城市安全战略定位，安排项目资源的分配并决定优先行动方向，并通过下设的社会安全项目竞争基金（FCPCS）为重要项目提供资金。作为一种鼓励社会预防犯罪的机制，激起了社会主体极大的参与兴趣，社会组织和社区的申请项目得到批准后可获得相应的资金用于开展任务。另一方面，在这个召集了多方参与的会议中也对所实施的具体项目进行说明和报告，并接收来自各参与方的意见，通过对有关的问题进行诊断分析，在收集、处理和传播有关信息方面发挥积极作用，同时也积极协调各方的工作部署。

该项目以城市社会群体的参与为基础，尤其是过去被排斥在外的弱势群体的参与，成为社会网络形成的基础（见表2）。即便是最贫穷的人群也有机会通过城市公民安全委员会与当局和警察进行平等的对话，表达自己的意见并参与决策。其中，秘书处为社会主体的参与提供咨询、技术指导和监督服务，以建立社会群体、市政府、警察之间的共处和信任伙伴关系。

表2　城市公民安全委员会构成

非公共机构	公共机构
总协调员	市长
商业代表	市政议员
家长中心	警察代表
社会组织代表	检察代表
社区委员会代表	财政代表

第二，形成了信息互通机制。在市级进行本土诊断并制定安全任务是预防暴力和犯罪的有效手段，然而，难以获得高质量的信息是制定预防性政策所面临的主要障碍。在许多情况下，预防政策所依据的是解释性假设，而不是基于现实信息的分析。因此，该项目特别重视信息的交流互通，高质量的信息交流有助于政策的制定和推行。基于让市民熟知情况并获得反馈的目的，设立了由市政当局的代表和社会组织负责人参加的大规模"市民信息大会"（Asambleas de Información Ciudadana），通过展览和宣传讲习的方式沟通信息，每次大会约有150位社会组织的负责人参与。大会使"安居城市"项目为当地广泛接受，人们普遍希望参与并相信项目对预防犯罪的积极影响，同时也成为各负责人及时反馈信息的渠道。此外，在社区和社会组织的参与和协助下，城市建立了安全观察点，这些都有助于信息的及时沟通和反馈，促进社会信息网络的构建，进而提高制定预防计划的效率。

第三，构建了社会主体参与治理机制。除了信息互通外，预防犯罪也离不开对犯罪风险因素的治理。犯罪因素可分为两个方面：一方面是个体因素，如家庭解体和暴力、失业、辍学、吸毒、边缘化、持有武器等；另一方面是社会环境因素，例如是否存在警察监视、私人监视或非正式的社会控制、公共空间的规划、对政府机构的信任等。像居委会、老年人俱乐部、体育俱乐部等社区机构和社会组织在对个体犯罪因素的治理上具有明显优势，它们灵活地开展多样的文化、艺术、体育活动，对风险群体尤其是青少年进行教育、社会心理疏导和职业培训等。同时，在社会环境因素的治理上，它们为城市公共空间的规划、必要的基础设施建设、社区居民的住房条件提供详实的情况，有效地反馈给决策部门。此外，它们也直接参与协助警方并建立预警系统，提供紧急服务。

"安居城市"项目在市一级通过城市公民安全委员会和秘书处向社会主体传递知识并指导工作方法，通过市政-警察-社会关系网络将决定权下放并通过社会安全项目竞争基金用于具体社会安全项目的投资。同时，社区机构和社会组织之间在信息互通机制下保持着治理任务的合作与协调，它们的参与使得城市公共安全的治理成为一个可持续的过程，有助于城市安全网络的构建（见图1）。

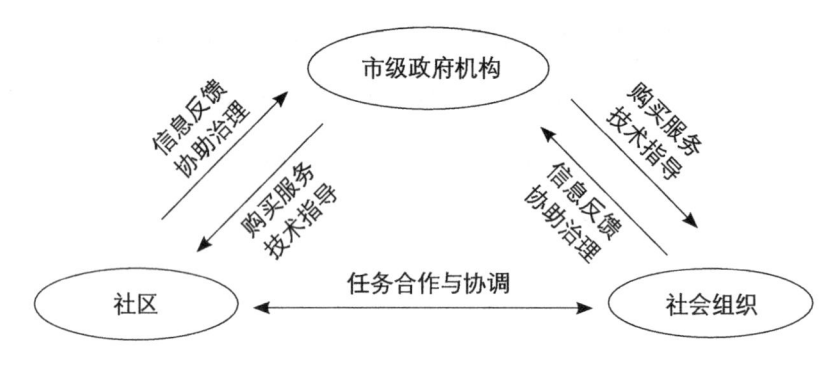

图1 "安居城市"三中心协同治理模型

五、"安居城市"多元治理方式

市政机构和社会主体共同参与犯罪治理，使社会对犯罪和暴力的控制更为严格。据估计，"安居城市"项目共使超过700万智利人受益，且受益人群在很大程度上与犯罪中易受伤害人群相吻合。[①]据

---

① Lunecke, A. (2005). La prevención local del delito en Chile: la experiencia del programa Comuna Segura. *Ciudad y seguridad en América Latina*, 15. (《智利地方预防犯罪：安居城市方案的经验》，《拉丁美洲的城市和安全》，第15页。)

美洲开发银行的一项统计审查项目发现，如果该项目未投入实施，相关的城市中针对人身和财产实施的犯罪行为数量会高出19%。通过分析获得的证据表明，该项目有助于减少犯罪率和提升城市居民的安全感。[1] 在市级政府的领导协调下，社会组织、社区以及居民的积极配合、共同参与合作减少了城市的不安全因素，也降低了人们的恐惧感，使智利的城市更加安全。这些积极的评价结果表明，通过有效的权力下放，鼓励当地政府和社会群体参与的机制，在扩大项目的同时会产生良好的治理效果。

（一）实现权力的有效下放与资金的合理利用

公共安全政策在许多情况下都受到中央政府的驱动和支持，但是中央权力的过度集中会使城市公共安全政策的设计和执行受到限制，因此有必要在国家政策的指导下，在预防犯罪领域开展有效的权力下放。在此过程中，需要明确参与治理的各个行为体的权责，明晰资金供给机制，逐渐朝着更大的实际权力下放，以及更大的行政灵活性迈进。[2] 简言之，中央方案必须在行政和技术上具有灵活性，以根据现实情况和地方政府的进程和动态进行调整，使城市具备自主处理的权力和能力。此外，需要推动建立地方政府与国家政府

---

[1] Ruprah, I. (2008). An impact evaluation of a neighbourhood crime prevention program: does safer commune make Chileans safer? 3-21. (《邻里犯罪预防计划的影响评估：社区安全能让智利人更安全吗？》，第3—21页。)

[2] Dammert, L. (2005). La construcción de ciudadana como estrategia para el fomento de la convivencia y la seguridad. *Seminario permanente sobre Violencia*, 2, 22-23. (《公民建设作为促进共存和安全的战略》，载《暴力问题常设讨论》，2005年第2期，第22—23页。)

机构的协调机制，加强中央跨部门和市政间更高水平的合作与协调，同时发挥地方政府在治理社会特定重大问题中的领导作用。市级政府如果不能与国家政府机构有效地合作与协调，也难以取得成效。

此前，智利打击犯罪的任务通常只属于警察和中央政府，在"安居城市"项目中，各城市的政府部门在参与打击犯罪活动中有了更大的自主权，此举是一项有益的探索。但在行政管理方面，尤其是内政部在提供资源方面出现了延误，没有确保资源的连续性，且也没有根据城市规模和人口合理地分配资源。

（二）发挥地方政府的领导作用

在城市治理中，核心主体就是地方政府，因此市级部门需要发挥领导作用。在将治理权力下放给地方政府时，一是有必要确定市政当局的参与形式并对市政相关工作人员进行培训；二是在治理犯罪问题上要发挥其领导和协调能力，不仅需要协调各级政府、社会组织、公民等非政府组织之间的合作，推动各类行为体有所作为，而且还需要协调多方面的任务，通过政府购买服务使各个领域的预防行动联动起来以发挥更大的作用。这将有助于加强公民和社会团体的参与，提高对政府机构的信任，也能促进在犯罪治理上建立和发展公私伙伴关系。此外，在打击犯罪活动中也需要加强跨城市间的协作，但"安居城市"项目没有考虑跨城市间的犯罪活动或与贩毒有关的活动，应该逐步开始采用一种更为全面和协调的工作方法。

（三）提高社会参与公共安全治理的积极性

智利学界对社会主体参与公共安全治理的必要性有不同的解

释，其中最重要的原因是智利的政府机构过度官僚化，影响决策速度并造成公民对专门从事犯罪控制的警察和司法机构不信任，因此未能有效发挥降低犯罪率的作用[①]。"安居城市"项目主要通过社会组织和社区纳入城市中的边缘群体，例如妇女、儿童、青少年等，社会群体的参与在法治框架内丰富了公共安全的治理主体，也使得城市中旨在预防犯罪的非政府组织和公私伙伴关系得到了巩固。在公共安全政策的制定和执行方面向新的参与者开放，可以使地方一级的社会资本得到巩固，一是要激发社区的活力以及非正式的社会治理在塑造公民行为、普及抑制犯罪的价值观中的作用。二是城市中的社会组织要通过发展其保障能力有效预防犯罪，尤其是为弱势群体提供良好的保护，从而大幅增加社会资本。三是要激发公民的兴趣使其参与到行动中来，进而提高他们对相关政策和司法机构的认识。城市公民对于社会的需求和社会性问题的看法对于公共政策能否成功推行至关重要，鼓励城市公民参与治理有助于社会安全网络的形成，这反过来又使他们更愿意针对城市的犯罪治理问题提出反馈建议，实现长期可持续的互动。然而，社会参与如果不是在地方政府的领导和协调下进行规划、组织行动，就可能会产生负面影响。因此，社会群体在参与城市社会性问题的治理时，需要加强与地方政府的对话互动和协调来提高治理效率，增强社会资本，形成协同治理的社会网络。

[①] Dammert, L. (2005). La construcción de ciudadana como estrategia para el fomento de la convivencia y la seguridad. *Seminario permanente sobre Violencia*, 2, 11. (《公民建设作为促进共存和安全的战略》，载《暴力问题常设讨论》，2005年第2期，第11页。)

埃塞俄比亚福利住房政策瞄准偏差成因探析[1]

翟　悦　郭凤林

【摘要】　当前，埃塞俄比亚正在经历快速的城市化进程，城市人口的迅速增长加剧了对城市住房的需求，对埃塞城市治理能力提出了更紧迫的挑战。2005年，埃塞发起集成住房发展项目，旨在为城市贫困人口提供住房及就业机会。研究发现，该项目在实施过程中同时存在"F型偏差"和"E型偏差"两种瞄准偏差，即大量贫困人口没有被纳入该项福利政策中，棚户区和贫民窟等非正式建筑仍然是贫困人口的主要居住场所；另一方面，中产阶级成为集成住房的主要受益群体，通过直接获取所有权和租赁两种形式获得集成住房的实际居住权。导致两种偏差的主要原因分别是埃塞自身住房供给能力的客观局限以及政策设计的衍生结果。因此，埃塞在短期内需要通过吸引外部承包商、激活本地建筑领域私人部门等手段提高建筑效率。同时，进一步明确申请人资格标准，并完善配套信贷优惠政策，使财政资源能够被用于需求最迫切的群体。长期来看，埃塞需要通过工业化转型使城市充分发挥经济效益，提升城市居民整体消费能力。

【关键词】　埃塞俄比亚　集成住房　瞄准偏差　政策设计

【作者简介】　翟悦，中央财经大学商学院研究实习员；郭凤林，北京外国语大学国际关系学院副教授。

一、问题提出

城市化对于一国发展具有重要的战略意义，埃塞希望通过城市化的聚集效应促进该国工业化发展和经济转型。因此，自埃塞

---

[1] 编者注：本文写作于2020年。

2005年实施宏观发展战略《以消除贫困为目标的加速增长和可持续发展计划（2005—2009）》（A Plan for Accelerated and Sustained Development to End Poverty, PASDEP）以来，城市化已经成为埃塞发展战略中的重要议程，且重要程度不断提升。在《增长与转型计划Ⅱ（2016~2020）》（Growth and Transformation Plan Ⅱ, 2016-2020, GTP-Ⅱ）阶段，"通过提升对快速城市化的治理和管理能力促进经济增长"已被列为其该阶段的九大发展战略支柱议程之一。

现阶段，埃塞正在经历快速的城市化进程。一方面，埃塞城市化起点较低。2012年，埃塞城市人口占全国总人口的17.3%，处于撒哈拉以南非洲37%的均值以下，是世界范围内城市化程度最低的国家之一。另一方面，埃塞当前城市化速度较快。根据埃塞官方统计，埃塞年均城市人口增长率为3.8%，预计到2037年，埃塞城市人口将达到4,230万，为2012年城市人口的三倍。[1]世界银行数据显示，埃塞的城市人口增长比埃塞官方预计更快，2018年，埃塞城市人口增长率为4.8%，城市人口达到2,267万。[2]

城市人口激增一方面为城市发展提供了新的动力，同时，也为城市治理和规划提出了新的挑战。住房是人生存的最基本需求之一，埃塞城市人口激增导致城市中正式住房供需差距进一步增大，这一问题也较早地引起了埃塞政府的关注。2005年，埃塞城市

---

[1] World Bank. (2015). Ethiopia Urbanization Review: Urban Institutions for a Middle-Income Ethiopia (No.100238, pp.1-168), 7.

[2] World Bank. 2018. Urban population growth (annual %) – Ethiopia. https://data.worldbank.org/indicator/SP.URB.TOTL?end=2018&locations=ET&start=1960&view=chart (accessed 12/06/2020).

发展与建设部（Ministry of Urban Development and Construction, MoUDC）发起集成住房发展项目（Integrated Housing Development Programme, IHDP），该项目旨在通过在全国范围内大规模建造福利住房，解决城市最贫困人口的居住问题，促进就业。有学者指出，该项目并未达到其最初"为贫困人口提供正式住房"的政策目标，其主要受益者是埃塞的中产阶级。[1]世界银行报告显示，埃塞首都亚的斯亚贝巴仍有70%到80%之间的住房为棚户区和贫民窟。[2]埃塞集成住房发展项目这一政策在实施过程中为什么出现偏差？该项目发展面临哪些挑战？本文旨在对导致上述瞄准偏差的因素进行探究。埃塞作为东非迅速崛起的新经济体，城市化以及以住房问题为代表的城市发展挑战将是其下一阶段发展的重点领域，涉及经济发展、社会稳定等多个治理方面，因此，有必要对其现阶段住房供给政策进行探究，提出合理化建议，并为其他发展中国家的城市化进程提供借鉴。此外，埃塞作为中国"一带一路"在非重要合作伙伴，中埃在发展机制和产能合作方面具有广阔的合作空间。深入了解其内部发展中的困难，有助于发掘双方合作的深层动力，为推进进一步合作提供新思路，促进中非共同发展与繁荣。

---

[1] Keller, E. J., & Mukudi-Omwami, E. (2017). Rapid Urban Expansion and the Challenge of Pro-poor Housing in Addis Ababa, Ethiopia. *Africa Review*, 9(2), 173-185.

[2] World Bank. (2018). Enhancing Economic Development and Job Creation in Addis Ababa: the Role of the City Administration, 40.

二、文献综述

(一) 瞄准偏差：概念、原因及矫正措施

政策瞄准机制被普遍用于反贫和社会救助等公共政策研究。瓦勒将政策瞄准机制分为"广义瞄准"(broad targeting) 和"狭义瞄准"(narrow targeting)。其中，广义瞄准即一项公共政策具有保护贫困者的倾向，但并非针对贫困者所特设；狭义瞄准即反贫政策的受益对象应尽可能将贫困者包含其中，同时排斥非贫困者。瓦勒指出，贫困测量标准制定和测量过程本身的复杂性导致实际的政策资源分配结果与政策制定阶段的初始目标之间存在差异，即出现瞄准偏差。[1]大多数学者认同将政策偏差情况分为两类。格罗斯认为，政策偏差可分为两种情况，即向非政策目标群体的泄漏效应 (a leakage of benefits) 和对目标群体的不完全覆盖 (imperfect coverage)。[2] 科尔尼亚和弗朗西斯认为政策瞄准主要存在"E型偏差" (excessive coverage, E-mistakes)，即政策实施过程中包含了部分非目标群体，以及"F型偏差"(failures to reach the target group, F-mistakes)，即部分政策目标群体未获得依据政策本应得到的保障的情况。二人指出，大量研究和干预措施注重对E型偏差的矫正，忽略了对E型偏差中目标群体覆盖水平的提升。此外，对矫正E型

---

[1] Dominique van de Walle. (1998). Targeting Revisited. *The World Bank Research Observer*, 13(2), 231-248.

[2] Grosh, M. (1994). Toward Quantifying the Trade-off: Administrative Costs and Incidence in Targeted Programs in Latin America. In Dominique van de Walle, & Nead, K. (eds.). (1995). *Public Spending and the Poor: Theory and Evidence*. London: John Hopkins University Press.

偏差的追求会导致F型偏差的上升。政策复杂程度、获取信息的成本、审核标准、审核程序繁琐程度的提升提高了贫困人口获取政策保障的难度，将导致更多原本的政策目标群体被排除在政策的实际受益群体之外。[1]

  导致瞄准偏差的原因是复杂多样的。瞄准政策目标群体首先需要制定一系列识别标准。在贫困人口识别过程中，家什调查是识别贫困人口的重要标准，但在具体的识别过程中存在一系列操作困难。泰伯指出，发展中国家贫困人口的主要收入来源是产出不稳定的农业以及灵活的非正式就业，这对政府进行准确检测提出了较高要求。[2]凯瑞和克拉蒙德的研究结果显示，即便在英、澳等发达国家，福利需求调查的成本也是高昂的，澳大利亚政府从2000年以来开始实施强制性"收入管理"，政府发放的福利被禁止用于购买特定类别的物品。对试点之一的调查显示，针对每个目标个体进行"收入管理"的平均成本达到了发放福利金额的三分之一。[3]瓦达帕里指出，具有特定类型产品消费行为或达到一定消费数量的群体可以被排除在特定反贫政策之外。[4]但也有陈等人指出，消费品拥有

---

[1] Cornia, G. A., & Frances, S. (1993). Two Errors of Targeting. *Journal of International Development*, 5, 459-496.

[2] Tabor, S. R. (2002). Assisting the Poor with Cash: Design and Implementation of Social Transfer Programs. *World Bank Social Protection Discussion Paper*, 79-97.

[3] Carey, G., & Crammond, B. (2014). A Glossary of Policy Frameworks: the Many Forms of 'Universalism' and Policy 'Targeting'. *Journal of Epidemiology & Community Health*, 71(3), 303-307.

[4] Vadapalli, D. K. (2009). Barriers and Challenges in Accessing Social Transfers and Role of Social Welfare Services in Improving Targeting Efficiency: A Study of Conditional Cash Transfers. *Vulnerable Children & Youth Studies*, 4, 41-54.

情况仅代表过去收入水平,无法反映其当下的救助需求。[①]哈维等人指出,不同地区的贫困水平总体上不同,偏远山区由于交通和通信等基础设施的发展程度较低,获得政策救助资源的难度更大。此外,政策瞄准还面临贫困地区内部的识别问题。康宁和凯威恩进一步指出,不论是何种行政层面的瞄准,地区内部的偏差都不可避免。[②]李棉管将其总结为"社会政策的简约性要求与社会环境的复杂现实之间的矛盾"。[③]

政策瞄准偏差是难以完全避免的。凯瑞和克拉蒙德指出,节省政府福利开支和减少社会不平等是政策瞄准的两个目标。在现实中的一些情况下,政策瞄准不是实现上述两种目标的最有效途径。在相同目标群体内部,总是存在对福利种类和需求程度的细化差异。[④]沃克指出,瞄准偏差普遍存在,虽然出于政策成本和效率考量,需要将政策资源尽可能分配给需求最迫切的群体,但毫无偏差的情况是难以实现的。[⑤]瓦勒也指出,政策瞄准的关键不是完全避免两种偏差的出现,而是合理降低政策预算。因此,在狭义瞄准情况下,

---

[①] World Bank. (2006). Di Bao: A Guaranteed Minimum Income in China's Cities? Policy Research Working Paper, No. 3805.

[②] Conning, J., & Kevane, M. (2002). Community-based Targeting Mechanisms for Social Safety Nets: A Critical Review. *World Development*, 30, 375-394.

[③] 李棉管:《技术难题、政治过程与文化结果——"瞄准偏差"的三种研究视角及其对中国"精准扶贫"的启示》,载《社会学研究》,2017年第1期,第217—241页。

[④] Carey, G., & Crammond, B. (2014). A Glossary of Policy Frameworks: the Many Forms of 'Universalism' and Policy 'Targeting'. *Journal of Epidemiology & Community Health*, 71(3), 303-307.

[⑤] Walker, R. (2004). *Social Security and Welfare: Concepts and Comparisons*. London: McGraw-Hill Education.

矫正偏差将主要在三方面带来额外成本。一是行政成本，如收集提高瞄准准确度所需的基础信息带来的专业人员和制度设计方面的投入；二是负面激励效应，具体的政策标准将改变部分群体的行为，如划定贫困收入标准可能导致部分人口放弃通过劳动获得收入；三是政策的政治成本，即将福利政策完全向贫困人口倾斜可能导致提供坚实政治基础的中产阶级的不满，影响政治稳定。政策制定者需要对政策成本-收益进行权衡。[1]迪特雷也强调，过高的瞄准成本投入会导致瞄准机制本身失去意义。[2]

（二）埃塞集成住房项目：成就及制约

对埃塞集成住房项目的研究可分为两大类。一类是世界银行、联合国人居署等国际组织及其专门机构针对埃塞土地开发和福利住房项目通过文献和实地调研发布的发展报告。另一类以学者们的政策研究为主。其中，大部分学者通过在特定地区范围内抽取样本，进行问卷和访谈，对埃塞集成住房项目实施效果、民众满意度及其影响因素进行实证研究。也有学者从理论层面出发，对集成住房项目实施过程中出现的法律、财政、行政、建筑技术等专业问题进行探究，并提出政策完善路径。

部分学者认为埃塞集成住房项目实现了积极的政策效果。王沐塔

---

[1] Dominique van de Walle. (1998). Targeting Revisited. *The World Bank Research Observer*, 13(2), 231-248.

[2] Dutrey, A. P. (2007). Successful Targeting? Reporting Efficiency and Costs in Targeted Poverty Alleviation Programmes. United Nations Research Institute for Social Development.

和孙浩等人将集成住房项目的运行机制总结为"补""促""减""增"四个方面。"补"即以大规模住房补齐房屋短缺;"促"指通过发展集成住房项目促进小微企业发展和城市贫困人口就业;"减"指通过技能和商业培训提高居民就业能力,减少无业游民数量,降低社会管理成本;"增"指通过基础设施建设和金融发展增强生产力,激发社会活力。通过问卷调查,三人认为集成住房发展项目在提高家庭收入和就业水平、改善居民健康状况、保障女性权益、保障公民居住权以及助力城市减贫等方面发挥了重要作用。[1]凯尔克通过问卷调查发现,入住公寓的居民和家庭大多对其居住环境表示满意,满意程度与公寓地段、楼层、住房结构和质量、配套基础设施等条件有关。[2]

也有学者指出,该项目仍然面临诸多的发展挑战。沃切尔指出,相比近年来快速的城市化进程,公共部门和私人开发商对住房的投资不足,导致城市非法定居点扩展迅速。[3]凯勒和伊迪斯认为,集成住房项目在扩大、改善住房的数量和质量方面取得了一定的成功,但该项目的直接受益者更多是城市中产阶级,城市最贫困人口

---

[1] 王沐塔、孙浩、殷成志:《集成住房发展项目对埃塞俄比亚城市减贫的影响:以亚的斯亚贝巴为例》,载《国际城市规划》,2018年第5期,第79—85页。

[2] Ethiopian Institute of Architecture, Building Construction and City Development (EIABC). (2019). Satisfaction Level Assessment of the Integrated Housing Development Program (IHDP) Residents: The Case of Key Bahir and Mickey Lay Land Condominium Sites.

[3] Watcher, S. M. 2018. Housing Challenges and New Urban Agenda. https://penniur.upenn.edu/uploads/media/Wachter,_Hoek-Smit,_Kim.pdf (accessed 09/06/2020).

主要通过该计划提供的就业机会获得间接收益。[1]大部分学者认为，导致这一现象的首要原因是穷人仍然缺乏支付经济适用房首付的财政能力。购买集成住房的居民需支付少量首付，尾款由埃塞商业银行（Commercial Bank of Ethiopia，CBE）提供低息贷款。贝格那通过内格默特镇的案例指出，一套一居室的总额为61,120.3比尔，首付需支付12,224比尔，这对于月平均收入在1,500比尔以下的城市贫困人口来说仍然较为困难。[2]

凯勒和伊迪斯则发现，即使在有能力支付首付的群体中，对于集成住房的需求仍然远超出房源的供应。因此，政府通过定期公开随机抽取的机制（lottery system）确定申请人资格。由于该计划允许对房屋进行出租，当申请人无法支付还款时，便会选择出租房屋，并利用租金租住更便宜的房屋，创造了凯恩斯所谓的"低收入食利者阶层"（low-income rentier class），因此，部分房源被用于居住以外的营利活动。[3]

特肖梅等人对该项目的可持续性表示担忧。福利住房计划的长期发展目标是实现市场化运作，在减贫的同时促进经济增长。这要求在执行扶贫政策时降低预算赤字，当前住房项目严重依赖联邦和

---

[1] Keller, E. J., & Mukudi-Omwami, E. (2017). Rapid Urban Expansion and the Challenge of Pro-poor Housing in Addis Ababa, Ethiopia. *Africa Review*, 9(2), 173-185.

[2] Begna, T. S. (2017). Rapid Urbanization, Squatter Settlements and Housing Policy Interface in Ethiopia, the Case of Nekemte Town. *Journal of Geography & Natural Disasters*, 7(3), 211.

[3] Keller, E. J., & Mukudi-Omwami, E. (2017). Rapid Urban Expansion and the Challenge of Pro-poor Housing in Addis Ababa, Ethiopia. *Africa Review*, 9(2), 173-185.

地方政府，以及国际援助资金和非政府组织，私营部门投入程度较低。[1]此外，私人公司承包建造的公寓质量参差不齐，配套设施不完善，项目存在由于水源、电力公司资源有限推迟的状况。[2]

其次，福利住房的发展也受到政府治理能力和权力结构的制约。埃塞中央政府高度参与国家发展战略的制定，但在政策实施以及财政方面逐渐向地方政府放权。联合国人居署报告指出，在亚的斯亚贝巴的集成住房项目中，亚的斯亚贝巴市政府负责选择公寓建造的地址、政府资源分配、从城市预算中拨款、发行项目债券等。[3]埃塞希望通过权力下放提高政策实施效率，拉近政府与民众的距离[4]。联邦宪法在一定程度上赋予了地方政府财政自主权，允许地方政府在中央政府的同意范围内设定、收取城市中的个人所得税、土地税，允许地方政府向地方及外部资源进行短期或长期借贷。凯勒和伊迪斯指出，由于地方财政受到中央干预，投资者对投资地方政府项目仍然持怀疑态度，地方政府也缺乏政治权力和技术能力获取

---

[1] Institute for Regional and Local Development Studies, Addis Ababa University. 2013. Governance and Public Service Delivery: The Case of Water Supply and Roads Services Delivery in Addis Ababa and Hawassa Cities, Ethiopia. https://www.pasgr.org/wp-content/uploads/2016/04/RLDS-Final-EPSD-Edited-version-in-progress-apr-261.pdf (accessed 12/06/2020).

[2] United Nations Human Settlements Programme. (2011). Condominium Housing in Ethiopia: The Integrated Housing Development Programme.

[3] Ibid., 15.

[4] Ministry of Urban Development, Housing & Construction. 2014. National Report on Housing & Sustainable Urban Development. https://www.urbanagendaplatform.org/sites/default/files/2020-09/National-Report-Africa-Ethiopia-Final-in-English.pdf (accessed 10/06/2020).

足够的税收。[1]此外，马科斯还指出，由政府指派负责项目的官员能力并非总是达标。[2]

也有学者从文化和习惯方面探讨集成住房的发展困境。格塔丘认为，埃塞传统上储蓄文化和储蓄意识不强，这是导致部分低收入人口无法支付相对较低的首付的重要原因，政府应加强相关宣传。[3]莫塔指出，集成式住房改善了人们的物质生活条件，同时也打破了埃塞人传统的社交网络和生活方式，无法满足居民烹饪食物、洗衣、屠宰牲畜等活动对公共空间的需求。同时，还应该积极完善集成住房中的居民自治组织，以帮助社会融合。[4]

通过对既有研究的梳理发现，大多数学者认为埃塞集成住房项目自实施以来取得了一定的成效，在一定程度上改善了城市居民的居住环境，提升了居民对政策的满意度。同时，集成住房发展项目仍然面临着财政可持续性、政策效率、传统文化和居住习惯等诸

---

[1] Keller, E. J., & Mukudi-Omwami, E. (2017). Rapid Urban Expansion and the Challenge of Pro-poor Housing in Addis Ababa, Ethiopia. *Africa Review*, 9(2), 173-185.

[2] Markos, E. (2005). Addis Ababa City Administration, Construction and Housing Development Office. In Keller, E. J., & Mukudi-Omwami, E. (2017). Rapid Urban Expansion and the Challenge of Pro-poor Housing in Addis Ababa, Ethiopia. *Africa Review*, 9(2), 173-185.

[3] Getachew, T. 2016. Assessment of Affordability and Living Condition of Condominium Housing in Addis Ababa: The Case of Lideta Sub City in Addis Ababa, Ethiopia. https://pdfs.semanticscholar.org/ba8e/bea3113ea70efad6a21840e4b77e628fffe5.pdf (accessed 12/06/2020).

[4] Mota, N. (2015). From the Kebele to the Condominium: Accommodating Social and Spatial Practices in Ethiopia's Politics of Affordable Housing. In Jany, A. (2015). Housing: A Critical Perspective. The Interdisciplinary Conference.

多方面的挑战。既有研究在以下两方面存在不足：一是既有研究大多通过问卷、访谈等实证方法对特定区域进行个别案例研究，理论性相对较弱。二是只有少数研究关注到集成住房的瞄准偏差现象，但却未对其背后的原因进行系统的深入探究。因此，本文旨在运用政策瞄准相关理论对造成埃塞集成住房项目瞄准偏差的因素进行探究，为该项目未来发展以及其他发展中国家福利政策提供借鉴，同时，丰富政策瞄准的案例研究。

三、埃塞集成住房政策

（一）历史发展

埃塞的住房市场主要以政府供给为主，市场化程度较低。埃塞当前的住房供给格局主要由政府建造住房、合作社住房、私人开发三种正式住房以及郊区非正式住房共同构成。政府建造的住房是最主要的供给来源，此外，联邦和地方政府能够通过限制进口和本土材料价格、土地供给、房地产相关融资等形式介入建筑市场和租赁市场。合作社住房这一开发形式自埃塞军政府时期开始兴起，是最主要的非政府提供的正式住房形式，由10到20名公民共同登记为合作团体获取土地，房屋由该团体共同建造并所有，住户主要为中上层收入群体。由于埃塞土地为国家所有，且公司注册的时间和资金成本、行政复杂程度较高，私人开发商建造的住房占埃塞住房存量比例较小，且主要面向富人市场。据世界银行估计，埃塞私人建造的正式住房、合作社住房以及私人开发商建造的住房约占埃塞城市总住房存量的18.3%，私人开发商开发住房占比约为1.3%。[①]

由于正式住房供需之间存在一定差距，埃塞城市的租房市场较为繁荣，非正式住房迅速扩张。城市住房中约有59.8%的住户为租客，由于建造质量、基本服务和需求的不同，正式住房的租金要远高于非正式住房。同时，随着城市扩张，城市边缘棚户区的非正式住房（Squatter Settlement）数量和密度也在迅速增长，已成为增长最快的住房供给形式。1996年到2003年间，非正式住房约占埃塞首都亚的斯亚贝巴住房的34.1%。[②]

非正式住房的土地合法性、居民恶劣的居住环境及其导致的治安及疾病传播等问题都使得埃塞政府对正式住房的供给愈加重视。在1994年，埃塞政府就曾在首都亚的斯亚贝巴推行贫民窟改造计划，并建立了专门机构环境发展办公室（Environmental Development Office, EDO）。

现阶段埃塞政府推行的集成住房发展项目于2005年出台，是亚的斯亚贝巴住房项目（Addis Ababa Grand Housing Programme）的政策延续，并于2006年开始在全国范围内九个州试点推行，是埃塞宏观发展战略《以消除贫困为目标的加速增长和可持续发展计划（2005—2009）》（A Plan for Accelerated and Sustained Development to End Poverty, PASDEP）的重要组成部分。项目的实施目标包括为

---

① World Bank. (2019). Unlocking Ethiopia's Urban Land and Housing Markets: Synthesis Report (No. 138371, pp. 1-91), 42.

② Berrisford, S. (2002). Land Management Regulations for Addis Ababa. Report prepared for Addis Ababa Development and Improvement Project Office, Rotterdam. In United Nations Human Settlements Programme. (2011). Condominium Housing in Ethiopia: The Integrated Housing Development Programme, 4.

低收入人口提供住房和就业机会，减缓城市贫民窟和棚户区的扩张速度，在全国范围内创造财富，促进财富再分配。

集成住房项目的实施过程可划分为两个阶段。第一阶段为2005年到2013年期间的集成住房开发计划（IHDP）。政府意识到自身建造福利住房的速度和能力有限，同时面临人工和建筑材料成本上涨，缺乏熟练的技术工人等一系列挑战，并且最贫困人口的受益有限。2013年埃塞开启了第二阶段全面的《城市住房政策和战略》（Urban Housing Policy and Strategy）。既有的福利住房政策为"20/80"方案，即申请人需要在特定年限完成住房总额20%的首付储蓄任务，剩余80%由埃塞商业银行以低息贷款形式提供。2013年推出的改革措施的一项重要改变是将政策住房在原有的基础上针对不同收入人群分为三档，提供"10/90"（Low Income Housing Program）、"20/80"（Condominium Housing Program）、"40/60"（Saving Housing Program）三种支付方案，并且对应不同户型。申请人分别需要在两年到七年不等的期限内支付住房总额10%、20%和40%的首付。[①]

（二）部门架构

埃塞成立了一系列专门机构以保证项目的实施。在全国层面，州政府负责宏观政策制定，并通过调控建筑原材料价格及进口关税

[①] Ministry of Urban Development, Housing & Construction. 2014. National Report on Housing & Sustainable Urban Development. https://www.urbanagendaplatform.org/sites/default/files/2020-09/National-Report-Africa-Ethiopia-Final-in-English.pdf (accessed 10/06/2020).

限制住房建造成本。在地方政府层面，工程和城市发展部（Ministry of Works and Urban Development）制定住房项目整体规划，并在各州设立分支机构工程和城市发展局（Bureau of Works and Urban Development），负责地方具体事务。工程和城市发展部负责住房财政、实施机制、能力建设和住房调研与设计。以亚的斯亚贝巴为例，亚的斯亚贝巴市政府负责建造选址、政府资源分配、从市政预算中划拨建造支出、通过埃塞商业银行发放地方政府债券、提供拆迁补助等，住房开发项目办公室（Housing Development Project Office, HDPO）是具体的管理机构。

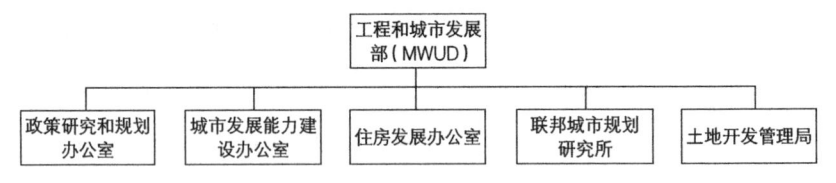

图1 埃塞俄比亚工程和城市发展部机构框架

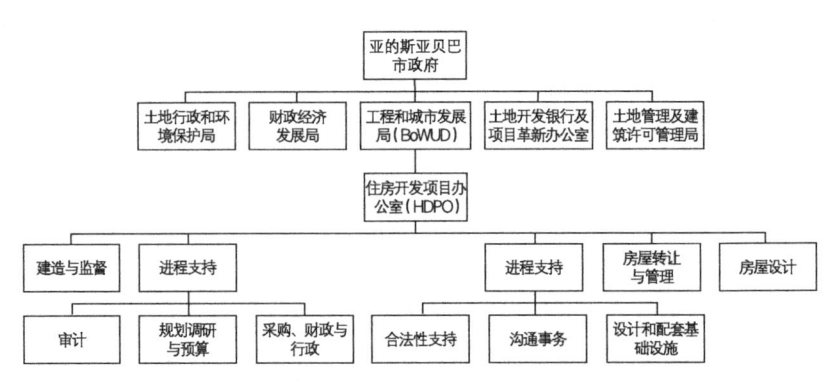

图2 亚的斯亚贝巴市政府集成住房项目机构框架

资料来源：French, M. (2011). Condominium Housing in Ethiopia: The Integrated Housing Development Programme. United Nations Human Settlements Programme, 16.

四、瞄准偏差成因

2005年制定的PASDEP是埃塞宏观发展战略的一次重大调整，其政策重点开始由农业向城市和工业部门扩展。PASDEP指出，虽然农村仍然是扶贫的重点，但城市地区在埃塞下一阶段的发展中将发挥比以往更为重要的作用，通过提供城市基础设施建设及配套服务实现经济现代化转型。同时，城市为农村农业商业化提供了市场，并通过先进的技术和投资带动农村发展。在这一背景下，埃塞城市经济增长以及城市减贫受到更多的政策关注。这一阶段城市发展战略的四个支柱为：支持中小企业发展，创造就业机会；开发集成住房；改善基础设施和服务；促进城乡之间的联系。[1]在2004年到2017年间，集成住房发展项目已建造住房38.3万套，其中31.4万套位于亚的斯亚贝巴。[2]城市贫困人口是集成住房项目的目标对象，该项目旨在通过两种途径使城市贫困人口获益：一方面，通过开发福利住房项目为城市贫困人口提供正式住所；另一方面，为城市人口提供就业，发展建筑业和小微企业，减少城市贫困。

埃塞官方政策文件中并未就贫困人口给出具体概念和界定标准，这是集成住房政策出现偏差的重要原因。申请人需要证明其在

---

[1] MoFED. 2006. Ethiopia: Building on Progress. A Plan for Accelerated and Sustained Development to End Poverty (PASDEP) (2005/06-2009/10). https://www.afdb.org/fileadmin/uploads/afdb/Documents/Policy-Documents/Plan_for_Accelerated_and_Sustained_%28PASDEP%29_final_July_2007_Volume_I_3.pdf, p.162 (accessed 08/06/2020).

[2] World Bank. (2019). Unlocking Ethiopia's Urban Land and Housing Markets: Synthesis Report (No. 138371, pp.1-91), 39.

申请地居住满六个月并且当前名下不具有房产，对个人收入没有具体限制和要求。2005年，参与集成住房抽签的申请人达到453,000人。根据政策条文，可将埃塞住房政策主要的倾斜对象总结为三类：一类是当前居住在棚户区的低收入人群。市政府中有专门机构负责改造棚户区中居民的临时安置问题，法律规定此类居民将至少提前90天得到搬迁通知，并由政府提供临时安置点和搬迁补偿款，因棚户区改造搬迁的居民具有直接购买集成住房的权利，而无需参与抽签。第二类是妇女，抽签系统在进行抽取时将为成年女性预留30%的名额，并且不影响其在另外70%名额中的中签概率。第三类为以残疾人名义登记申请的家庭，在中签后具有优先选择户型的权利。

虽然集成住房政策在制定过程中设置了具有倾向性的条件，但在政策的实施过程中，"F型偏差"和"E型偏差"仍然存在，主要表现为大量贫困人口仍然居住在棚户区和市中心的贫民窟等非正式建筑中，以及中产阶级成为集成住房的主要受益群体。造成瞄准偏差的原因是多方面的。

首先，造成"F型偏差"的重要原因之一是埃塞集成住房的总体供给十分有限，通过抽签得到购买资格的个体只是申请者中的极少数。截至2017年，埃塞共建造38.3万套集成住房，但政策颁布之初的申请人数就达到45万余人，此外，仍然有部分居住条件较差的贫困人口由于信息获取能力、经济能力限制未参与申请。因此，集成住房供给与需求之间在总体上仍然存在较大差距。在供给方面，埃塞住房供给效率主要受到建造能力和建筑材料成本上涨等因素的限制。在需求方面，埃塞城市人口仍然在快速增长。在工业化转型的背景下，埃塞希望通过产业政策推动工业发展，吸引劳动力向城市中心聚集，工业化为城市提供更多就业岗位，促进私营部门发展，减少城市贫困。金富等人认为，导致埃塞的城市移民增多的主要原因是原住地农村地区对人口的推力大于拉力。[1]埃塞2013年《全国劳动力调查》（National Labour Force Survey）数据显示，农村和农村间移民是埃塞移民的主要形式，约占移民总数的34.5%，其次是由农村向城市移民，为32.5%。[2]因此，埃塞的城市移民主要由于原住地农村的发展空间受阻导致，对城市工业化利益的追求并非人口城市化的主要动力。城市移民也往往是农村较为贫困的人口，大量贫困人口迁入城市，对城市的发展能力提出了更大的挑战，加剧了正式住房供需的不平衡。

其次，资金仍然是贫困人口获得集成住房的一大阻碍。支付能力主要以三种方式限制贫困人口购置集成住房。首先，支付能力限制了贫困人口（家庭）对住房面积的需求。埃塞政府为了解决支付能力问题，在户型、支付方案方面对集成住房政策进行了逐步的改进。集成住房项目最初提供四种户型，即小型公寓（Studio）、一居室（1 Bedroom）、两居室（2 Bedrooms）和三居室（3 Bedrooms）。2013年后，针对每种户型，集成住房项目由"20/80"方案增设至

---

[1] Kinfu, E., et al. (2019). The Genesis of Peri-urban Ethiopia: The Case of Hawassa City. *Journal of Land and Rural Studies*, 1, 71-95.

[2] CSA. 2014. Analytical Report on the 2013 National Labour Force Survey. http://www.csa.gov.et/component/phocadownload/category/34-nlfs-2013 (accessed 12/06/2020).

"10/90""20/80""40/60"三种支付方案。[①]根据表1和表2可见，随着居住面积的增长，对支付能力的总体要求越高。这种户型与支付方案的划分方式意味着默认收入越低的人群对住房面积的需求越小。然而，现实中家庭成员较多往往是导致贫困的原因之一，此外，家庭成员集资共同购买住房也是除银行贷款外的筹资方式之一，因此，部分低收入人群对居住面积有一定要求。其次，埃塞在政策制定过程中，对符合特定条件的部分贫困人口给予了配额上的照顾，但在贷款等财政方面并没有针对此类人群的特别政策支持。棚户区搬迁户和妇女得到配额优惠的前提是其具有在规定期限内支付首付的能力，并且具有相对稳定的经济来源以偿还贷款。弱势群体本身担保基础和获得收入的能力更弱，更需要财政上的支持。因此，弱势群体有更大的概率获得购买集成住房资格，但又由于无力支付首付而丧失资格。最后，在一些贫困地区，集成住房项目整体推进进度受到阻滞。集成住房最先发起于经济发展相对较快的首都亚的斯亚贝巴，在全国性的推广过程中，部分地区的总体购买力远低于亚的斯亚贝巴，在这些地区，住房改造缺乏需求和经济动力（见表1、表2）。

表1　户型与目标人群收入

户型	目标受众月收入（比尔）	每平方米平均售价（比尔）	平均总售价（比尔）
小型公寓	300	800	16,000

[①] Ministry of Urban Development, Housing & Construction. 2014. National Report on Housing & Sustainable Urban Development. https://www.urbanagendaplatform.org/sites/default/files/2020-09/National-Report-Africa-Ethiopia-Final-in-English.pdf (accessed 10/06/2020).

（续表）

户型	目标受众月收入（比尔）	每平方米平均售价（比尔）	平均总售价（比尔）
一居室	600	900	18,000—27,000
两居室	1,200	1,100	33,000—50,000
三居室	1,800	1,200	>50,000

资料来源：Haregewoin, Y. (2007). Integrated Housing Development Programs for Urban Poverty Alleviation and Sustainable Development (The Case of Addis Ababa). Proceedings, European Network for Housing Research 2007: Sustainable Urban Areas. Rotterdam, 25-28 June 2007, 13.

表2　户型与支付方案

项目支付方案	建筑层高	户型	房屋面积（m²）	售价（比尔）	月储蓄（比尔）	储蓄期限（年）
"10/90"方案	三层（G+2）	小型公寓	29	38,000	187	3
"20/80"方案	五层（G+4）、八层（G+7）	小型公寓	32	61,070	151	5
		一居室	50	126,721	274	
		两居室	65	224,000	561	
		三居室	85	304,215	685	
	新五层（G+4）、八层（G+7）、十三层（G+12）	一居室	50	126,721	196	7
		两居室	70	224,000	401	
		三居室	85	304,215	489	
"40/60"方案	十层（G+9）、十三层（G+12）	一居室	55	162,645	1,033	5
		两居室	75	290,000	1,575	
		三居室	100	386,400	2,453	

资料来源：UN-Habitat. (2013). Urban Housing Strategy of Ethiopia.[①]

[①] Ministry of Urban Development and Construction (MUDC). 2013. Urban Housing Strategy of Ethiopia, Addis Ababa. https://staging.unhabitat.org/downloads/docs/PPT_presentations/040913_Session2_HousingandSlumUpgrading_Housing%20In%20Ethiopia.pdf (accessed 10/06/2020)

第三,造成"E型偏差"的首要原因是集成住房政策没有设置具体的申请标准。虽然规定了申请人的定居期限和房产数量,但符合要求的群体相对政府的住房供给能力是广泛的,在这一群体内部仍然存在收入上的分层现象,缺乏依据收入或其他衡量标准制定的更为具体的瞄准机制。因此,在住房购买资格的获取阶段,符合申请条件的中层或中下层收入群体相较贫困或极端贫困人口有更大的意愿和能力成为申请人,进而获得优惠的住房资格。

其次,在获得住房资格后,贫困人口更可能因为无力偿还后续金额选择出租获得的住房,导致实际居住权的被动丧失。集成住房项目规定,通过该项目获得的住房在五年内禁止买卖,但允许租赁。因此,大量低收入人群选择将房源出租给支付能力更强的人,利用租金租住更便宜的房屋,并获取中间收益。集成住房项目通过提供住房所有权为获得住房资格的贫困人口提供新的收益来源,中产阶级则更可能是集成住房的实际居住者,低收入人群在居住条件方面的改善是相对有限的。政府估计,多达70%的业主选择将其分配到的公寓出租。[1]政府对这种行为持一种默许甚至是支持态度,[2]认为房屋所有权也是低收入人群获取收入、减轻贫困的方式之一。在这一层面上,通过限制租赁减小"E型偏差"意味着增大了贫困人口偿还贷款的经济负担,间接限制了贫困人口的购买能力和申请

---

[1] Keller, E. J., & Mukudi-Omwami, E. (2017). Rapid Urban Expansion and the Challenge of Pro-poor Housing in Addis Ababa, Ethiopia. *Africa Review*, 9(2), 173-185.

[2] World Bank. (2019). Unlocking Ethiopia's Urban Land and Housing Markets: Synthesis Report (No. 138371, pp.1-91), 38.

意愿，进一步造成"F型偏差"。

上述探讨均基于住房条件改善这一政策目标，集成住房项目还通过为城市贫困人口提供就业机会改善了这一目标群体的收入水平。该项目初期预计创造20万个就业机会，[1]在第一阶段，该项目已累计创造约37万城市就业岗位。[2]

五、总结及建议

埃塞正在经历快速的城市化和工业化进程，城市人口的快速增长使得城市住房需求更为紧迫。为解决这一发展面临的现实问题，埃塞政府较早地推行了集成住房政策。通过上述分析可以发现，在埃塞集成住房政策的实施过程中同时存在两种不同类型的瞄准偏差。"F型偏差"出现的主要原因是政府自身住房供给能力和财政能力的客观局限，导致一定比例的本属于集成住房政策范围内的低收入人群尚未获得集成住房购买和居住资格。"E型偏差"的出现则主要是制度设计的衍生结果，模糊的政策标准导致中产阶级成为集成住房购买资格获取和实际居住条件改善的主要受益者，贫困人口获益则相对有限。

因此，要矫正埃塞集成住房项目中的两种瞄准偏差，一方面，

---

[1] United Nations Human Settlements Programme. (2011). Condominium Housing in Ethiopia: The Integrated Housing Development Programme, 9.

[2] UN-Habitat. 2013. Urban Housing Strategy of Ethiopia. https://mirror.unhabitat.org/downloads/docs/PPT_presentations/040913_Session2_HousingandSlumUpgrading_Housing%20In%20Ethiopia.pdf (accessed 16/06/2020).

针对"E型偏差",埃塞需要从根本上提升建筑能力,改善财政结构。在第二阶段,埃塞房屋项目建设开始开放国际招标。埃塞城市发展与住宅建设部部长表示,本地建筑公司在知识、技能等方面与外国公司差距很大,往往无法按时完成施工,外国公司的参与非常重要。"为满足人民不断增长的住宅需求,施工速度非常重要。"[1]

此外,埃塞还应通过运用土地租赁、信贷等政策工具进一步促进本国建筑领域私人部门参与集成住房项目,政府应逐步由自身财政补贴的主导角色转向提升私人企业提供住房效率、防止市场失灵的扶持与监督角色,实现该项目市场化运作的目标。另一方面,埃塞应从政策制定层面进一步明确申请人资格标准,同时完善配套信贷优惠政策,使财政资源能够被用于需求最迫切的群体。与此同时,还应考虑采取的矫正行为是否以及在多大程度上将对目标贫困人口产生影响,以及矫正行为的经济、政治以及社会成本问题。

城市化在理论上理应是大规模工业化及其聚集效应的结果,因此,从长期来看,工业化转型仍然是埃塞城市发展的最根本的动力。埃塞为实现工业化制定了较为全面的经济改革计划和产业政策,但农业仍然是目前埃塞主要的经济支柱,为埃塞提供了七成以上的就业,食品仍然是埃塞家庭的主要消费项目,[2]经济结构有进一步转型的空间。埃塞工业化进程仍然任重而道远,通过工业化产生

---

[1] 中华人民共和国商务部,2015,埃塞准备允许外国建筑公司参与住宅建设项目,https://caijing.chinadaily.com.cn/2015-05/19/content_20765147.htm(2020年6月9日读取)。

[2] Manyazewal, M., & Shiferaw, A. (2019). Economic Policy and Structural Transformation in Ethiopia. *The Oxford Handbook of the Ethiopian Economy*, 136-158.

的经济效益增强其对临近人口的拉力，带动就业，使城市真正成为带动埃塞经济发展的动力，减轻人口的贫困状况，提升基层民众的消费能力。